小学校国語

「汎用的能力」を高める!

アクティブ・ラーニング サポートワーク

井上 一郎 編著

すべての教科のAL型授業に必要な
「汎用的能力」を言語活動で身に付ける!

音読力、質問力、討論力、構成力、記述力、
感想力、メモ力、考察力、要約力、
報告力、精読力、思考力等

全6学年の
ワークシート
82本収録!

明治図書

はじめに

井上 一郎

言語能力が人間にとって最も重要な能力であることに異論を挟む人はいない。言語能力を育てることは，各教科等の基盤となり，ひいては生涯にわたる汎用的な能力を育てることにつながっている。ところが，これらの能力の育成については，課題が多く残されている。

□ 読解力と表現力は，区別する（領域化する）のか，単元内で統合するのか。

□ 読解力・表現力と言語の決まりに関する事項は，単元内でどのように統合するのか。

□ 読解力・表現力と言語の決まりに関する事項を結合する考え方で，言語の決まりに関する事項の体系性と系統性は保証されるか。

□ 精読力，要約力，引用力，記述力等，学力調査で指摘される課題の克服はどうするか。

□ 必要なことを解明する言語操作スキルの育成はどうするか。

21世紀型学力の「基礎力」，「汎用的能力」の育成が求められるアクティブ・ラーニング時代においては，次のような課題にも回答が求められる。

□ 自ら課題を解決する能動的・主体的・協働的なアクティブ・ラーニングの言語能力は，いつ指導するか。

□ 汎用的能力は，国語科で育成するのか，各教科等で育成するのか。

□ 汎用的能力は，取り立てた時間に育成するのか，各教科等で育成するのか。

従来，これらの課題に直接応じるものはそれほど多くはなかった。筆者は，早くから自己学習力の育成を目指して，話す・聞く能力，読解力，説明力，学校図書館改造，記述力，発問力，学校改革等の研究書，実践書を世に問うてきた。今，アクティブ・ラーニング時代を迎え，カリキュラムや単元構想等について，次のような学習へと改善することが求められている。

・学習者（learner）として子どもの活動を中核に据える。
・学び方（learning skill），考え方（thinking skill）を支援する。
・学習資料や学習過程をメタ認知し（metacognition），自己評価する。
・結果に責任をもち（commit），定着するまで繰り返す。

特に，教材開発については，急ぐ必要がある。現状では，まだ教科書は十分対応していない。たとえ改訂されても，教科書以外にも子ども自らアクティブに学習資料を取り上げ，計画的に学習を進めることが不可欠だからである。本書は，このような教科書とともに使用する適切な言語活動を行うためのワークシートを開発し，編集したものである。教師は，これらのサポートワークを配布し解説したり，子ども自らプリントを選んでは繰り返し学習したりすることで，話す・聞く，書く，読む言語操作力・思考操作力を養うことができるように編集した。

木村悠氏をはじめとして明治図書の方々にお世話になった。本書が，新しい時代の学力を育成するのに，本格的で本質的な学習材（ワークシート）としての役割を果たすことを切に願う。

目　次

3年

4年

アクティブ・ラーニング型授業に必要な汎用的能力を身に付けるためのサポートワーク─活用アドバイス─

井上 一郎

1　本書の編集の趣旨と構成

❶ 編集の趣旨

現行学習指導要領は，国語力の育成に関して２つの契機を示した。その１つは，**「言葉の重視と体験の充実」を目標としていること**だ。これら２つが併記されているのは，国語の力のためには体験が前提となることや，意義深い体験を構想，認識するためには言葉の力が欠かせないなど２つのことが深くかかわっているからである。ところが，現実体験，自然体験，言語体験などの体験が十分ではないという現状がある。体験不足という問題を引き起こしたり，体験不足が教科の知識・技能の理解を妨げたりするといった問題を引き起こしたりしている。豊かな言語体験を行い，国語力を高めることができる教材が必要となる。

もう１つの契機は，**国語力を高めることによって，人と人の結び付きを高めるようにしなければならないということ**である。今，子どもと教師，子どもと子ども，子どもと地域・社会の交流が難しい面が見られる。人と人とがコミュニケーションする機会を得て，思いやりや優しさを育てるとともに，相互に尊重し合い，敬意をもって接する態度を身に付けるような人間関係力の育成が必要である。それらは，十分な国語力をもち，相互作用し合うようなコミュニケーション力によって可能となる。そのような教材開発が必要である。

❷ 基礎力の確定

このような考えのもとに，本書は，次のような基礎力を育成できるように編集した。

(1) 言葉のおもしろさを楽しんだり，体験や生活・社会を言語認識し言葉の働きや大切さを認識したりする**〈言語認識力〉**。

(2) 自主・自律の精神を養うため，教科及び生活の中で一連の課題を解決する自主学習を進められる**〈学ぶ力〉**。

(3) 基礎・基本となるまとまった言語活動，言語表現様式，言語プロセス，などにおいて必要となる３領域（話す・聞く・書く・読む）を貫く**〈言語操作力〉**。

(4) 論理的，創造的，対話的，評価的・批判的，探究的な思考活動などを的確に行い主体的に行動する態度や精神をもつ**〈思考力〉**。

(5) 自己発見や自己理解を深め，他者に向かって自己表現をする**〈自己表現力〉**。

(6) 多くの人と交流したり，豊かな現実体験や自然体験，言語体験などを積極的に行い，心豊かな人間形成を図る**〈人間形成力〉**。

(7) 他者や地域・社会とコミュニケーションしながら自らを高めたり，他者や社会に貢献したりする**〈人間関係力〉**。

(8) 実社会や実生活と結び付け，豊かな読書生活や表現生活・創造生活などを送り，言葉の力を高める**〈言語生活力〉**。

具体的には，「汎用的能力」となるのは，次のような内容である。サポートワークは，これらを育成するために言語活動を設定した（参照─井上一郎・永池啓子編著『学力がグーンとアップする！自学力育成プログラム』明治図書，2014年）。

① 課題設定や学習・解決過程の構想力
② 表現様式に関する言語活動力
③ 音声言語に関する言語活動力
④ 書くことに関する言語活動力
⑤ 読むことに関する言語活動力
⑥ 映像的なことに関する言語活動力
⑦ 各教科等に応じた学習操作力
⑧ 思考力
⑨ 情報活用力（ICT）
⑩ 学習習慣
⑪ 家庭学習

❸ ワークシートの編集と構成

本書は，これらの中から，アクティブ・ラーニングを展開するときに必要であり，各教科等の基盤となる汎用的な能力を育成することに絞り，開発した教材を次のような観点で構成した。

(1) 国語科にとっても，各教科等にとっても，最も必要な基礎的な言語操作・思考操作を可能とする言語活動を教材として開発する。参考に，国語科の関連する指導事項，言語活動例も示す。
(2) 小学校第１学年から第６学年までの基礎力となる内容を，体系的・系統的に配列する。体系的・系統的に構想し，学年別で共通なものと学年独自のものを配置する。
(3) 各学年は，３領域の言語活動を基軸に構成する。
(4) 教材は，見開き２頁で構成する。左頁に指導事項，言語活動，教材の趣旨と指導法，児童が実際に書いた解答例などを示す。右頁に，児童に配布する教材を示す。

2 ワークシート教材のカリキュラム化と活用法

❶ ワークシート教材のカリキュラムへの位置付け

開発した教材をどのようにカリキュラムに位置付け，また活用すれば効果的かについて述べておこう。基礎力を定着させるための基本的な考え方は，次のようなことだ。

(1) カリキュラムや指導方法において，汎用的能力を取り立てて指導するのか，各教科等の時間において融合しながら指導するのか判断して具体化する。かつて，文部科学省教科調査官として研究開発学校の指導に当たったことがある（2003年〜2009年小学校２校，中学校１校，各３年間）。研究開発学校は，教育課程の標準時間を超えたり，決められた教科等の時間以外に特別な時間を設定することができる。これらの指導のときに「ことばの時間」といった特設の時間を設定し，汎用的能力を指導した。他にも，公立小学校の研究指定校において「読解科」を設定し，指導したことがある。これらの特設した時間は，週に１時間であったが，各教科等に大きな影響を与え，汎用的能力となる基礎力を育成するのに効果的であった。このような取り組みの教材として「サポートワーク」の活用が考えられるのである。
(2) 汎用的能力であり，他の単元，領域，分野，内容等に生きることをイメージして具体化する。
(3) 「各教科等を貫く汎用的能力」ということを重視して具体化する。
(4) 基礎力として，言語能力，思考力，数学的リテラシー，情報リテラシー等を各教科等の基盤能力となるように関連付けて具体化する。言語リテラシーである読解力，記述力，要約力，引用力等を各教科等で育成する。

❷ ワークシート教材の活用方法

では，本書で開発したワークシートはどのように活用すればよいだろうか。次のようなことが考えられる。

(1) 国語科をはじめ，各教科等の授業で活用する。
・単位時間のはじめにトレーニングとして短時間で活動する。
・授業で活動する内容に必要な能力を育成したり，復習したりするために，教材の一部のワークシートとして活用する。
(2) 学校が始まる前，放課後等，学校内で授業以外の短時間に定期的に使用する。
(3) 家庭学習として，順次プリントを配布し，学習した内容を翌日または後日評価をし，フィードバックする。
(4) 読解力を向上させる，記述力を高める，といった目的で教材を選択し，プリントにして配布する。
(5) 授業での知識資料として，ファイリングして繰り返し活用する。
(6) 長期休暇（夏休み，冬休み等）に，基礎的な能力の定着を図るために活用する。
(7) 教材を印刷しラック等に配列し，児童自ら学習計画に応じてプリントを選択，学習する。

3 ワークシートの特徴と指導のヒント

❶ ワークシート作成の留意点

教材は，次のようなことに留意して作成している。

(1) 言語活動：それぞれのワークシートの目的や目標を立て，達成するための活動を考える。基礎力となるように，国語科と各教科等の統合を図る。
(2) 表現様式：ワークシートで学習する表現様式を明確にする。各領域を反復しながら，第1学年から第6学年まで系統的に構成する。発達段階に応じて表現様式のレベルを変える。
(3) 表現（読解）過程：「どんな目的でどんな様式を用い，どんな条件で記述するか」といったプロセスに即応した基本の内容を押さえる。「要約」や「引用」といった活動を，どのような手順で行うと力がつくのか，どのように自主学習すればよいのかを具体化する。
(4) 活動例：「やってみましょう」と活動例を示す。教材以外にもさらに日常的に活動する例示をする。

❷ ワークシート教材の類型

ワークシートは，主に３つの類型によって構成している。

A　言語体験型：言語活動の課題を提示するリード文に応じて言語体験をすることで豊かな言語体験の契機とするもの。記述する欄が大半を占め，体験の楽しさや意欲を喚起する。

例）●「にこにこしたことをあつめたよ」（１年５）—日常生活で経験したことを集めて報告するもの。経験を楽しく書き込みながら経験報告する方法と楽しさを感じ取らせている。

●「わたしの『ほっかほか』を詩であらわそう」（３年７）—詩を書くことを経験し，日常の中から楽しいことを感じ取ったり書き留めたりする。

B　知識発見型：ワーキングすることによって知識や学び方を発見していく。プロセスに沿って記入する欄を配置している。

例）●「調べたことを考さつしてみよう」（３年６）—社会や理科で調査報告文を書くときの考察の仕方を発見するもの。

●「心の内側をのぞいてみよう」（５年７）—心情を把握するために実例をもとに解釈する能力を高めるもの。

C　知識中心型：身に付けさせたい知識やスキルを書いたコラムが中心となる。体系的な知識とチェックシートとで構成している。モデル学習も大切にしている。

例）●「かがくよみものをつかってしらべよう」（１年12）—科学読み物を使って調べる方法を手順に沿って知識が得られるようになっている。

●「説明文ってどうやって読めばいいの？」（４年14）—説明文を例示し，構成に着目して解釈する方法を示している。

❸ ワークシート教材の主要な内容と活用

取り上げた汎用的能力の様式は，次のような内容を含んでいる。主なものを挙げておこう。

音読力，朗読力，質問力，発表力，説明力，解説力，プレゼンテーション力，討論力，司会力，取材力，構成力，記述力，紹介力，推薦力，描写力，読書感想力，協議力，メモ力，観察記録力，経験報告力，推敲力，感想力，読書生活力，解釈力，考察力，科学読みものの読解力，要約力，引用力，報告力，調査報告力，エディターシップ力，理由説明力，速読力，精読力，比べ読み力，論理的思考力，批判的思考力，創造力等

言語活動は，主な内容と能力を基軸に多様な言語操作・思考操作で構成しているので，実際の活動を通して多くの能力の定着を図ることができる。

1 大きなこえを出すれんしゅうをしよう（発表）

〔話すこと・聞くこと，指導事項ウ〕 言語活動ア，エ

話を伝えるためには，音量に注意することも大切です。ただし，大きな声とは怒鳴り声ではありません。相手に届く音量や音声が，明瞭に聞こえる速さを考えて声を出しましょう。また，場に応じた声量で話す練習をしましょう。

聞き手が，はっきりと聞き取れるような発声や発音をするために，口形に気を付けて声を出す練習を行います。母音をはっきりすることが大事なので「あ・い・う・え・お」の正しい口の形を練習しましょう。

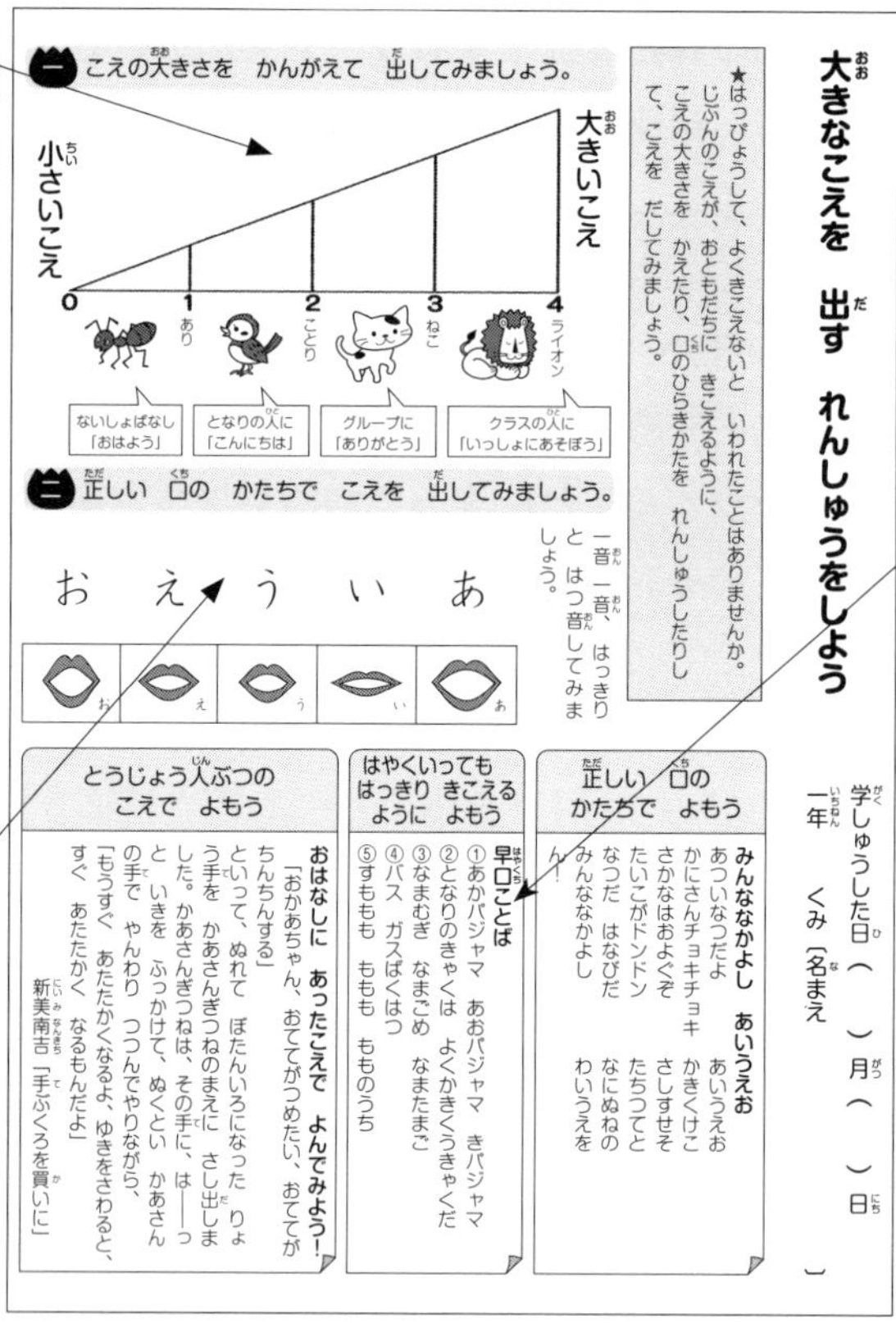

大きなこえを　出す　れんしゅうをしよう

★はっぴょうして、よくきこえないと　いわれたことはありませんか。じぶんのこえが、おともだちに　きこえるように、こえの大きさを　かえたり、口のひらきかたを　れんしゅうしたりして、こえを　だしてみましょう。

学しゅうした日（　）月（　）日

一年　くみ〔名まえ　〕

一　こえの大きさを　かんがえて　出してみましょう。

小さいこえ　大きいこえ

0　1 あり　2 ことり　3 ねこ　4 ライオン

ないしょばなし「おはよう」

となりの人に「こんにちは」

グループに「ありがとう」

クラスの人に「いっしょにあそぼう」

二　正しい　口の　かたちで　こえを　出してみましょう。

一音　一音、はっきりと　はつ音してみましょう。

あ　い　う　え　お

正しい　口の　かたちで　よもう

みんななかよし　あいうえお

あついなつだよ　あいうえお

かにさんチョキチョキ　かきくけこ

さかなはおよぐぞ　さしすせそ

たいこがドンドン　たちつてと

なつだ　はなびだ　なにぬねの

みんななかよし　わいうえを

ん！

はやくいっても　はっきり　きこえるように　よもう

早口ことば

①あかパジャマ　あおパジャマ　きパジャマ

②となりのきゃくは　よくかきくうきゃくだ

③なまむぎ　なまごめ　なまたまご

④バス　ガスばくはつ

⑤すもも　ももも　もものうち

とうじょう人ぶつの　こえで　よもう

おはなしに　あったこえで　よんでみよう！

「おかあちゃん、おててがつめたい、おててがちんちんする」

といって、ぬれて　ぼたんいろになった　りょう手を　かあさんぎつねのまえに　さし出しました。かあさんぎつねは、その手に、は――っと　いきを　ふっかけて、ぬくとい　かあさんの手で　やんわり　つつんでやりながら、

「もうすぐ　あたたかくなるよ、ゆきをさわると、すぐ　あたたかく　なるもんだよ」

新美南吉「手ぶくろを買いに」

語や文など，まとまりをもった音声のトレーニングです。一音一音を意識し，明瞭な発音ができるように，母音を含んだ詩を読む練習をします。

早口言葉では，始めはゆっくり練習し，慣れてきたら徐々にテンポを上げて練習したり，繰り返し5回言ったりするなど工夫します。

指導のねらいと説明

発表のときに大きな声が出るようにするためのワークシートです。明瞭な発音で話すことができるように，口形について指導します。口形は低学年の間に身に付けることが大切です。音量や速さも工夫して練習すると効果的です。発声や音量のトレーニングは，毎日行うことで自然と身に付いていきます。

ワークシートの使い方

(1)　相手に届く音量や，明瞭に聞こえる速さで発声練習を行います。

(2)　「あ・い・う・え・お」の口形を意識付け，明瞭な発音で一音一音を発声します。

(3)　母音を含む詩で練習したり，滑舌をよくするために早口言葉を楽しんだりしながら練習します。物語の一部を利用して声質を工夫する練習方法もあります。

(4)　1人で練習するだけでなく，みんなで発声したり，かけ合いで声を出したり，いろいろ方法を考えて行うと，楽しく練習できます。

大きなこえを　出す　れんしゅうをしよう

学しゅうした日（　　）月（　　）日
一年　　くみ〔名まえ　　　　　〕

★はっぴょうして、よくきこえないと　いわれたことはありませんか。じぶんのこえが、おともだちに　きこえるように、こえの大きさを　かえたり、口のひらきかたを　れんしゅうしたりして、こえを　だしてみましょう。

一　こえの大きさを　かんがえて　出してみましょう。

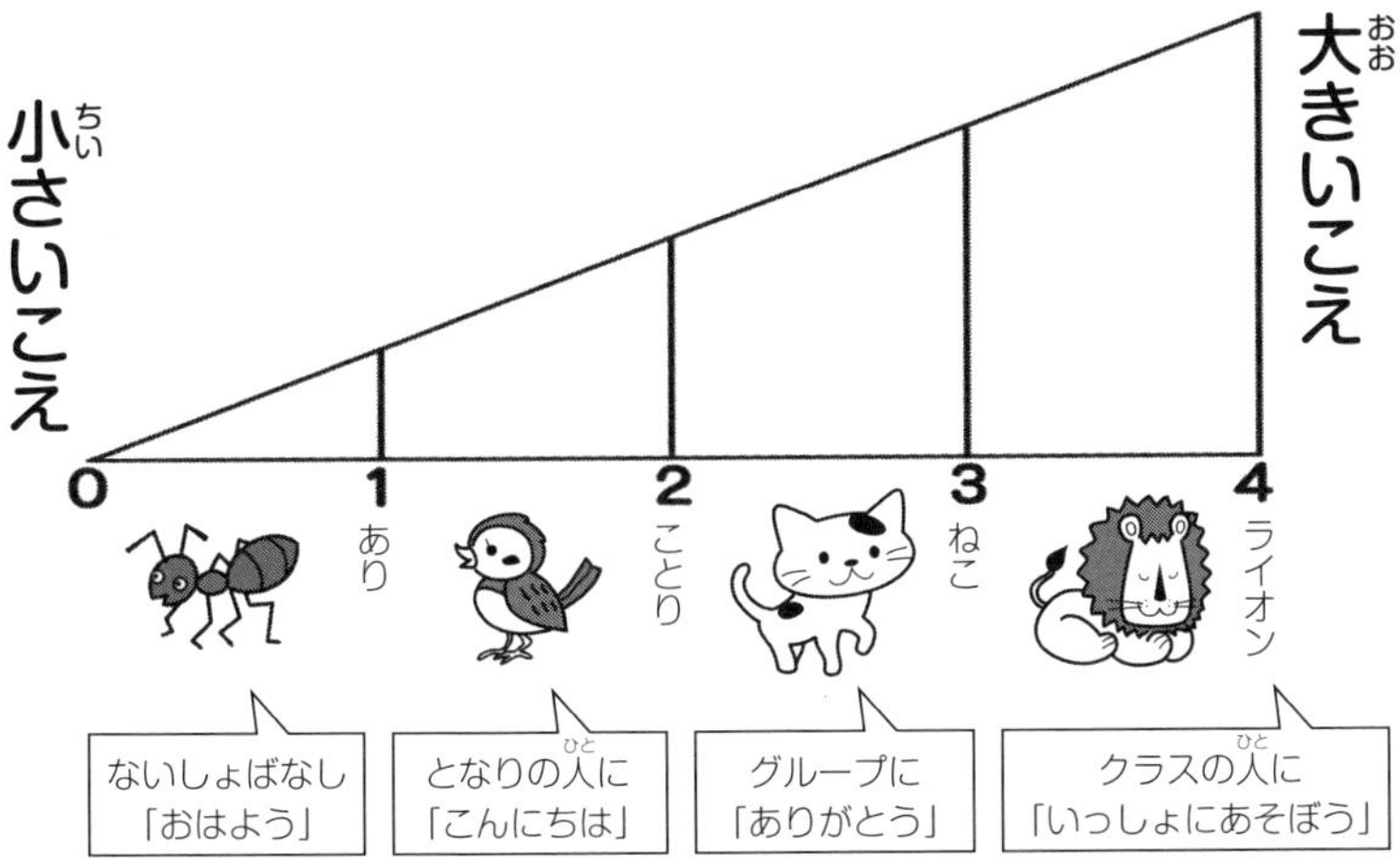

二　正しい　口の　かたちで　こえを　出してみましょう。

一音一音、はっきりと　はつ音してみましょう。

あ　い　う　え　お

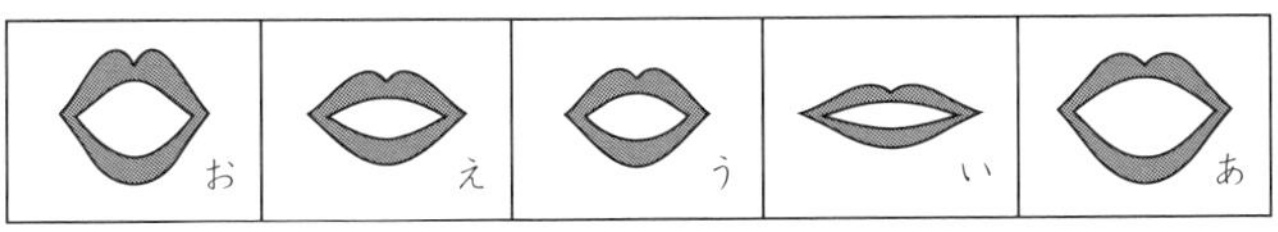

正しい　口の　かたちで　よもう

みんななかよし　あいうえお

あついなつだよ　あいうえお
かにさんチョキチョキ　かきくけこ
さかなはおよぐぞ　さしすせそ
たいこがドンドン　たちつてと
なつだ　はなびだ　なにぬねの
みんななかよし　わいうえを
ん！

はやくいっても　はっきり　きこえる　ように　よもう

早口ことば

①あかパジャマ　あおパジャマ　きパジャマ
②となりのきゃくは　よくかきくうきゃくだ
③なまむぎ　なまごめ　なまたまご
④バス　ガスばくはつ
⑤すもももも　もももも　もものうち

とうじょう人ぶつの　こえで　よもう

おはなしに　あったこえで　よんでみよう！

「おかあちゃん、おてがつめたい、おててがちんちんする」

といって、ぬれて　ぼたんいろになった　りょう手を　かあさんぎつねのまえに　さし出しました。かあさんぎつねは、その手に、は――っと　いきを　ふっかけて、ぬくとい　かあさんの手で　やんわり　つつんでやりながら、

「もうすぐ　あたたかくなるよ、ゆきをさわると、すぐ　あたたかく　なるもんだよ」

新美南吉「手ぶくろを買いに」

2 わからないことをもういちどきこう（質問）

〔話すこと・聞くこと，指導事項エ〕　言語活動イ

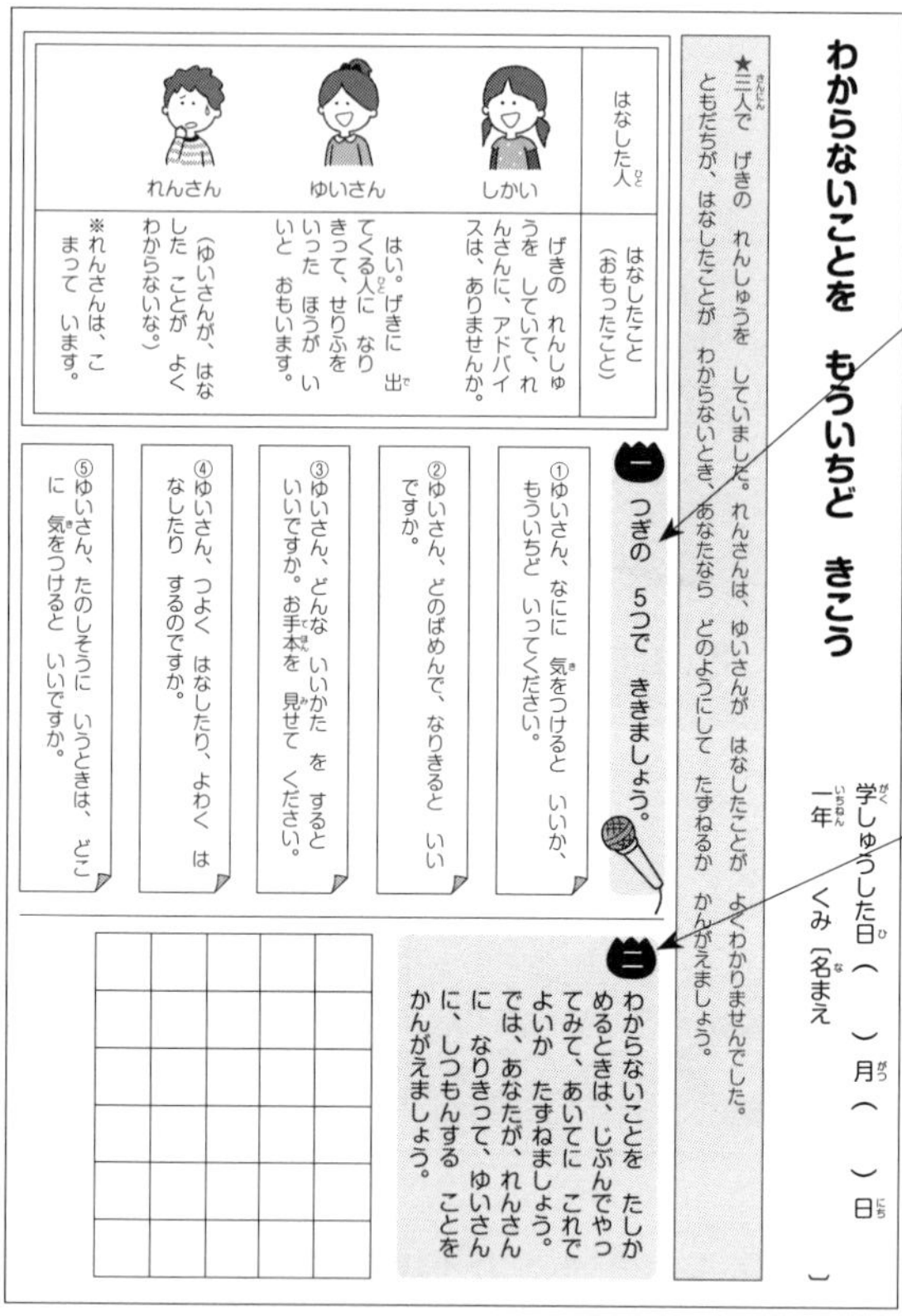

わからないことを　もういちど　きこう

学しゅうした日（　　）月（　　）日
一年　　くみ〔名まえ　　　　〕

★三人で　げきの　れんしゅうを　していました。れんさんは、ゆいさんが　はなしたことが　よくわかりませんでした。ともだちが、はなしたことが　わからないとき、あなたなら　どのようにして　たずねるか　かんがえましょう。

はなした人	はなしたこと（おもったこと）
しかい	げきの　れんしゅうを　していて、れんさんに、アドバイスは、ありませんか。
ゆいさん	はい。げきに　出てくる人に　なりきって、せりふを　いった　ほうが　いいと　おもいます。
れんさん	（ゆいさんが、はなした　ことが　よく　わからないな。） ※れんさんは、こまって　います。

一　つぎの　5つで　ききましょう。

①ゆいさん、なにに　気をつけると　いいか、もういちど　いってください。

②ゆいさん、どのばめんで、なりきると　いいですか。

③ゆいさん、どんな　いいかた　を　すると　いいですか。お手本を　見せて　ください。

④ゆいさん、つよく　はなしたり、よわく　はなしたり　するのですか。

⑤ゆいさん、たのしそうに　いうときは、どこに　気をつけると　いいですか。

二　わからないことを　たしかめるときは、じぶんでやってみて、あいてに　これでよいか　たずねましょう。では、あなたが、れんさんに　なりきって、ゆいさんに、しつもんする　ことを　かんがえましょう。

聞き取れなかったことを質問します。次に，劇の内容に触れた質問をします。

「どこで」「なにを」「どのようにするか」3点で質問します。

二では，れんさんになりきって，ゆいさんへの質問を考えます。30字以内で考えます。

（例）ゆいさん，かなしいばめんだから，こえを小さくすればいいですか。

指導のねらいと説明

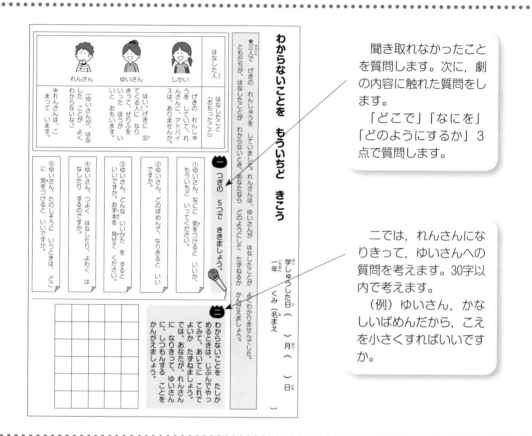

分からないことがあったときの質問の仕方を学ぶワークシートです。３人一組で学習します。「大事なことを落とさないように」聞くことが学習の中心です。子どもたちには，「分からないことをそのままにしないで質問する」ことを意識させます。子どもたちが話題に興味をもつため，劇を練習する場面を想定しています。

ワークシートの使い方

(1)　質問する内容は，敬体で話します。これは，公の場面で，相手や場に応じて適切な言葉遣いができるようにするためです。

(2)　一では，ワークシートにある５つの質問を順に声に出し，友達に質問する学習をします。

(3)　二では，実際に自分で質問を考えます。質問が書きにくいときは，どんなことが分からなくて困っているか，考えるようにします。

2

わからないことを　もういちど　きこう

学しゅうした日（　　）月（　　）日　一年　　くみ〔名まえ　　　　　〕

★三人で　げきの　れんしゅうを　していました。れんさんは、ゆいさんが　はなしたことが　よくわかりませんでした。ともだちが、はなしたことが　わからないとき、あなたなら　どのようにして　たずねるか　かんがえましょう。

はなした人	はなしたこと（おもったこと）
 しかい	げきの　れんしゅうを　していて、れんさんに、アドバイスは、ありませんか。
 ゆいさん	はい。げきに　出てくる人に　なりきって、せりふを　いった　ほうが　いいと　おもいます。
 れんさん	（ゆいさんが、はなした　ことが　よく　わからないな。） ※れんさんは、こまって　います。

一　つぎの　5つで　ききましょう。

① ゆいさん、なにに　気をつけると　いいか、もういちど　いってください。

② ゆいさん、どのばめんで、なりきると　いいですか。

③ ゆいさん、どんな　いいかた　を　すると　いいですか。お手本を　見せて　ください。

④ ゆいさん、つよく　はなしたり、よわく　はなしたり　するのですか。

⑤ ゆいさん、たのしそうに　いうときは、どこに　気をつけると　いいですか。

二

わからないことを　たしかめるときは、じぶんでやってみて、あいてに　これで　よいか　たずねましょう。では、あなたが、れんさんに　なりきって、ゆいさんに、しつもんする　ことを　かんがえましょう。

3 すきなものベスト3（紹介）

〔話すこと・聞くこと，指導事項イ〕　言語活動エ

まず，四角の中に思いつく好きな理由を考えて書いてみます。

好きなわけを考えるときのヒントを見て（　）の中に書くことで観点がはっきりします。

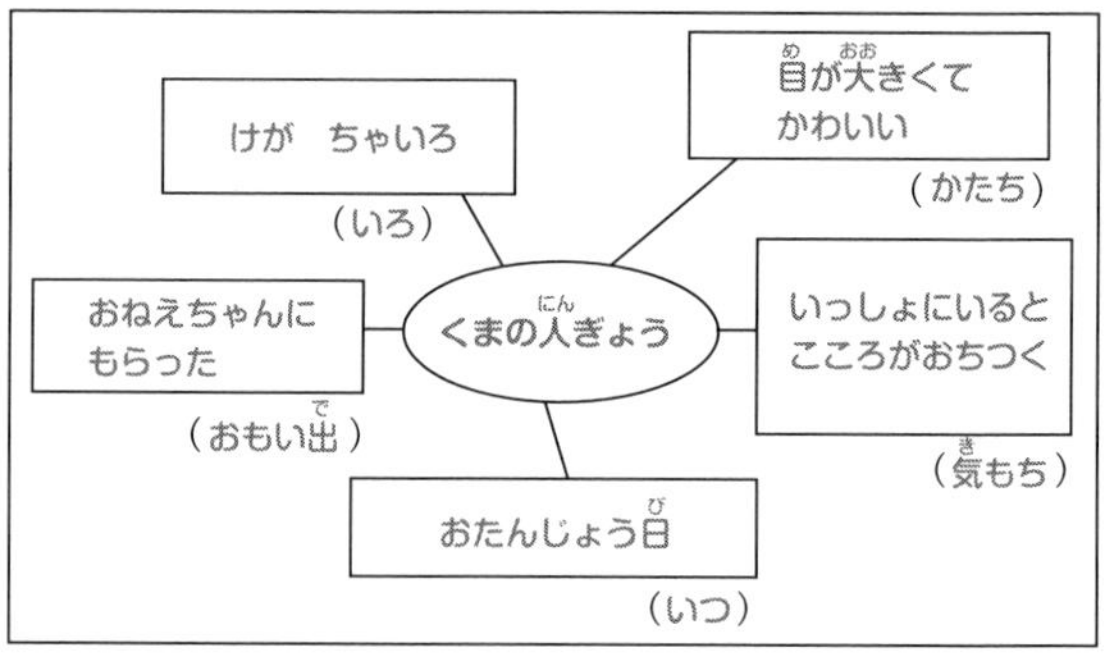

次に，その中から理由を3つ選びます。理由を絞るときは，自分の思いが伝わりやすいように考えるとよいでしょう。

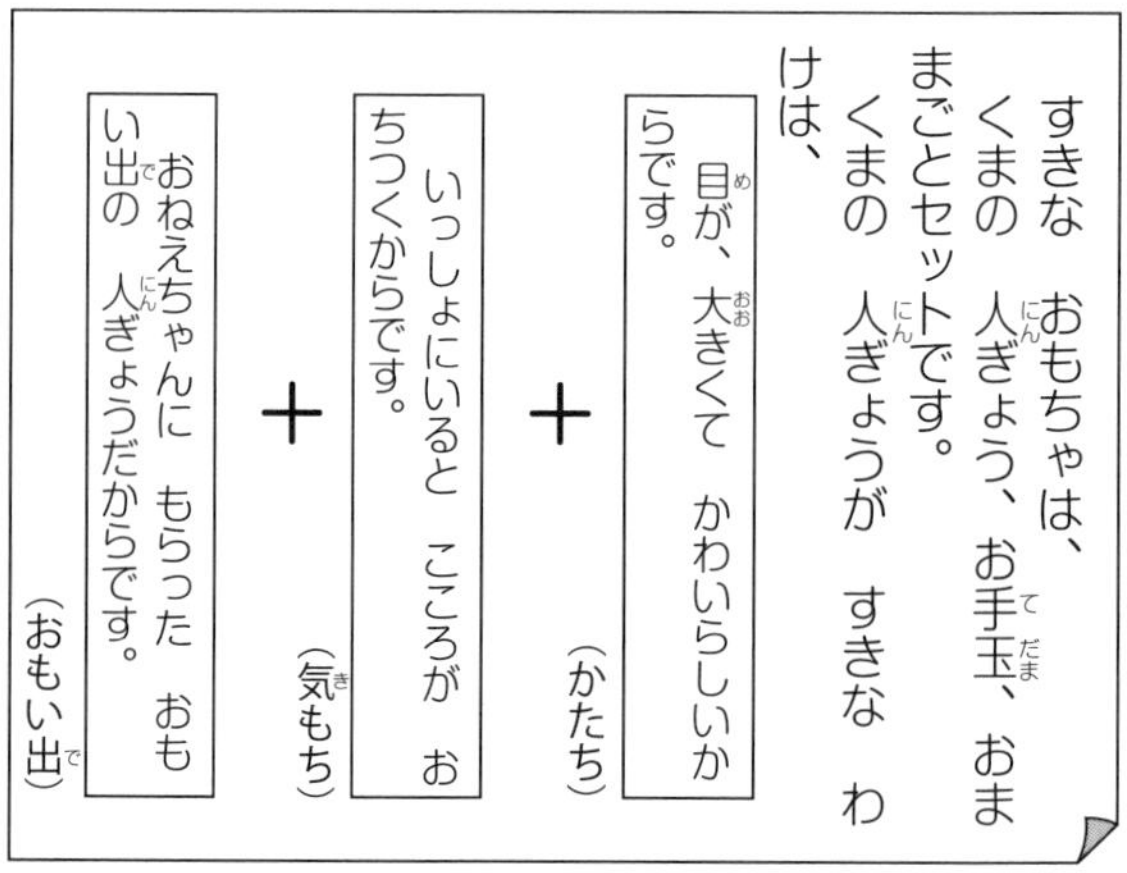

指導のねらいと説明

好きなものの紹介活動をします。事物・人・場所などさまざまな紹介が考えられますが，これは，好きな物（おもちゃ）を紹介するワークシートです。好きなおもちゃベスト3の中からベスト1に選んだ理由を3つ挙げると相手に自分の思いが伝わりやすいと思います。理由を考える場合，1つはすぐに考えられますが3つとなると難しいので，ヒントに示した観点を参考にいくつか理由を考え，その中から選んで紹介するようにします。

ワークシートの使い方

(1)　紹介したい好きなおもちゃベスト3を考えます。
(2)　理由を考えるヒントを参考にしてベスト1に選んだ理由を考えます。
(3)　例に挙げたあきこさんとゆうこさんの理由を読み，自分の理由の中から伝えたい理由を3つ選び，ノートなどにメモしておくと紹介するとき便利です。

3

すきなもの　ベスト3

学しゅうした日（　　）月（　　）日
一年　　くみ〔名まえ　　　　　〕

★じぶんの　すきな　ものを　しょうかいする　ことが　よく　ありますね。そんなときには、わけを　三つ　はなすと　わかりやすいです。

一　「すきな　おもちゃ」ベスト3を　かきます。

1
2
3

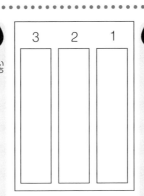

☆こんかいは、一ばん　すきな　おもちゃに　ついて　わけを　かんがえて　くわしく　しょうかい　します。

二　一ばん　すきな　ものの　わけを　いろいろ　かいてみます。下の　ヒントも　見ましょう。

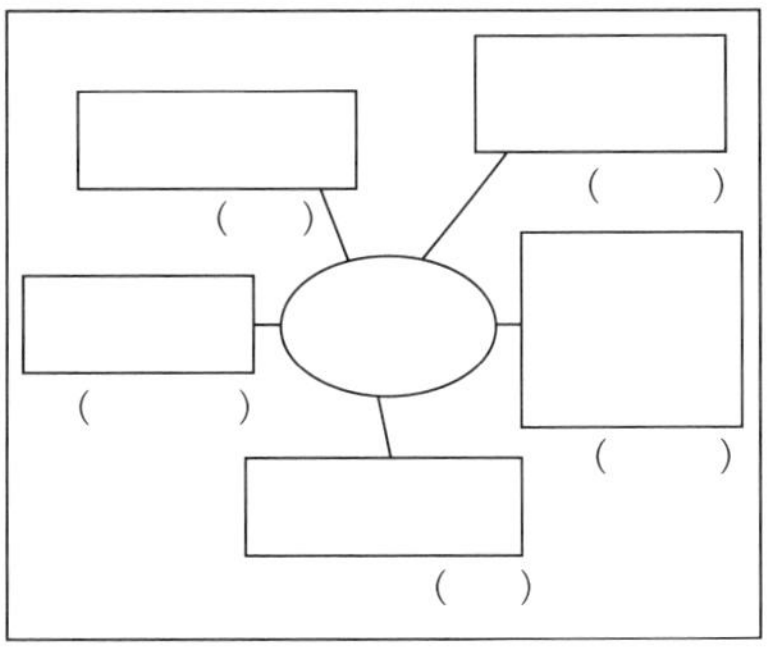

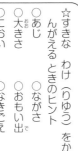

☆すきな　わけ（りゆう）をかんがえる　ときのヒント

○あじ　○ながさ
○大きさ　○おもい出
○におい　○なきごえ
○どこ　○手ざわり
○いろ　○つかいかた
○かたち　○のりごこち
○音　○気もち
○いつ　○あそびかた

三　いろいろ　かいた　わけの　なかから　じぶんが　はなしたい　ことを　三つ　えらびます。

☆おなじものを　えらんでも　わけは、それぞれ　ちがいます。つたえたい　ことを　かんがえましょう。

あきこさんの　わけ

すきな　おもちゃは、くまの　人ぎょう、けん玉、ブロックです。くまの　人ぎょうが　すきな　わけは、

からだが、ふわふわしているからです。（手ざわり）

＋

ふくが、赤いろで　かわいいからです。（いろ）

＋

くまさんと　ときどきおはなしすると　たのしいからです。（あそびかた）

ゆうこさんの　わけ

すきな　おもちゃは、くまの　人ぎょう、お手玉、おままごとセットです。くまの　人ぎょうが　すきな　わけは、

目が、大きくて　かわいらしいからです。（かたち）

＋

いっしょにいると　こころが　おちつくからです。（気もち）

＋

おねえちゃんに　もらった　おもい出の　人ぎょうだからです。（おもい出）

四　ノートに　かいて　かんがえてみましょう。

4 だいじなことをおとさないできこう（メモ）

〔話すこと・聞くこと，指導事項エ〕　言語活動エ

話を聞くだけでなく、話すことも大切です。先生の話を子どもが話すことで、大切なことをまとめて話すこともできます。

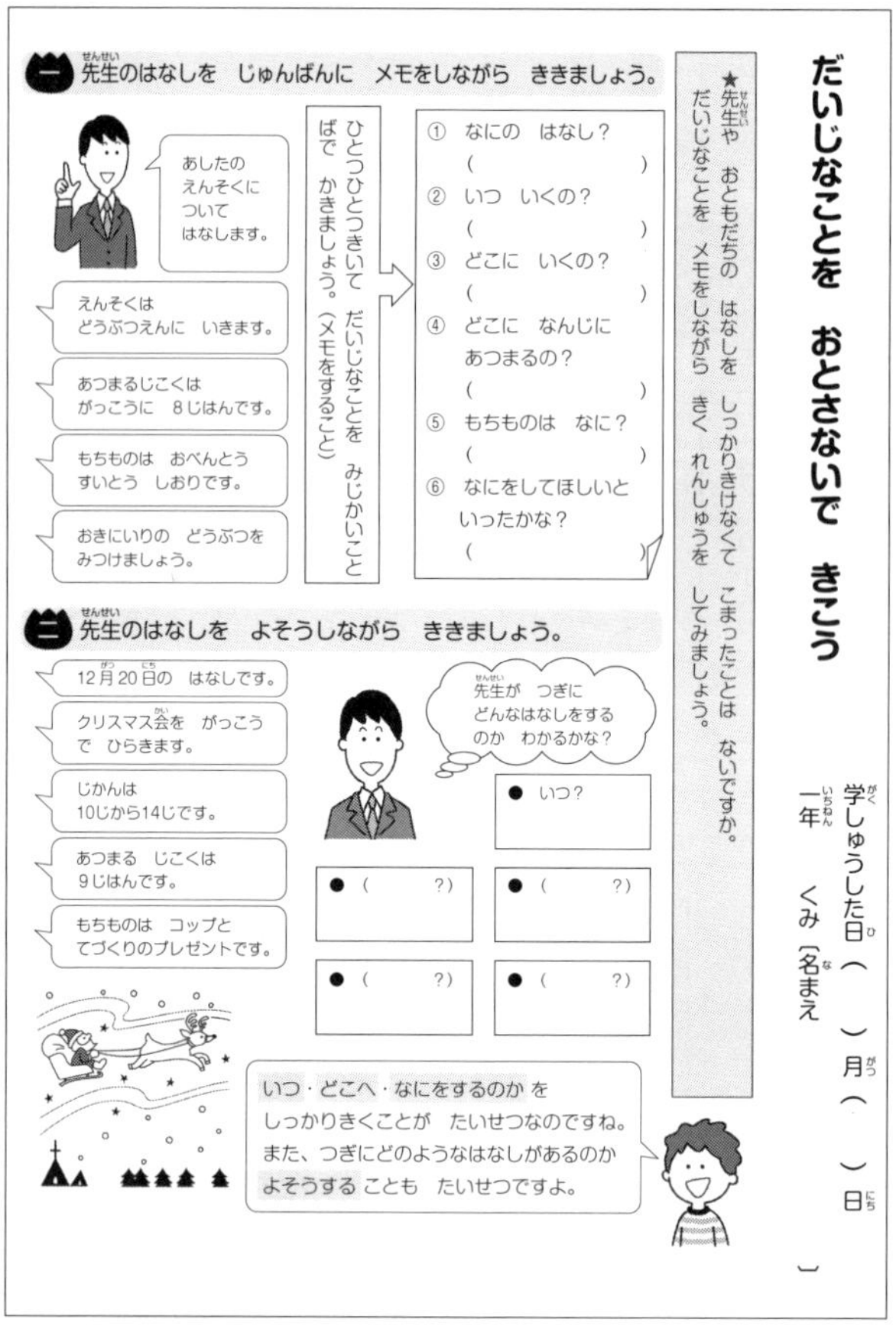
だいじなことを　おとさないで　きこう

学しゅうした日（　）月（　）日

一年　くみ〔名まえ　〕

★先生や　おともだちの　はなしを　しっかりきけなくて　こまったことは　ないですか。だいじなことを　メモをしながら　きく　れんしゅうを　してみましょう。

一　先生のはなしを　じゅんばんに　メモをしながら　ききましょう。

ひとつひとつきいて　だいじなことを　みじかいことばで　かきましょう。（メモをすること）

① なにの　はなし？
（　　　　）
② いつ　いくの？
（　　　　）
③ どこに　いくの？
（　　　　）
④ どこに　なんじに
あつまるの？
（　　　　）
⑤ もちものは　なに？
（　　　　）
⑥ なにをしてほしいと
いったかな？
（　　　　）

二　先生のはなしを　よそうしながら　ききましょう。

● いつ？
●（　　?）
●（　　?）
●（　　?）
●（　　?）

聞くことに関する指導事項では、低学年では大事なことを落とさないようにしながら興味をもって聞くことをねらいにしています。

指導のねらいと説明

　大事なことを落とさないように聞く練習をするワークシートです。「話すこと・聞くこと」は，興味をもって聞くことが大切です。話すことと聞くことが一体化して考えられるように，お互いに尋ねたり答えたりできる活動を入れています。また，人の話を予想しながら聞くことの大切さも練習できるようにしています。

ワークシートの使い方

(1)　先生の話を，おうちの人に読んでもらったり，自分で読んでから紙で隠したりします。
(2)　大事な部分だけを短い言葉で書くこと（メモ）を練習します。
(3)　最後に，どのような話をするのかを予想して聞くことを練習します。

だいじなことを　おとさないで　きこう

学しゅうした日（　　）月（　　）日

一年　　くみ〔名まえ　　　　　〕

★先生や　おともだちの　はなしを　しっかりききけなくて　こまったことは　ないですか。だいじなことを　メモをしながら　きく　れんしゅうを　してみましょう。

一　先生のはなしを　じゅんばんに　メモをしながら　ききましょう。

あしたの
えんそくに
ついて
はなします。

えんそくは
どうぶつえんに　いきます。

あつまるじこくは
がっこうに　8じはんです。

もちものは　おべんとう
すいとう　しおりです。

おきにいりの　どうぶつを
みつけましょう。

ひとつひとつきいて　だいじなことを　みじかいことばで　かきましょう。（メモをすること）

① なにの　はなし？
（　　　　　　　　　　）

② いつ　いくの？
（　　　　　　　　　　）

③ どこに　いくの？
（　　　　　　　　　　）

④ どこに　なんじに
あつまるの？
（　　　　　　　　　　）

⑤ もちものは　なに？
（　　　　　　　　　　）

⑥ なにをしてほしいと
いったかな？
（　　　　　　　　　　）

二　先生のはなしを　よそうしながら　ききましょう。

12月20日の　はなしです。

クリスマス会を　がっこう
で　ひらきます。

じかんは
10じから14じです。

あつまる　じこくは
9じはんです。

もちものは　コップと
てづくりのプレゼントです。

先生が　つぎに
どんなはなしをする
のか　わかるかな？

● いつ？

●（　　　　？）

●（　　　　？）

●（　　　　？）

●（　　　　？）

いつ・どこへ・なにをするのか を
しっかりきくことが　たいせつなのですね。
また、つぎにどのようなはなしがあるのか
よそうする ことも　たいせつですよ。

5 にこにこしたことをあつめたよ（経験記録）

〔書くこと，指導事項ア〕 言語活動イ

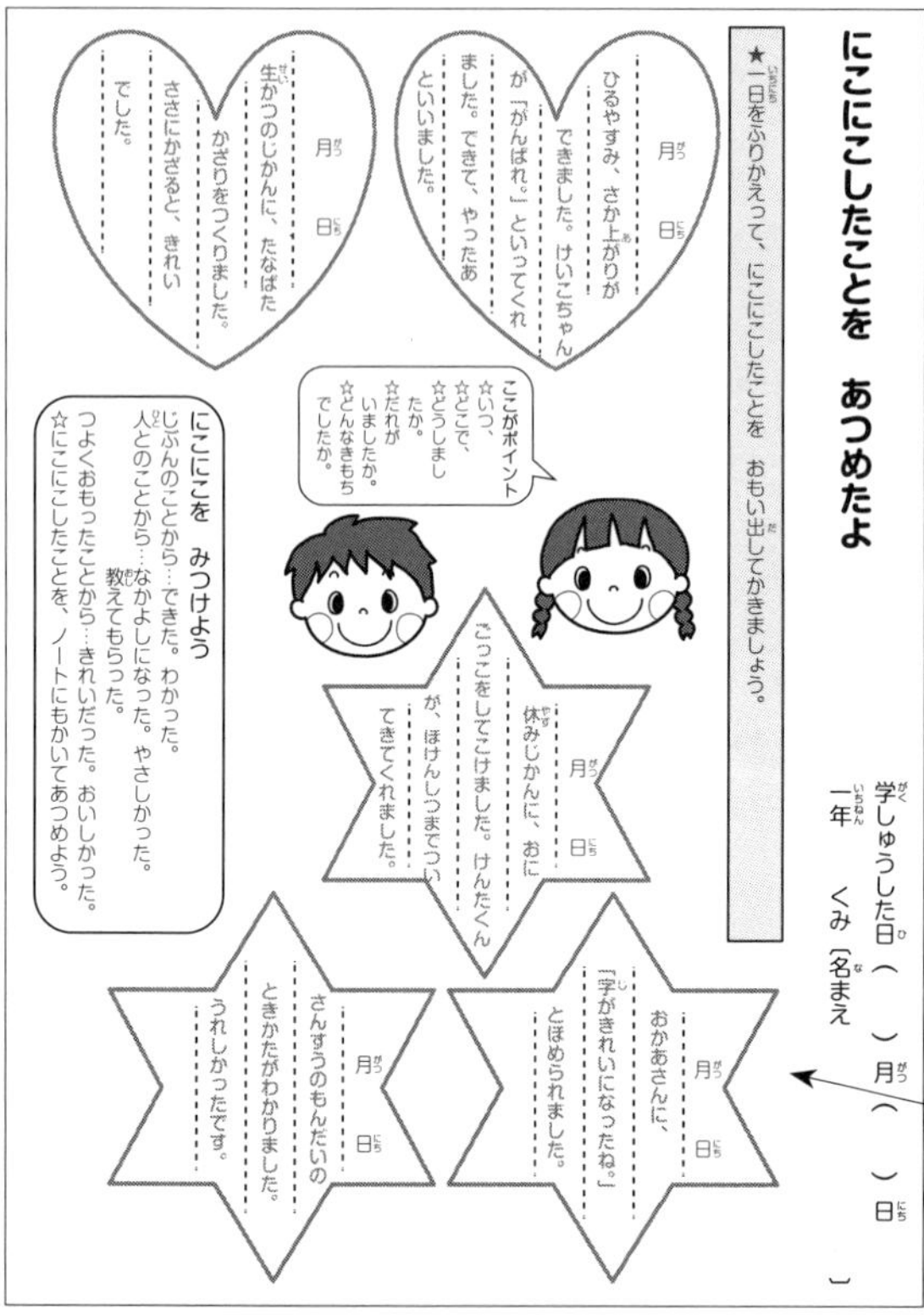
にこにこしたことを　あつめたよ
学しゅうした日（　）月（　）日
一年　くみ〔名まえ　〕
★一日をふりかえって、にこにこしたことを　おもい出してかきましょう。

月　日
ひるやすみ、さか上がりができました。けいこちゃんが「がんばれ。」といってくれました。できて、やったあといいました。

月　日
生かつのじかんに、たなばたかざりをつくりました。ささにかざると、きれいでした。

ここがポイント
☆いつ、
☆どこで、
☆どうしましたか。
☆だれがいましたか。
☆どんなきもちでしたか。

にこにこを　みつけよう
じぶんのことから…できた。わかった。
人とのことから…なかよしになった。やさしかった。教えてもらった。
つよくおもったことから…きれいだった。おいしかった。
☆にこにこしたことを、ノートにもかいてあつめよう。

月　日
休みじかんに、おにごっこをしてこけました。けんたくんが、ほけんしつまでついてきてくれました。

月　日
おかあさんに、「字がきれいになったね。」とほめられました。

月　日
さんすうのもんだいのときかたがわかりました。うれしかったです。

一日の中で，にこにこした内容として次のようなことを書かせるとよいでしょう。

○自分のことから
・できるようになった　・分かった
・がんばった　・完成した
・満足した　・成功した

○人とのことから
・教えてもらった　・優しくしてもらった
・仲なおりした　・ほめられた

○強く思ったことから
・きれいだった　・おいしかった
・気持ちよかった

など

経験や生活，興味や関心は一人一人違います。
気持ちや経験を大切にして，楽しんで書くようにさせましょう。

指導のねらいと説明

文字が書けるようになった１年生には，経験したことを進んで書こうとする態度を身に付けさせます。ここでは，「にこにこしたこと」ということで，生活科など体験活動をした後，子どもたちの心が動いたときをとらえます。

経験したことから書くことを決め，文章を書くワークシートです。そして書くことを見つける力もつけさせます。また，思いも書くことによって表現する楽しさを経験することができます。楽しいことを見つけることは，自尊感情を育むことにもつながります。

ワークシートの使い方

⑴　終わりの会や授業の振り返りのとき（子どもたちの心が動いたとき）をとらえて，「にこにこしたこと集め」に取り組みます。

⑵　「いつ，どこで，にこにこしたか」「なぜ，にこにこしたか」を思い出します。また，人とのかかわりがある場合は，そのことも書くようにします。どんな気持ちであったかも書くとよいでしょう。

5

にこにこしたことを　あつめたよ

学しゅうした日（　　）月（　　）日
一年　　くみ〔名まえ　　　　　　〕

★一日をふりかえって、にこにこしたことを　おもい出してかきましょう。

月　日

月　日

ここがポイント
☆いつ、
☆どこで、
☆どうしましたか。
☆だれがいましたか。
☆どんなきもちでしたか。

月　日

月　日

月　日

にこにこを　みつけよう

じぶんのことから…できた。わかった。
人とのことから…なかよしになった。やさしかった。教えてもらった。
つよくおもったことから…きれいだった。おいしかった。
☆にこにこしたことを、ノートにもかいてあつめよう。

6 「ともだち」をしょうかいします（紹介）

〔書くこと，指導事項ア，イ〕　言語活動エ

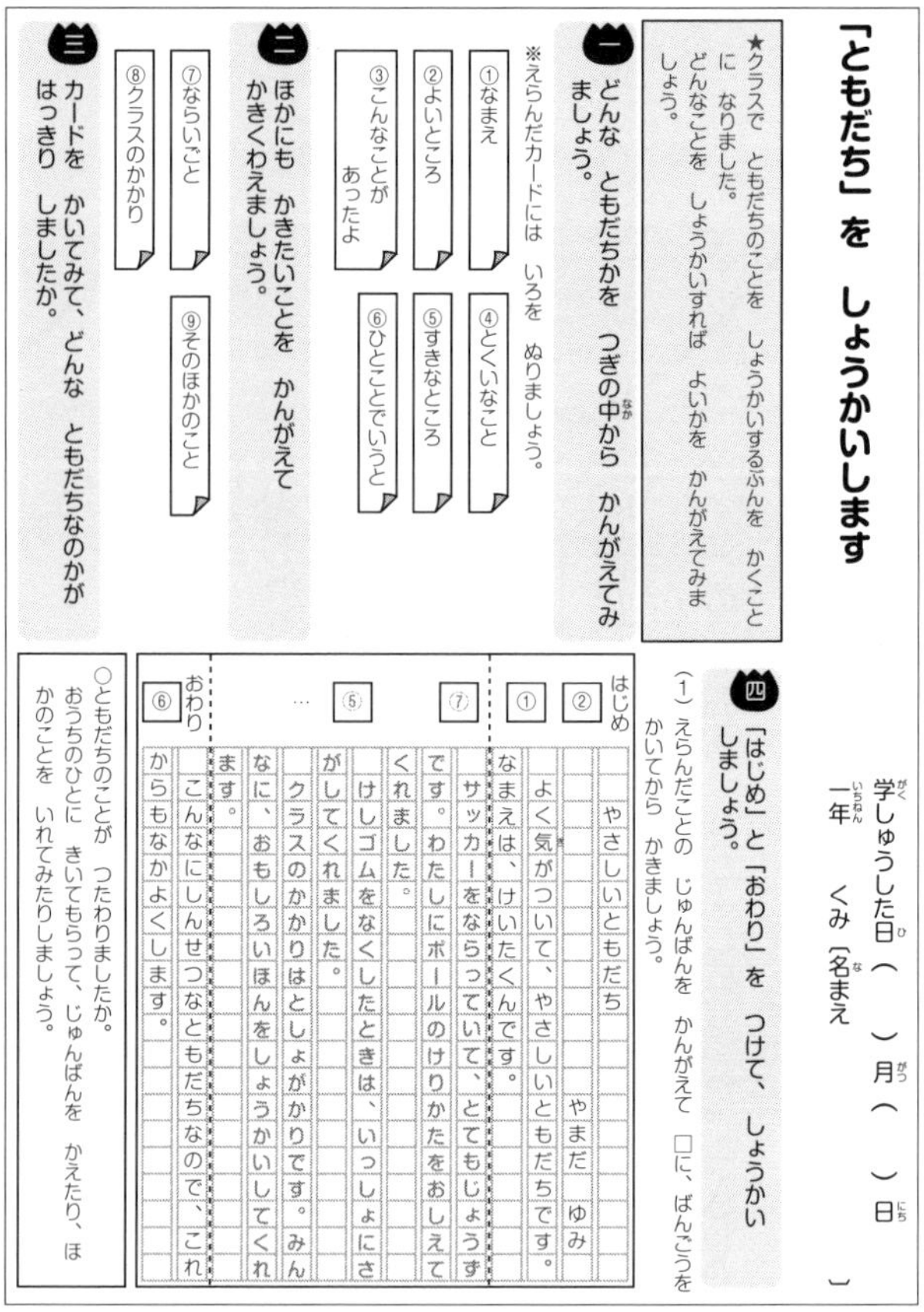
「ともだち」を　しょうかいします

学しゅうした日（　）月（　）日

一年　くみ〔名まえ　〕

★クラスで　ともだちのことを　しょうかいするぶんを　かくことに　なりました。
どんなことを　しょうかいすれば　よいかを　かんがえてみましょう。

一　どんな　ともだちかを　つぎの中から　かんがえてみましょう。

※えらんだカードには　いろを　ぬりましょう。

①なまえ　④とくいなこと

②よいところ　⑤すきなところ

③こんなことが　あったよ　⑥ひとことでいうと

二　ほかにも　かきたいことを　かんがえて　かきくわえましょう。

⑦ならいごと　⑨そのほかのこと

⑧クラスのかかり

三　カードを　かいてみて、どんな　ともだちなのかが　はっきり　しましたか。

四　「はじめ」と「おわり」を　つけて、しょうかい　しましょう。

（1）えらんだことの　じゅんばんを　かんがえて　□に、ばんごうを　かいてから　かきましょう。

はじめ

やさしいともだち

やまだ　ゆみ

②　よく気がついて、やさしいともだちです。

①　なまえは、けいたくんです。

⑦　サッカーをならっていて、とてもじょうずです。わたしにボールのけりかたをおしえてくれました。

⑤　けしゴムをなくしたときは、いっしょにさがしてくれました。

…　クラスのかかりはとしょがかりです。みんなに、おもしろいほんをしょうかいしてくれます。

おわり

⑥　こんなにしんせつなともだちなので、これからもなかよくします。

○ともだちのことが　つたわりましたか。
おうちのひとに　きいてもらって、じゅんばんを　かえたり、ほかのことを　いれてみたりしましょう。

自分とのかかわりが分かるようなエピソードを書かせるようにします。

伝えたいことが，伝わるように「ことがら」や順序を入れ替えさせます。

指導のねらいと説明

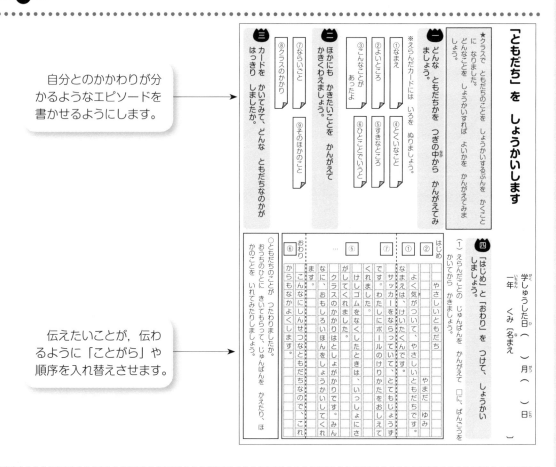

友達の紹介文を書くためのワークシートです。言語活動エの「紹介文を書く」活動を通して，紹介するのに適した観点に気付いたり，「ことがら」を集めたり，指導事項イの相応しい順序になるように簡単な構成を考えたりする能力育成がねらいです。

ワークシートの使い方

(1)　紹介したい友達に，ふさわしい「ことがら」を選びます。特に自分とのかかわりが分かるような「ことがら」に留意して選択します。

(2)　1つの「ことがら」を1～2文で表し，その順序を考えます。

(3)　「はじめ」と「おわり」をつけて，文章を完成させます。

(4)　書き上がった文章を家の人に聞いてもらって，友達のよさが伝わるように，「ことがら」の順序を変えたり，他の「ことがら」を入れたりして紹介文を書き上げます。

「ともだち」を しょうかいします

学しゅうした日（　）月（　）日

一年　くみ〔名まえ　　　〕

★クラスで ともだちのことを しょうかいするぶんを かくことに なりました。
どんなことを しょうかいすれば よいかを かんがえてみましょう。

一 どんな ともだちかを つぎの中から かんがえてみましょう。

※えらんだカードには いろを ぬりましょう。

- ①なまえ
- ②よいところ
- ③こんなことが あったよ
- ④とくいなこと
- ⑤すきなところ
- ⑥ひとことでいうと

二 ほかにも かきたいことを かんがえて かきくわえましょう。

- ⑦ならいごと
- ⑧クラスのかかり
- ⑨そのほかのこと

三 カードを かいてみて、どんな ともだちなのかが はっきり しましたか。

四 「はじめ」と「おわり」を つけて、しょうかい しましょう。

(1) えらんだことの じゅんばんを かんがえて □に、ばんごうを かいてから かきましょう。

はじめ　②　①　□　□　…　おわり　⑥

やさしいともだち

やまだ ゆみ

よく気がついて、やさしいともだちです。

なまえは、けいたくんです。

こんなにしんせつなともだちなので、これからもなかよくします。

○ともだちのことが つたわりましたか。
おうちのひとに きいてもらって、じゅんばんを かえたり、ほかのことを いれてみたりしましょう。

7 せつめい文をかこう（説明）

〔書くこと，指導事項ウ〕　言語活動ウ

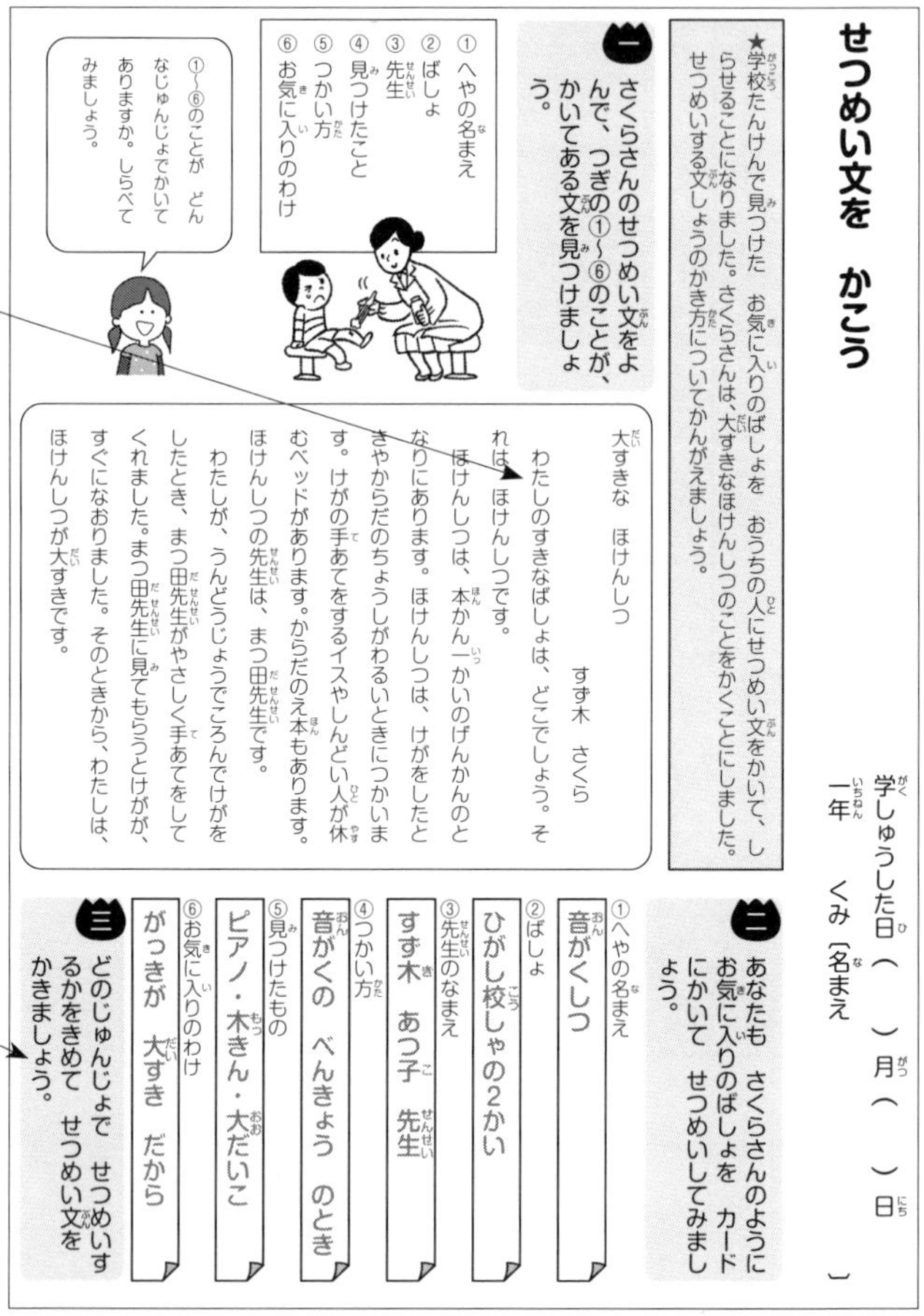

せつめい文を　かこう

学しゅうした日（　）月（　）日
一年　くみ〔名まえ　　〕

★学校たんけんで見つけた　お気に入りのばしょを　おうちの人にせつめい文をかいて、しらせることになりました。さくらさんは、大すきなほけんしつのことをかくことにしました。せつめいする文しょうのかき方についてかんがえましょう。

一　さくらさんのせつめい文をよんで、つぎの①～⑥のことが、かいてある文を見つけましょう。

①　へやの名まえ
②　ばしょ
③　先生
④　見つけたこと
⑤　つかい方
⑥　お気に入りのわけ

大すきな　ほけんしつ

すず木　さくら

わたしのすきなばしょは、どこでしょう。それは　ほけんしつです。

ほけんしつは、本かん一かいのげんかんのとなりにあります。ほけんしつは、けがをしたときやからだのちょうしがわるいときにつかいます。けがの手あてをするイスやしんどい人が休むベッドがあります。からだのえ本もあります。ほけんしつの先生は、まつ田先生です。

わたしが、うんどうじょうでころんでけがをしたとき、まつ田先生がやさしく手あてをしてくれました。まつ田先生に見てもらうとけがが、すぐになおりました。そのときから、わたしは、ほけんしつが大すきです。

二　あなたも　さくらさんのようにお気に入りのばしょを　カードにかいて　せつめいしてみましょう。

①へやの名まえ　音がくしつ
②ばしょ　ひがし校しゃの2かい
③先生のなまえ　すず木　あつ子　先生
④つかい方　音がくの　べんきょう　のとき
⑤見つけたもの　ピアノ・木きん・大だいこ
⑥お気に入りのわけ　がっきが　大すき　だから

三　どのじゅんじょで　せつめいするかをきめて　せつめい文をかきましょう。

「～について説明します」のような書き出しでもよいでしょう。子どもの学習の実態に合わせた冒頭部を書くようにしましょう。

カードに書いたことを声に出して読み，並べ替えながら，説明する順序を考えましょう。

指導のねらいと説明

身近な事物を取り上げて，説明文の書き方を学ぶワークシートです。ここでは，事物の特徴に沿って，説明する順序を考えながら200字程度の文章を書きます。「語と語や文と文の続き方を考えて記述する」ことをねらっています。カードを並べ替え，声に出して読みながら，説明する順序を決めるとよいでしょう。

ワークシートの使い方

(1)　モデル文を読んで，説明されているものを見つけます。
(2)　モデル文が，どのような構成で説明されているかを考えます。
(3)　モデル文をまねて，説明文を書くための情報カードを書きます。
(4)　説明の順序を決めて，原稿用紙に説明文を書きます。

7

せつめい文を　かこう

学しゅうした日（　　）月（　　）日

一年　くみ［名まえ　　　　　　］

★学校たんけんで見つけた　お気に入りのばしょを　おうちの人にせつめい文をかいて、しらせることになりました。さくらさんは、大すきなほけんしつのことをかくことにしました。せつめいする文しょうのかき方についてかんがえましょう。

一　さくらさんのせつめい文をよんで、つぎの①～⑥のことが、かいてある文を見つけましょう。

①へやの名まえ
②ばしょ
③先生
④見つけたこと
⑤つかい方
⑥お気に入りのわけ

①～⑥のことが　どんなじゅんじょでかいてありますか。しらべてみましょう。

大すきな　ほけんしつ

すず木　さくら

わたしのすきなばしょは、どこでしょう。それは、ほけんしつです。

ほけんしつは、本かん一かいのげんかんのとなりにあります。ほけんしつは、けがをしたときやからだのちょうしがわるいときにつかいます。けがの手あてをするイスやしんどい人が休むベッドがあります。からだのえ本もあります。

ほけんしつの先生は、まつ田先生です。

わたしが、うんどうじょうでころんでけがをしたとき、まつ田先生がやさしく手あてをしてくれました。まつ田先生に見てもらうとけがが、すぐになおりました。そのときから、わたしは、ほけんしつが大すきです。

二　あなたも　さくらさんのようにお気に入りのばしょを　カードにかいて　せつめいしてみましょう。

①へやの名まえ

②ばしょ

③先生のなまえ

④つかい方

⑤見つけたもの

⑥お気に入りのわけ

三　どのじゅんじょで　せつめいするかをきめて　せつめい文をかきましょう。

8 くりかえしのたのしいおはなしをかこう（物語）

〔書くこと，指導事項ア〕 言語活動ア

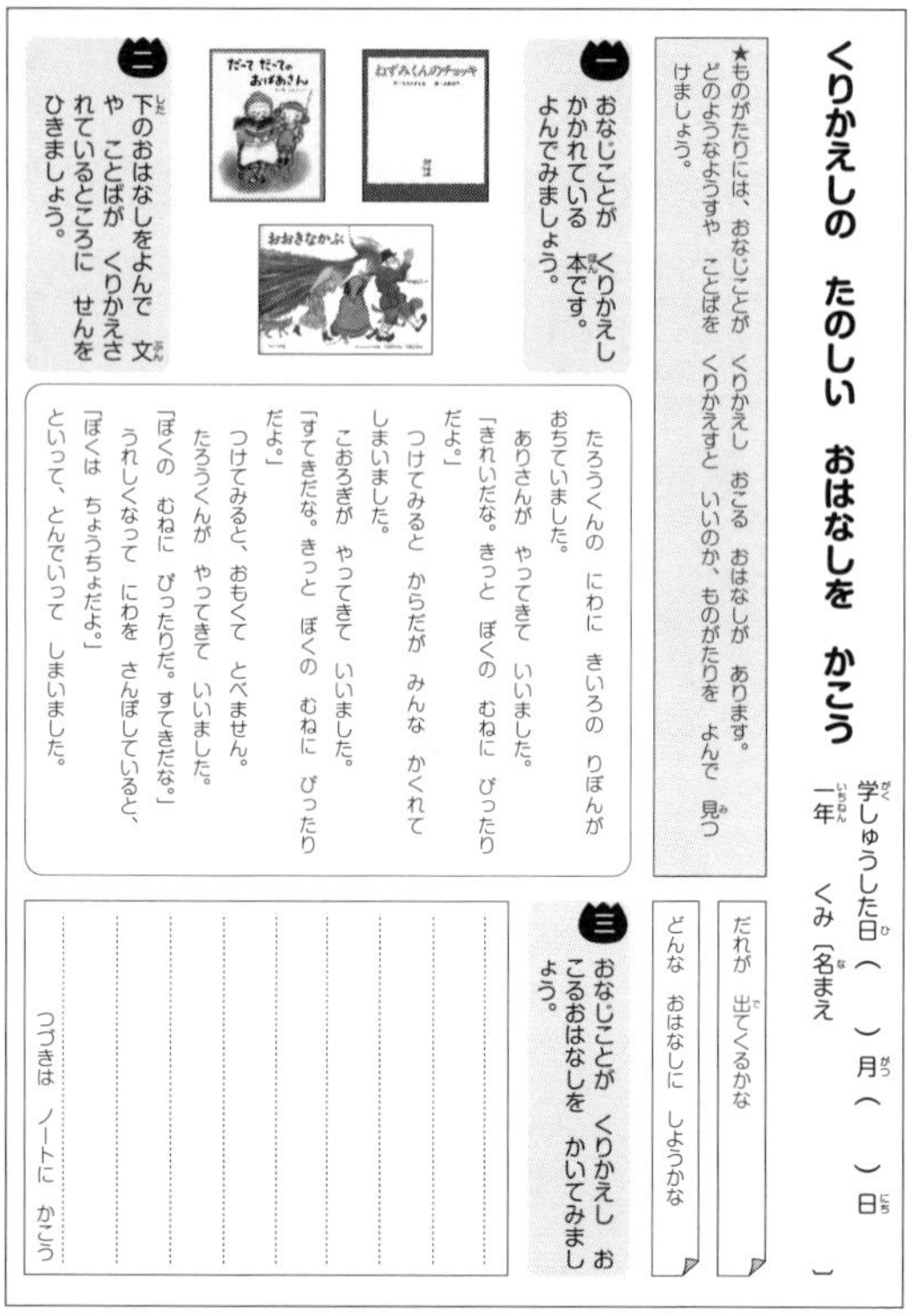
くりかえしの たのしい おはなしを かこう

学しゅうした日（　）月（　）日
一年　くみ〔名まえ　〕

★ものがたりには、おなじことが くりかえし おこる おはなしが あります。どのようなようすや ことばを くりかえすと いいのか、ものがたりを よんで 見つけましょう。

一 おなじことが くりかえし かかれている 本です。よんでみましょう。

二 下のおはなしをよんで 文や ことばが くりかえされているところに せんを ひきましょう。

たろうくんの にわに きいろの りぼんが おちていました。
ありさんが やってきて いいました。
「きれいだな。きっと ぼくの むねに ぴったりだよ。」
つけてみると からだが みんな かくれて しまいました。
こおろぎが やってきて いいました。
「すてきだな。きっと ぼくの むねに ぴったりだよ。」
つけてみると、おもくて とべません。
たろうくんが やってきて いいました。
「ぼくの むねに ぴったりだ。すてきだな。」
うれしくなって にわを さんぽしていると、
「ぼくは ちょうちょだよ。」
といって、とんでいって しまいました。

三 おなじことが くりかえし おこるおはなしを かいてみましょう。

だれが 出てくるかな

どんな おはなしに しようかな

つづきは ノートに かこう

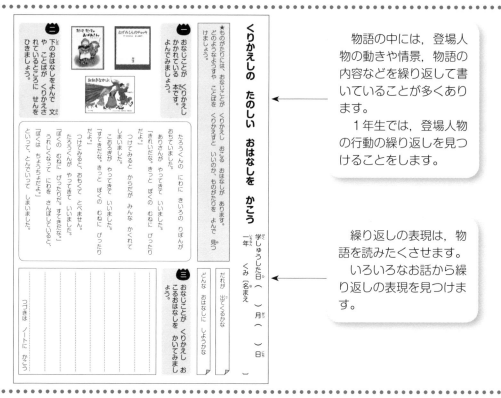

物語の中には，登場人物の動きや情景，物語の内容などを繰り返して書いていることが多くあります。

1年生では，登場人物の行動の繰り返しを見つけることをします。

繰り返しの表現は，物語を読みたくさせます。

いろいろなお話から繰り返しの表現を見つけます。

指導のねらいと説明

経験したことや想像したことなどから書くことを決めることがねらいです。そのためには，今までに読んだお話から繰り返しの表現を見つけ，どんなことが繰り返されているのかを探すように指導します。お話を書くときに登場人物の行動や気持ちを繰り返し書くようにしていくと，物語の構成を意識するようになります。どのようなことがらを繰り返し書くとよいのかを話し合います。

子どもたちは，経験や生活，興味・関心に違いがあります。一人一人の気持ちや経験を大切にして，楽しんで書くように指導します。

ワークシートの使い方

(1) よく読まれている物語から，登場人物の行動や気持ちが繰り返し書かれていることを見つけ，楽しいお話を書くための意欲付けにします。

(2) ワークに書かれている物語で，どのようなことがらを繰り返し書くとよいか見つけます。

(3) どんなお話にするのか，主人公は誰にするのか，繰り返すことがらは何にするのかを決めてから書き始めます。

くりかえしの　たのしい　おはなしを　かこう

学しゅうした日（　　）月（　　）日

一年　　くみ〔名まえ　　　　　　〕

★ものがたりには、おなじことが　くりかえし　おこる　おはなしが　あります。どのようなようすや　ことばを　くりかえすと　いいのか、ものがたりを　よんで　見つけましょう。

一　おなじことが　くりかえし　かかれている　本です。よんでみましょう。

二　下のおはなしをよんで　文や　ことばが　くりかえされているところに　せんを　ひきましょう。

たろうくんの　にわに　きいろの　りぼんが　おちていました。

ありさんが　やってきて　いいました。

「きれいだな。きっと　ぼくの　むねに　ぴったりだよ。」

つけてみると　からだが　みんな　かくれて　しまいました。

こおろぎが　やってきて　いいました。

「すてきだな。きっと　ぼくの　むねに　ぴったりだよ。」

つけてみると、おもくて　とべません。

たろうくんが　やってきて　いいました。

「ぼくの　むねに　ぴったりだ。すてきだな。」

うれしくなって　にわを　さんぽしていると、

「ぼくは　ちょうちょだよ。」

といって、とんでいって　しまいました。

三　おなじことが　くりかえし　おこるおはなしを　かいてみましょう。

だれが　出てくるかな

どんな　おはなしに　しようかな

つづきは　ノートに　かこう

9 どんな本をよんでいるかな（読書記録）

〔読むこと，指導事項カ〕　言語活動オ

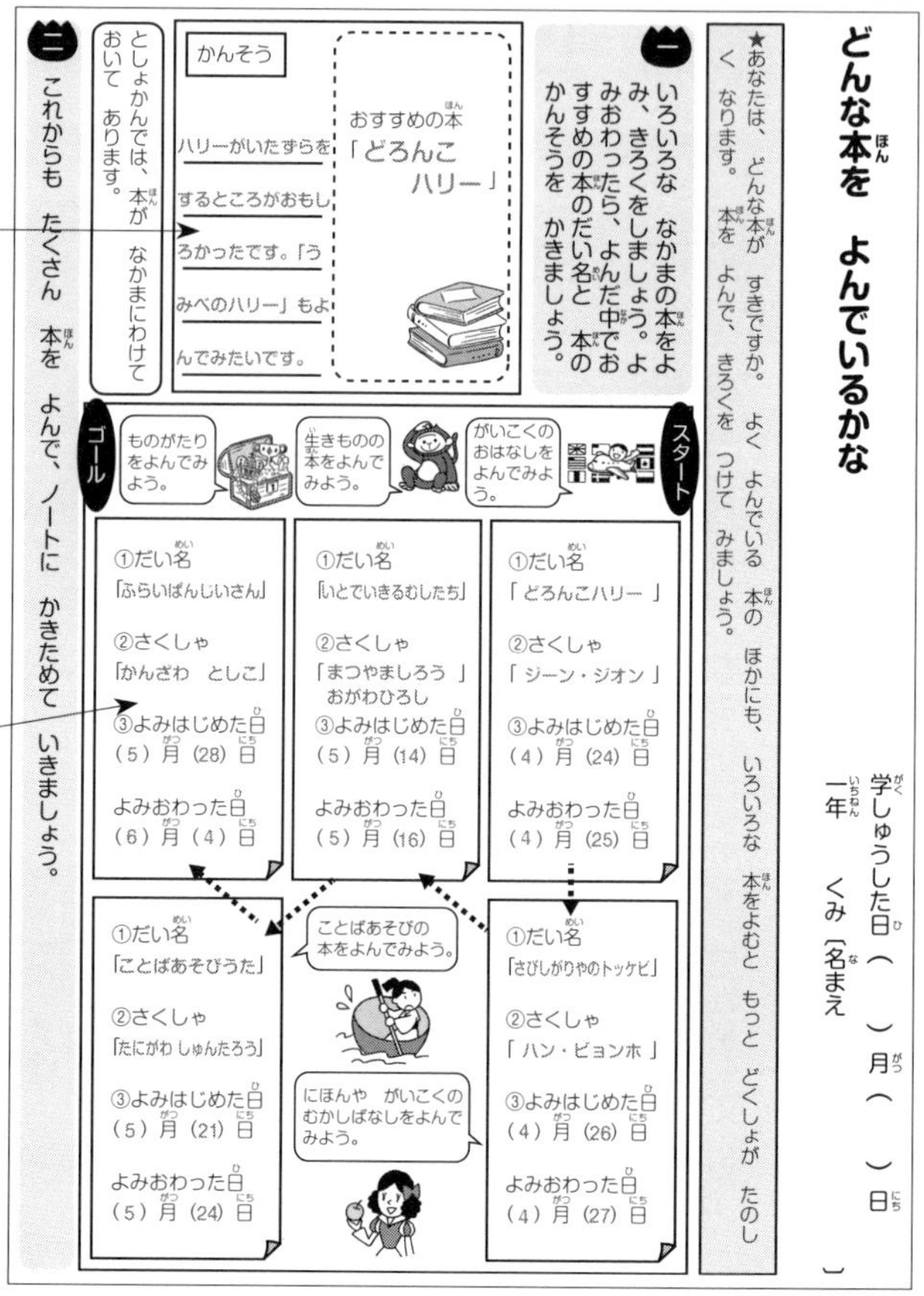

日常的に，読書記録をつけておくと，自分の読み方を振り返ったり，次に読む本を選ぶときに生かしたりすることができます。

項目として，ここでは「題名」「作者」「読み始めた日，読み終えた日」を記録します。他にも「出版社」「ページ数」「一言感想」など，発達段階に応じて付け加えます。

指導のねらいと説明

いろいろな本に親しみ，読む本を楽しく増やしていくことができるようにするワークシートです。読書記録をつけていくことで，自分の読書傾向を振り返ることができます。また，本を選ぶときにも生かすことができ，主体的な読書を進めます。今回は，いろいろなジャンルの本を読み進める「すごろく」のような形式の読書記録です。いろいろな本に親しみ，読む本を楽しく増やしていけるようにするためのワークシートです。

ワークシートの使い方

(1)　好きな本やよく読んでいる本の中から１冊を選び，題名や作者名を書きます。
(2)　いろいろな本を読むために，示されたジャンルから本を選んで読み，記録します。
(3)　１つのジャンルを読み終えると，次のジャンルに進みます。
(4)　引き続き，いろいろな本を読んで，付箋紙やカードに書きためていきます。

9

どんな本を　よんでいるかな

学しゅうした日（　）月（　）日

一年　くみ〔名まえ　　　〕

★あなたは、どんな本が　すきですか。よく　よんでいる　本の　ほかにも、いろいろな　本をよむと　もっと　どくしょが　たのしく　なります。本を　よんで、きろくを　つけて　みましょう。

一　いろいろな　なかまの本をよみ、きろくをしましょう。よみおわったら、よんだ中でおすすめの本のだい名と　本のかんそうを　かきましょう。

おすすめの本

「　　　　　」

かんそう

＿＿＿＿＿＿

＿＿＿＿＿＿

＿＿＿＿＿＿

＿＿＿＿＿＿

＿＿＿＿＿＿

としょかんでは、本が　なかまにわけて　おいて　あります。

スタート

がいこくの　おはなしを　よんでみよう。

①だい名
「　　　　　」
②さくしゃ
「　　　　　」
③よみはじめた日
（　）月（　）日
よみおわった日
（　）月（　）日

生きものの　本をよんで　みよう。

①だい名
「　　　　　」
②さくしゃ
「　　　　　」
③よみはじめた日
（　）月（　）日
よみおわった日
（　）月（　）日

ものがたりを　よんでみよう。

①だい名
「　　　　　」
②さくしゃ
「　　　　　」
③よみはじめた日
（　）月（　）日
よみおわった日
（　）月（　）日

ゴール

（スタートの下の欄）

①だい名
「　　　　　」
②さくしゃ
「　　　　　」
③よみはじめた日
（　）月（　）日
よみおわった日
（　）月（　）日

ことばあそびの　本をよんでみよう。

にほんや　がいこくの　むかしばなしを　よんで　みよう。

①だい名
「　　　　　」
②さくしゃ
「　　　　　」
③よみはじめた日
（　）月（　）日
よみおわった日
（　）月（　）日

二　これからも　たくさん　本を　よんで、ノートに　かきためて　いきましょう。

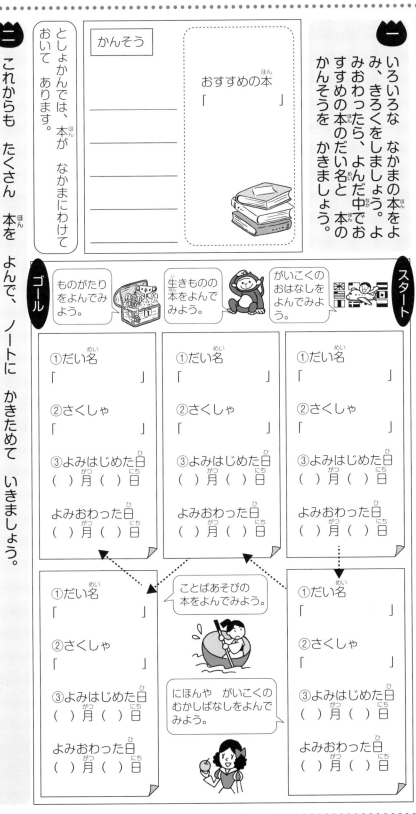

10 どくしょかんそう文をかこう（感想）

〔読むこと，指導事項オ〕　言語活動エ

「なにをかくといいのかな？」を読んで，感想文を書くために必要な事項をつかみます。

今回，感想文を書くために必要な事項は，「心に強く感じたこと」「この本を読んだきっかけ」「今まで読んだことのある本と結び付ける（読書経験から）」「自分がしたことと結び付ける」「読み終わって思ったこと」を取り上げています。感想文を書くときには，この項目をカードに書いていくとよいでしょう。カードにすると，順番を考えたり，書けていないものを確認するのに便利です。

どくしょかんそう文をかこう

学しゅうした日（　）月（　）日
一年　くみ〔名まえ　〕

★ゆうみちゃんの　かいた「てぶくろ」の　かんそう文を　よんで、なにを　どんなふうに　かけば　よいか　かんがえましょう。

くりかえしのある　おはなしを　よみたい

おかもと　ゆうみ

はじめ

わたしは、「いれて」といって、だんだん　どうぶつが　ふえていくところが　大すきです。なんど　よんでも　どうぶつが　ふえると、手ぶくろのおうちが「やぶれないかな。」と　ドキドキするからです。ドキドキしながら　よんでいるうちに　おはなしの　中に　入って　しまいたい　気もちに　なります。それに、手ぶくろのおうちに　えんとつや　まどが　ふえていくと、「いいな。」と　うれしくなります。

ねずみや　うさぎや　かえるが　手ぶくろの中に　入っている　ひょうしが、あったかそうで　いいなと　おもい　としょかんから　かりてかえりました。さむがりで　こたつが　大すきな　わたしに　ぴったりだと　おもったからです。

なか

はじめは、くいしんぼねずみの　じゃまを　しないでと　おもいながら　よんでいました。だけど、だんだん「入れて」を　くりかえすたびに　こんなに　たくさんの　どうぶつが　入れるのかなと　しんぱいになりました。さいごには、のんびりくまが　入れるのかなと　ドキドキしました。ドキドキしながら　よんでいると、いつのまにか、手ぶくろの中に、わたしも　入っているような　気もちに　なってしまいました。

おはなしを　よんだあとに、こくごの　べんきょうでした「おおきなかぶ」を　おもい出しました。わたしは、この本の　中の「うんとこしょ　どっこいしょ。」と　くりかえすところが、大すきです。「うんとこしょ。どっこいしょ。」と　くりかえすと、いつのまにか、わたしも　ひっぱっているような気もちに　なるからです。

おはなしを　よんだときに、もう一つ　おもい出したことが　あります。それは、お正月に　いもうとや　いとこたちと　こたつに　もぐりこんで　あそんだことです。さいごに、おとうさんが　もぐりこんだら、いもうとの　あいみが　おし出されて、みんなで　大わらいしました。

おわり

わたしは、「てぶくろ」や、「おおきなかぶ」のような　くりかえしのある　おはなしが　大すきです。おはなしを　よんでいると　いつのまにか　おはなしの中の　一人に　なれるからです。これからも、くりかえしのある　おはなしを　見つけて　よみたいです。

『てぶくろ』ウクライナ民話　エウゲーニー・M・ラチョフ絵　内田莉莎子訳　福音館書店

なにを　かくと　いいのかな？

★こころに　つよく　かんじたことを　かきます。
はじめに、本を　よんで　一ばん　つよく　かんじたことを　かきます。「おはなしの　中に　入って　しまいたい　気もち」のように、どんな　きもちに　なったのかを　かきます。

★この本を　よんだ　きっかけを　かきます。
どうして　この本を　よんだかを　きっかけと　いいます。なぜ　その本を　よんだのかを　かきます。

★いままで　よんだことのある本と　むすびつけて　かきます。
まえに　ほかの　本を　よんだ　けいけんについて　かいていますね。おなじような　本を　よんだことや、まえに　よんだ　本と　ちがったことなどを　かくと、より　かんそうが　ふかまりますね。

★じぶんが　したことと　むすびつけて　かきます。
お正月の　ことを　おもい出して　かいていますね。ゆうみちゃんの　かぞくとの　たのしかったことと「てぶくろ」の　おはなしが　むすびつけて　かかれていますね。

★よみおわって　おもったことを　かきます。
ゆうみちゃんは、「おはなしの中の　一人に　なれるからです。」という　かんそうの　ことばを　つかっています。だから　にている本が　よみたくなったのですね。

■「てぶくろ」は、くりかえしが　たのしい　おはなしです。「ねずみくんのチョッキ」や「ぞうくんのさんぽ」シリーズなどの　にている　おはなしを　見つけて　よんで、かんそう文を　かいてみましょう。

指導のねらいと説明

本や文章を読んで，その内容と自分がすでにもっている知識や経験と結び付けて解釈し，想像を広げたり深めたりして自分なりの感想をもつことをねらったワークシートです。本を読んで，感じたことや思ったこと，考えたことを記録する習慣をつけるために感想文の書き方を学びます。また，自分も本を読んで書いてみたいという意欲付けも図ります。

ワークシートの使い方

(1) モデル感想文を読みながら，感想文を書くために必要な事項をつかみます。
(2) 似ているお話を見つけて自分の読んでみたい本を選びます。
(3) 学んだ感想文を書くために必要な事項をカードに書いていきます。
(4) カードを使って感想文を書きます。

10

どくしょかんそう文をかこう

学しゅうした日（　）月（　）日
一年　くみ〔名まえ　　　〕

★ゆうみちゃんの かいた「てぶくろ」の かんそう文を よんで、なにを どんなふうに かけば よいか かんがえましょう。

はじめ

くりかえしのある おはなしを よみたい

おかもと ゆうみ

わたしは、「いれて」といって、だんだん どうぶつが ふえていくところが 大すきです。なんど よんでも どうぶつが ふえると、手ぶくろのおうちが 「やぶれないかな。」と ドキドキするからです。ドキドキしながら よんでいるうちに おはなしの 中に 入って しまいたい 気もちに なります。それに、手ぶくろのおうちに えんとつや まどが ふえていくと、「いいな。」と うれしくなります。

なか

ねずみや うさぎや かえるが 手ぶくろの中に 入っている ひょうしが、あったかそうで いいなと おもい としょかんから かりてかえりました。さむがりで こたつが 大すきな わたしに ぴったりだと おもったからです。

はじめは、くいしんぼねずみの じゃまを しないでと おもいながら よんでいました。だけど、だんだん 「入れて」を くりかえすたびに こんなに たくさんの どうぶつが 入れるのかなと しんぱいになりました。さいごには、のんびりくまが 入れるのかなと ドキドキしました。ドキドキしながら よんでいると、いつのまにか、手ぶくろの中に、わたしも 入っているような 気もちに なってしまいました。

おはなしを よんだあとに、こくごの べんきょうでした 「おおきなかぶ」を おもい出しました。わたしは、この本の 中の 「うんとこしょ どっこいしょ。」と くりかえすところが、大すきです。「うんとこしょ。 どっこいしょ。」と くりかえすと、いつのまにか、わたしも ひっぱっているような気もちに なるからです。

おはなしを よんだときに、もう一つ おもい出したことが あります。それは、お正月に いもうとや いとこたちと こたつに もぐりこんで あそんだことです。さいごに、おとうさんが もぐりこんだら、いもうとの あいみが おし出されて、みんなで 大わらいしました。

おわり

わたしは、「てぶくろ」や、「おおきなかぶ」のような くりかえしのある おはなしが 大すきです。おはなしを よんでいると いつのまにか おはなしの中の 一人に なれるからです。これからも、くりかえしのある おはなしを 見つけて よみたいです。

『てぶくろ』ウクライナ民話　エウゲーニー・M・ラチョフ絵　内田莉莎子訳　福音館書店

なにを かくと いいのかな？

★こころに つよく かんじたことを かきます。
はじめに、本を よんで 一ばん つよく かんじたことを かきます。「おはなしの 中に 入って しまいたい 気もち」のように、どんな きもちに なったのかを かきます。

★この本を よんだ きっかけを かきます。
どうして この本を よんだかを きっかけと いいます。 なぜ その本を よんだのかを かきます。

★いままで よんだことのある本と むすびつけて かきます。
まえに ほかの 本を よんだ けいけんについて かいていますね。おなじような 本を よんだことや、まえに よんだ 本と ちがったことなどを かくと、より かんそうが ふかまりますね。

★じぶんが したことと むすびつけて かきます。
お正月の ことを おもい出して かいていますね。ゆうみちゃんの かぞくとの たのしかったことと 「てぶくろ」の おはなしが むすびつけて かかれていますね。

★よみおわって おもったことを かきます。
ゆうみちゃんは、「おはなしの中の 一人に なれるからです。」という かんそうの ことばを つかっています。だから にている本が よみたくなったのですね。

■「てぶくろ」は、くりかえしが たのしい おはなしです。「ねずみくんのチョッキ」や 「ぞうくんのさんぽ」シリーズなどの にている おはなしを 見つけて よんで、かんそう文を かいてみましょう。

11 おはなしの中のできごとを見つけよう（物語）

〔読むこと，指導事項ウ〕 言語活動ア

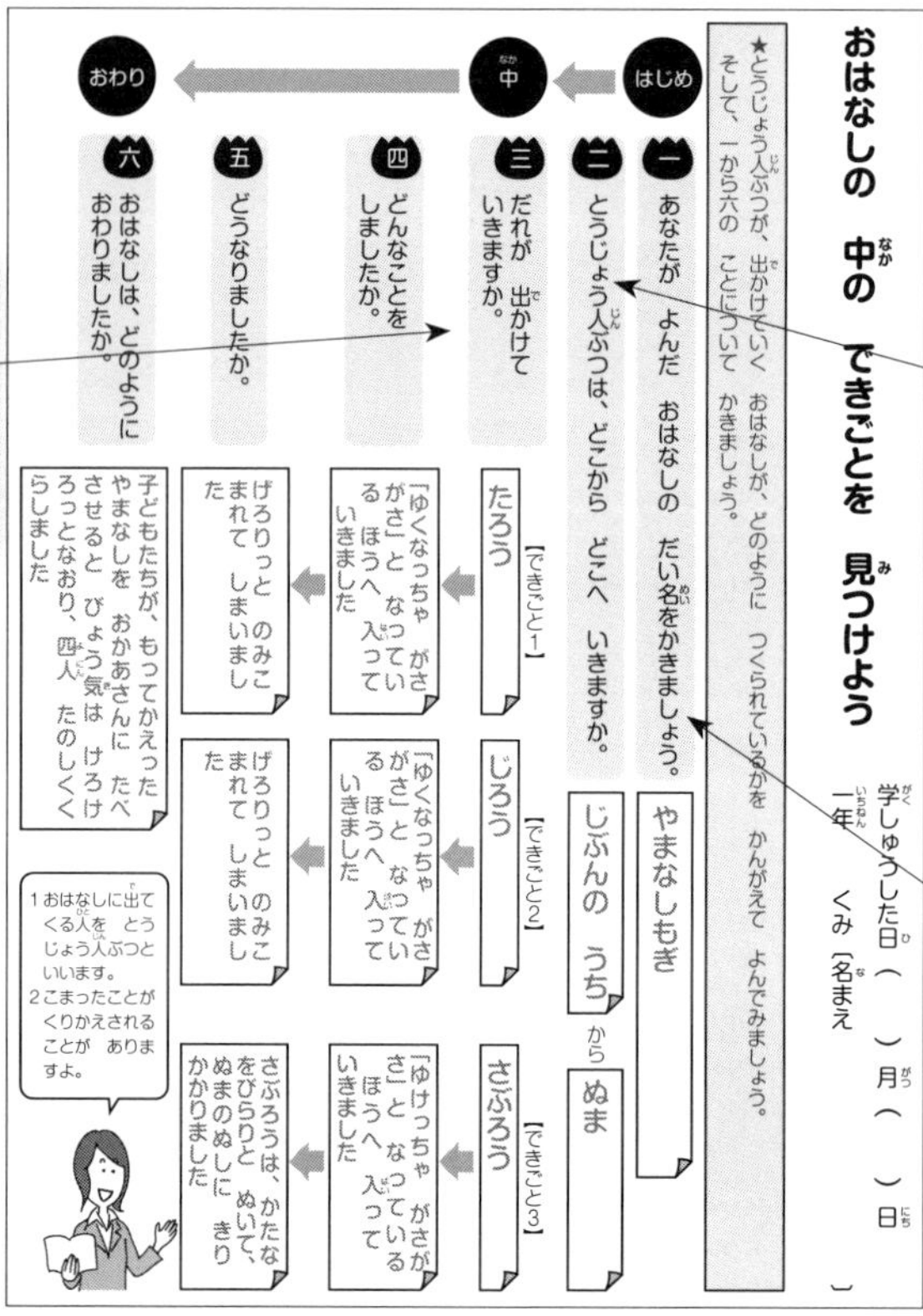

おはなしの　中の　できごとを　見つけよう

学しゅうした日（　）月（　）日
一年　くみ〔名まえ　〕

★とうじょう人ぶつが、出かけていく　おはなしが、どのように　つくられているかを　かんがえて　よんでみましょう。
そして、一から六の　ことについて　かきましょう。

はじめ → 中 → おわり

一　あなたが　よんだ　おはなしの　だい名をかきましょう。
やまなしもぎ

二　とうじょう人ぶつは、どこから　どこへ　いきますか。
じぶんの　うち　から　ぬま

三　だれが　出かけて　いきますか。
【できごと1】たろう
【できごと2】じろう
【できごと3】さぶろう

四　どんなことを　しましたか。
「ゆくなっちゃ　がさがさ」と　なっている　ほうへ　入って　いきました
「ゆくなっちゃ　がさがさ」と　なっている　ほうへ　入って　いきました
「ゆけっちゃ　がさがさ」と　なっている　ほうへ　入って　いきました

五　どうなりましたか。
げろりっと　のみこまれて　しまいました
げろりっと　のみこまれて　しまいました
さぶろうは、かたなをびらりと　ぬいて、ぬまのぬしに　きりかかりました

六　おはなしは、どのように　おわりましたか。
子どもたちが、もってかえった　やまなしを　おかあさんに　たべさせると　びょう気は　けろけろっとなおり、四人　たのしくくらしました

1 おはなしに出てくる人を　とうじょう人ぶつと　いいます。
2 こまったことが　くりかえされる　ことが　ありますよ。

主人公が，繰り返し出かける物語と，出かける人物が変わりながら展開する物語があります。

書かれていないときには，挿絵から想像を広げて読んだことを書くようにします。

登場人物が出かける物語をリストにして子どもたちに示すと選びやすくなります。

指導のねらいと説明

登場人物が行って帰ってくる物語を取り上げ，登場人物の行動を追いながら，物語の構造をとらえます。子どもたちは，物語の構造が分かると他の物語を読むときに転用でき，登場人物の次の行動を予想したり，展開を予想したりして読む楽しさを味わうことができます。

ワークシートを使って物語の構造や出来事をつかませ，あらすじをまとめさせましょう。

ワークシートの使い方

⑴　登場人物が出かける物語を選ばせます。選ぶのが難しい場合には，あらかじめ複数の物語を準備しておきます。

⑵　出発した場所が書かれていない場合は，挿絵や経験から想像させてみましょう。

⑶　登場人物を物語の文章や挿絵から確認します。中でも主人公は，誰なのかを明確にします。

⑷　出来事とその結果を物語の中の言葉や文章を使って記入させます。

おはなしの 中の できごとを 見つけよう

学しゅうした日（　）月（　）日

一年　くみ〔名まえ　〕

★とうじょう人ぶつが、出かけていく おはなしが、どのように つくられているかを かんがえて よんでみましょう。
そして、一から六の ことについて かきましょう。

はじめ → 中 → おわり

一 あなたが よんだ おはなしの だい名をかきましょう。

二 とうじょう人ぶつは、どこから どこへ いきますか。

（　）から（　）

三 だれが 出かけて いきますか。

四 どんなことを しましたか。

五 どうなりましたか。

【できごと1】

【できごと2】

【できごと3】

六 おはなしは、どのように おわりましたか。

1 おはなしに出てくる人を とうじょう人ぶつと いいます。
2 こまったことが くりかえされる ことが ありますよ。

12 かがくよみものをつかってしらべよう（紹介）

〔読むこと，指導事項カ〕　言語活動ウ

かがくよみものを　つかって　しらべよう

学しゅうした日（　　）月（　　）日
一年　くみ〔名まえ　　　　　　　〕

★どうぶつのことを　くわしく　しりたいときは、どうしたらよいですか？　つぎのような　手じゅんで　しらべると　よいですね。

一　しらべかたの　手じゅんを　かくにんしましょう。

①しらべる　どうぶつを　きめましょう。

②どんなことを　しらべると　よいでしょう。つぎのようなことを　しらべるとよいですね。

★からだの大きさ
★からだのとくちょう
★たべもの
★すんでいるところ
★しゅるい（なかま）
★一日のせいかつ

③しらべることが　きまったら、いろいろな本を　よむと　よいですよ。としょかんに　いって　しらべるための本を　さがして　みましょう。

こんな本が　あるよ
◆「育ててしらべる日本の生きものずかん」（集英社）
◆「どうぶつの　赤ちゃん」（ポプラ社）
◆「どうぶつのおやこ」（小峰書店）

本をよむときは、「もくじ」や「さくいん」の　ページを　つかうと　よいですよ。
もくじ …しらべるものの　ページが　かいてあるよ。
さくいん …「あいうえお」じゅんで　名まえが　出ているよ。

二　どうぶつについて　しらべましょう。

①しらべたどうぶつ
うさぎ

②しらべた本
どうぶつえんのどうぶつ　あんない

③しらべてわかったこと
うさぎには、あなうさぎや　のうさぎの　なかまがいます。

うさぎは、草やはっぱを　たべます。

うさぎの耳が　ながいわけは、耳を　かぜにあてて、たいおんを　ちょうせつするからです。


調べる手順を①から③で示しています。
②は，調べる項目について例を挙げています。この中から選ぶか，または，自分で調べたい項目を考えるかになります。

「目次」と「索引」については，知識として知っておくとよいです。

指導のねらいと説明

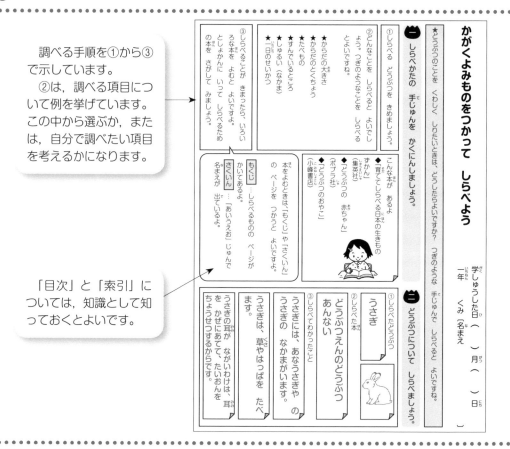

動物について調べるための手順を示し，手順に沿って自分で調べるためのワークシートです。ここでは，事物の仕組みなどについて説明した本ということで，科学読み物を使って調べることとします。子どもたちが，楽しむためや知識を得るために，目的や必要に応じて，本や文章を選んで読むことをねらいとしています。

ワークシートの使い方

(1)　調べる手順に沿って調べていきます。まずは，調べる動物を決めます。

(2)　調べたい事柄を決めます。例の中から３つぐらい選びます。

(3)　調べるための本を決めます。ワークシートには３冊の例を挙げていますが，実際に図書室や図書館で，目的に応じた本を選んで調べるようにします。

(4)　調べたことをワークシートにまとめます。ワークシートでは，スペースが限られています。ワークシートの様式をモデルにし，ノートにさらに詳しくまとめるとよいでしょう。

12

かがくよみものをつかって　しらべよう

学しゅうした日（　　）月（　　）日
一年　　くみ〔名まえ　　　　　　〕

★どうぶつのことを　くわしく　しりたいときは、どうしたらよいですか？　つぎのような　手じゅんで　しらべると　よいですね。

一　しらべかたの　手じゅんを　かくにんしましょう。

①しらべる　どうぶつを　きめましょう。

②どんなことを　しらべると　よいでしょう。つぎのようなことを　しらべると　よいですね。

★からだの大きさ
★からだのとくちょう
★たべもの
★すんでいるところ
★しゅるい（なかま）
★一日のせいかつ

③しらべることが　きまったら、いろいろな本を　よむと　よいですよ。としょかんに　いって　しらべるための本を　さがして　みましょう。

こんな本が　あるよ
◆「育ててしらべる日本の生きものずかん」（集英社）
◆「どうぶつの　赤ちゃん」（ポプラ社）
◆「どうぶつのおやこ」（小峰書店）

本をよむときは、「もくじ」や「さくいん」の　ページを　つかうと　よいですよ。
もくじ　…しらべるものの　ページが　かいてあるよ。
さくいん　…「あいうえお」じゅんで　名まえが　出ているよ。

二　どうぶつについて　しらべましょう。

①しらべたどうぶつ

②しらべた本

③しらべてわかったこと

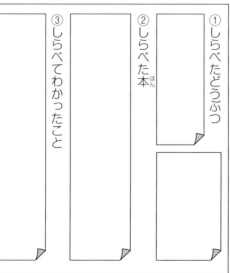

13 おはなしをえにしてしょうかいしよう（読書紹介）

〔読むこと，指導事項ウ〕 言語活動オ

初めに，紹介する方法を選び，活動のイメージをもち，紹介活動に意欲的に取り組むことができるようにします。
ここでは，1年生に身に付けさせたい紹介方法を2つ提示しています。

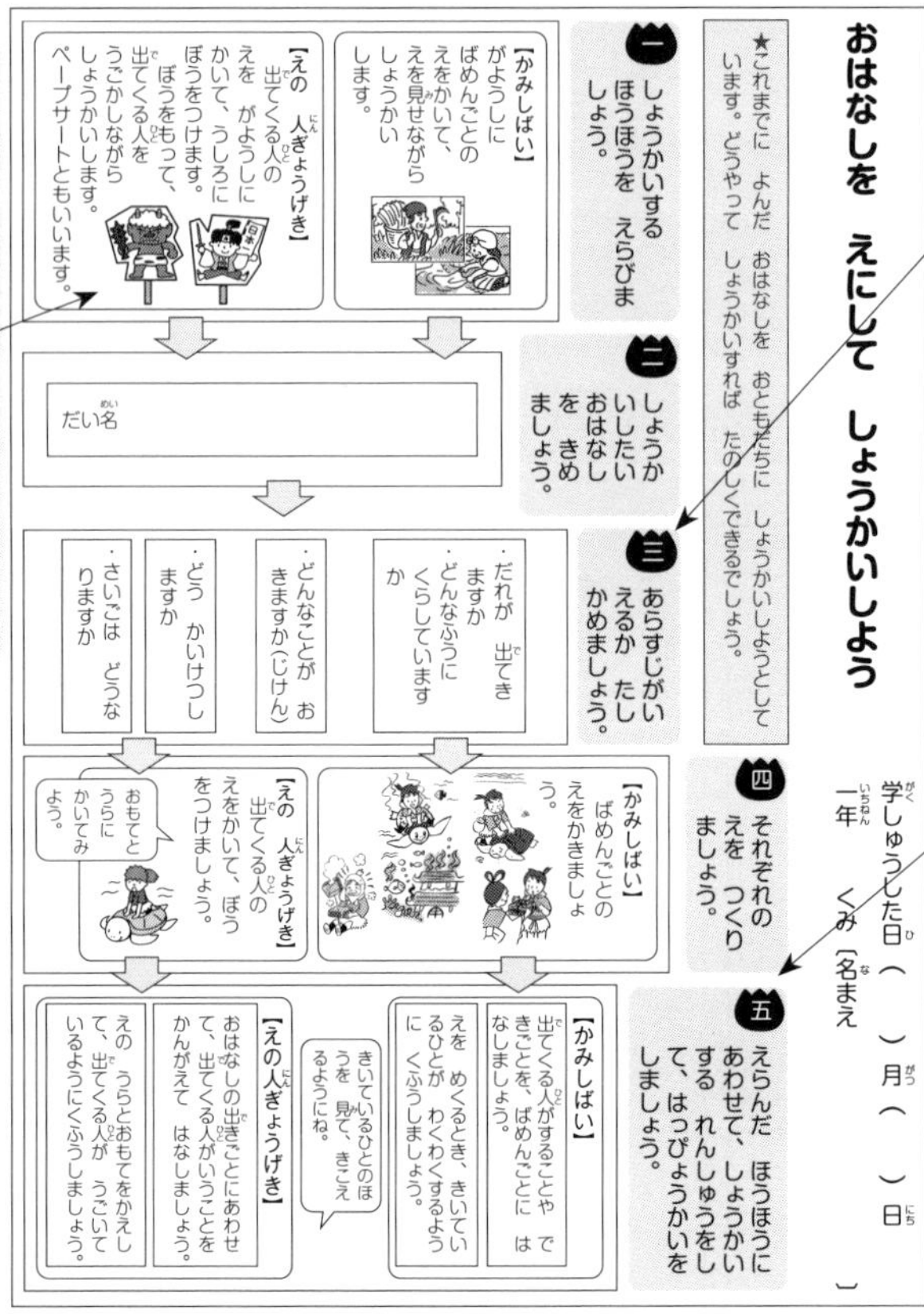
おはなしを　えにして　しょうかいしよう

学しゅうした日（　）月（　）日
一年　くみ〔名まえ　〕

★これまでに　よんだ　おはなしを　おともだちに　しょうかいしようとしています。どうやって　しょうかいすれば　たのしくできるでしょう。

一　しょうかいする　ほうほうを　えらびましょう。

【かみしばい】
がようしに　ばめんごとの　えをかいて、えを見せながら　しょうかい　します。

【えの　人ぎょうげき】
出てくる人の　えを　がようしに　かいて、うしろに　ぼうをつけます。
ぼうをもって、出てくる人を　うごかしながら　しょうかいします。
ペープサートともいいます。

二　しょうかい　したい　おはなし　を　きめ　ましょう。

だい名

三　あらすじが　いえるか　たしかめましょう。

・だれが　出てきますか
・どんなふうに　くらしていますか
・どんなことが　おきますか（じけん）
・どう　かいけつしますか
・さいごは　どうなりますか

四　それぞれの　えを　つくりましょう。

【かみしばい】
ばめんごとの　えをかきましょう。

【えの　人ぎょうげき】
出てくる人の　えをかいて、ぼうをつけましょう。
おもてと　うらに　かいてみよう。

五　えらんだ　ほうほうに　あわせて、しょうかい　する　れんしゅうをして、はっぴょうかいを　しましょう。

【かみしばい】
出てくる人がすることや　できごとを、ばめんごとに　はなしましょう。
えを　めくるとき、きいているひとが　わくわくするように　くふうしましょう。

きいているひとのほうを　見て、きこえるようにね。

【えの人ぎょうげき】
おはなしの出きごとにあわせて、出てくる人がいうことを　かんがえて　はなしましょう。
えの　うらとおもてをかえして、出てくる人が　うごいているようにくふうしましょう。

選んだ物語を紹介するために，あらすじを把握することができるようにします。

選んだ方法に合わせて，話す内容を考えるようにします。

指導のねらいと説明

このワークシートは，物語の紹介の仕方を身に付けることを目的としています。低学年で物語を紹介する方法として，絵を使った2つの方法から選ぶようにしています。指導のねらいは，簡単なあらすじを把握し，紹介方法に合わせて話す内容を考え，紹介の仕方を把握することです。

ワークシートの使い方

⑴　2つの紹介方法の中から，自分が紹介したい方法を選びます。実際に紹介している人を見るなどして，イメージをもつことができるようにします。
⑵　これまでに読んだ物語の中から，紹介したいものを1つ選びます。読んだ物語のリストを作っておくとよいでしょう。
⑶　簡単なあらすじを，4つの内容で確認します。
⑷　選んだ方法に合わせて絵を描き，話す内容を考え，物語を紹介します。

おはなしを えにして しょうかいしよう

学しゅうした日（　）月（　）日

一年　くみ〔名まえ　〕

★これまでに よんだ おはなしを おともだちに しょうかいしようとして います。どうやって しょうかいすれば たのしくできるでしょう。

一　しょうかいする ほうほうを えらびましょう。

【かみしばい】
がようしに ばめんごとの えをかいて、えを見せながら しょうかいします。

【えの 人ぎょうげき】
出てくる人の えを がようしに かいて、うしろに ぼうをつけます。
ぼうをもって、出てくる人を うごかしながら しょうかいします。
ペープサートともいいます。

二　しょうかいしたい おはなしを きめましょう。

だい名

三　あらすじが いえるか たしかめましょう。

・だれが 出てきますか
・どんなふうに くらしていますか
・どんなことが おきますか（じけん）
・どう かいけつしますか
・さいごは どうなりますか

四　それぞれの えを つくりましょう。

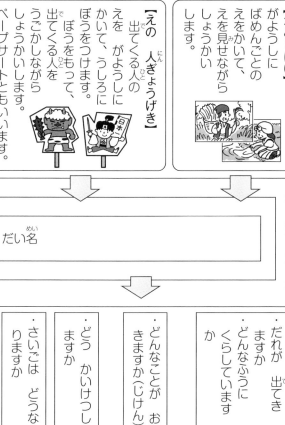

【かみしばい】
ばめんごとの えをかきましょう。

【えの 人ぎょうげき】
出てくる人の えをかいて、ぼうをつけましょう。

おもてと うらに かいてみよう。

五　えらんだ ほうほうに あわせて、しょうかいする れんしゅうをして、はっぴょうかいをしましょう。

【かみしばい】
出てくる人がすることや できごとを、ばめんごとに はなしましょう。
えを めくるとき、きいている ひとが わくわくするように くふうしましょう。

きいているひとのほうを 見て、きこえるようにね。

【えの人ぎょうげき】
おはなしの出きごとにあわせて、出てくる人がいうことを かんがえて はなしましょう。
えの うらとおもてをかえして、出てくる人が うごいているようにくふうしましょう。

1 話し合って，考えを1つにまとめよう（協議）

〔話すこと・聞くこと，指導事項オ〕　言語活動イ

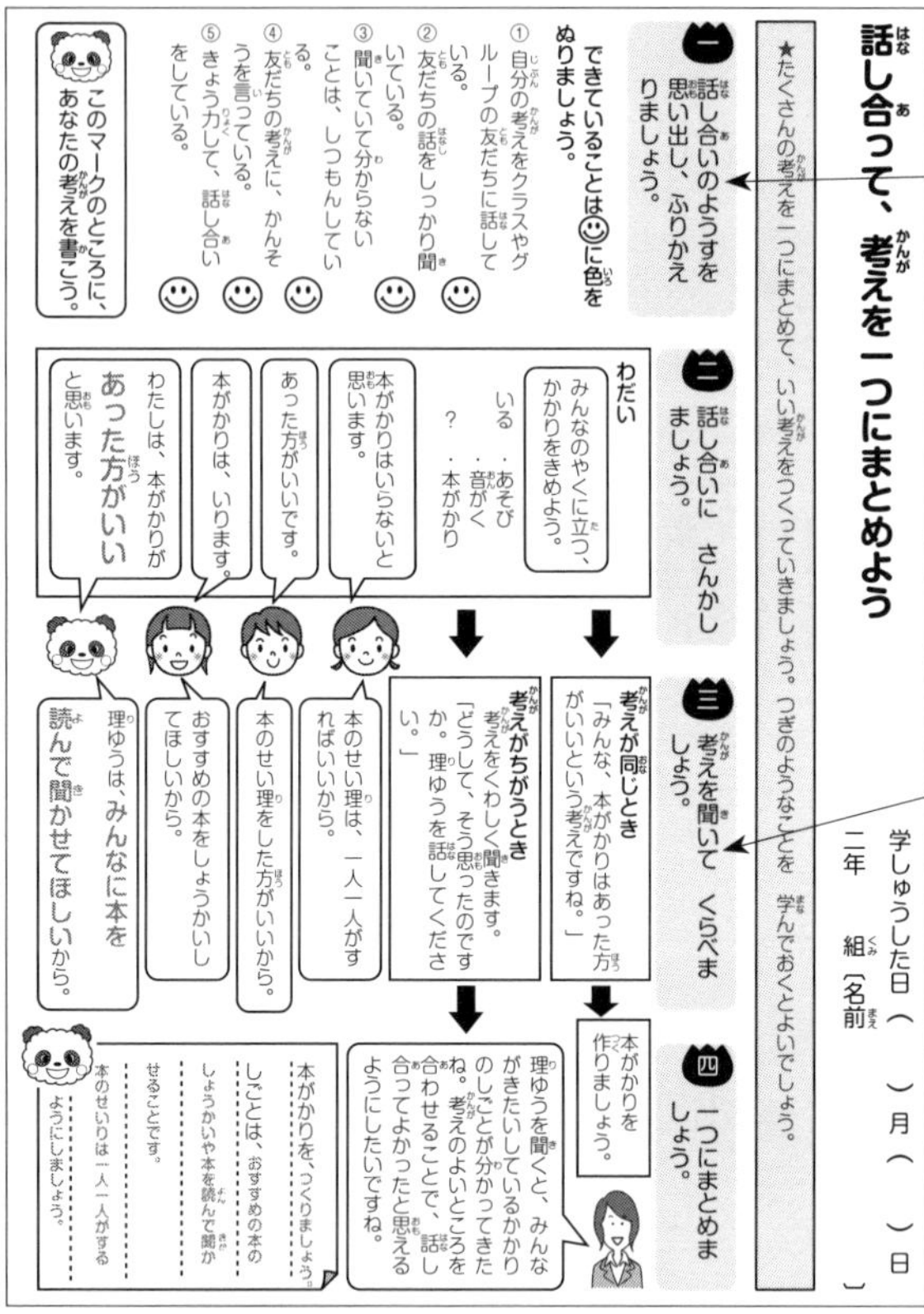
話し合って、考えを一つにまとめよう

学しゅうした日（　）月（　）日
二年　組〔名前　〕

★たくさんの考えを一つにまとめて、いい考えをつくっていきましょう。つぎのようなことを学んでおくとよいでしょう。

一　話し合いのようすを思い出し、ふりかえりましょう。

できていることは☺に色をぬりましょう。

① 自分の考えをクラスやグループの友だちに話している。☺
② 友だちの話をしっかり聞いている。☺
③ 聞いていて分からないことは、しつもんしている。☺
④ 友だちの考えに、かんそうを言っている。☺
⑤ きょう力して、話し合いをしている。☺

このマークのところに、あなたの考えを書こう。

二　話し合いに　さんかしましょう。

わだい
みんなのやくに立つ、かかりをきめよう。
いる　？
・あそび
・音がく
・本がかり

本がかりはいらないと思います。
あった方がいいです。
本がかりは、いります。
わたしは、本がかりがあった方がいいと思います。

三　考えを聞いて　くらべましょう。

考えが同じとき
「みんな、本がかりはあった方がいいという考えですね。」

考えがちがうとき
考えをくわしく聞きます。
「どうして、そう思ったのですか。理ゆうを話してください。」

本のせい理は、一人一人がすればいいから。
本のせい理をした方がいいから。
おすすめの本をしょうかいしてほしいから。
理ゆうは、みんなに本を読んで聞かせてほしいから。

四　一つにまとめましょう。

本がかりを作りましょう。

理ゆうを聞くと、みんながきたいしているかかりのしごとが分かってきたね。考えのよいところを合わせることで、話し合ってよかったと思えるようにしたいですね。

本がかりを、つくりましょう。
しごとは、おすすめの本のしょうかいや本を読んで聞かせることです。
本のせいりは一人一人がするようにしましょう。

話し合いのときに，できるようになってほしい5つの力を示しています。

具体例を取り上げて，まとめ方を示しています。
考えを1つにまとめる手順
①比べる
②詳しく聞く（理由）
③目的に照らして，整理する
④よいところを合わせて，まとめる

指導のねらいと説明

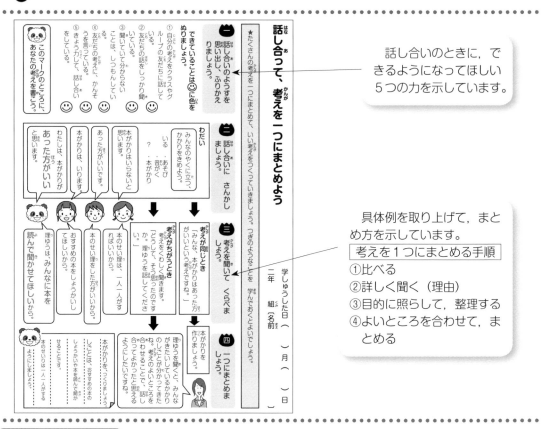

話し合う活動を通して，話題に関して最終的に考えを1つにまとめることを求めています。自分の考えを伝えるだけでなく，お互いの考えを聞き合い，話し合いを進める力をつけていきましょう。そのために，具体例の中で，話し合いに参加しているつもりになって，考えを1つにまとめる手順を学ぶことができるようになっています。ポイントは「みんなの役に立つ」という視点で係の仕事内容を整理し，係が必要かそうでないかを決定することです。

ワークシートの使い方

(1)　話し合いの5つの力が身に付いているか，振り返りをします。
(2)　話題について自分の考えをもち，友達の考えと比べます。
(3)　考えの理由を伝え，友達の考えも理解するようにします。
(4)　みんなの考えのよいところを合わせたり必要ないと思うところを省いたりして，1つにまとめます。

話し合って、考えを一つにまとめよう

学しゅうした日（　　）月（　　）日

二年　　組〔名前　　　　　　　〕

★たくさんの考えを一つにまとめて、いい考えをつくっていきましょう。つぎのようなことを学んでおくとよいでしょう。

一　話し合いのようすを思い出し、ふりかえりましょう。

できていることは☺に色をぬりましょう。

① 自分の考えをクラスやグループの友だちに話している。☺

② 友だちの話をしっかり聞いている。☺

③ 聞いていて分からないことは、しつもんしている。☺

④ 友だちの考えに、かんそうを言っている。☺

⑤ きょう力して、話し合いをしている。☺

このマークのところに、あなたの考えを書こう。

二　話し合いに　さんかしましょう。

わだい

みんなのやくに立つ、かかりをきめよう。

いる　・あそび

・音がく

？　・本がかり

三　考えを聞いて　くらべましょう。

考えが同じとき

「みんな、本がかりはあった方がいいという考えですね。」

考えがちがうとき

考えをくわしく聞きます。

「どうして、そう思ったのですか。理ゆうを話してください。」

四　一つにまとめましょう。

本がかりを作りましょう。

本がかりを、

しごとは、

2 これだけはもって行こう　しゅざいに出かけるとき（取材）

〔話すこと・聞くこと，指導事項エ〕　言語活動エ

生活科に関連づけた「まち探検」で，校区のお店調べを課題として例示しています。

ワークシートでは，９つの持ち物の中から選択してチェックするようにしています。

この例では，取材後に新聞にまとめることにしているので，インタビュー記事掲載のためにボイスレコーダーを，写真を載せるためにデジタルカメラを持ち物として挙げています。

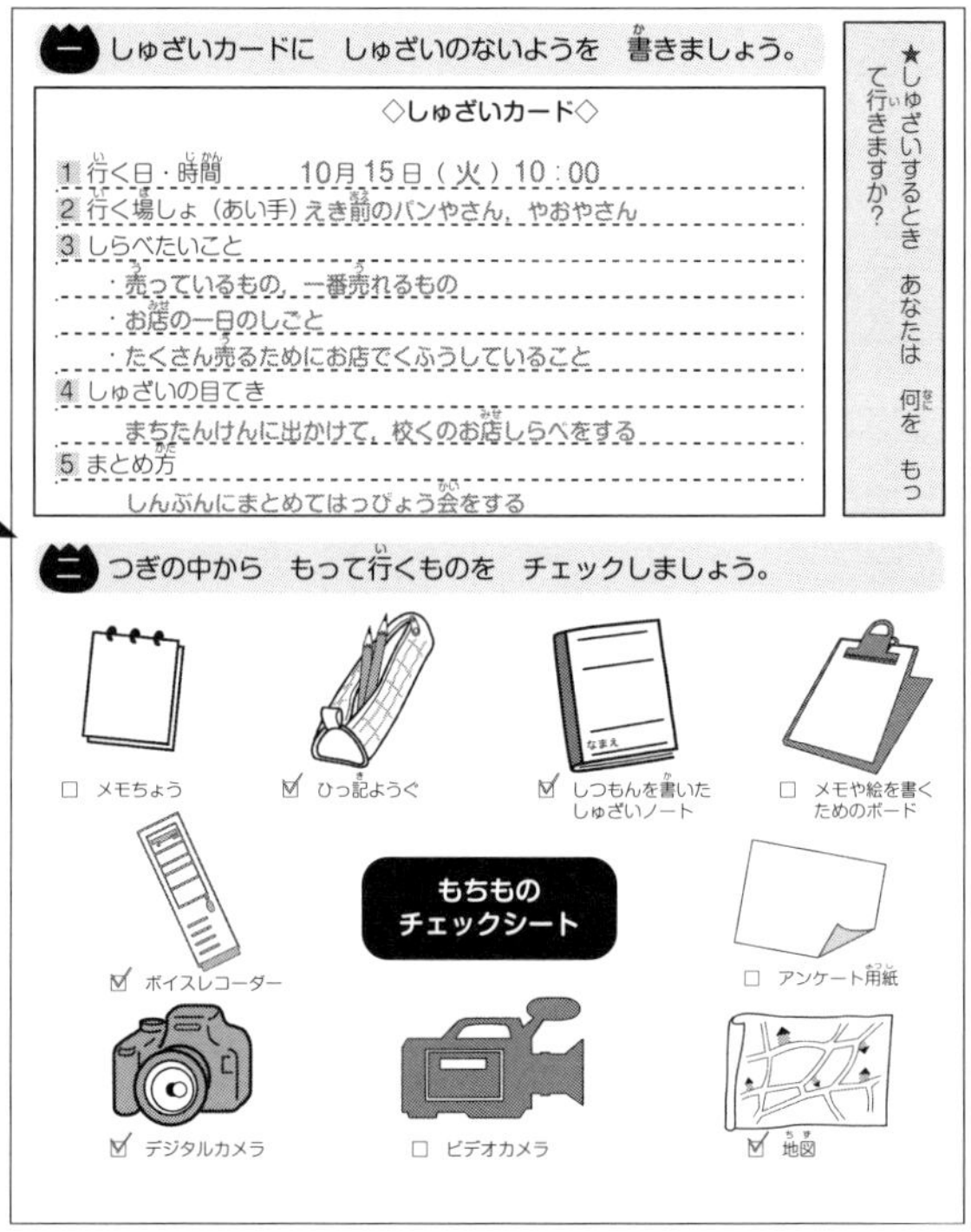
一　しゅざいカードに　しゅざいのないようを　書きましょう。

◇しゅざいカード◇

1 行く日・時間　10月15日（火）10：00

2 行く場しょ（あい手）えき前のパンやさん，やおやさん

3 しらべたいこと

・売っているもの，一番売れるもの

・お店の一日のしごと

・たくさん売るためにお店でくふうしていること

4 しゅざいの目てき

まちたんけんに出かけて，校くのお店しらべをする

5 まとめ方

しんぶんにまとめてはっぴょう会をする

★しゅざいするとき　あなたは　何を　もって行きますか？

二　つぎの中から　もって行くものを　チェックしましょう。

もちもの チェックシート

- □ メモちょう
- ☑ ひっ記ようぐ
- ☑ しつもんを書いたしゅざいノート
- □ メモや絵を書くためのボード
- ☑ ボイスレコーダー
- □ アンケート用紙
- ☑ デジタルカメラ
- □ ビデオカメラ
- ☑ 地図

指導のねらいと説明

「大事なことを落とさないように」聞くためには，メモをはじめとしたさまざまな記録道具が必要になります。目的意識や相手意識を明確にした上で，どんな道具が必要になるのかを考えさせることをねらいとしています。生活科における「まち探検」等に関連させた指導もできます。

取材時にどんな道具が必要かを考える知識資料であり，持ち物チェックシートでもあります。取材と言えばメモに頼りがちですが，取材の目的や取材後のまとめ方によっては，アンケート用紙や録音，録画等が必要になる場合もあります。

ワークシートの使い方

(1) 取材に行く日時や行く場所（相手），取材内容，目的，まとめ方を書き込みます。取材の目的や取材後のまとめ方によって，必要な持ち物が変わってくることに留意します。

(2) 実際の取材に必要な持ち物を選択してチェックします。

(3) 取材をする際の基本マナーについても，十分に指導しましょう。

2

これだけはもって行こう　しゅざいに出かけるとき

★しゅざいするとき　あなたは　何を　もって行きますか？

学しゅうした日（　　）月（　　）日
二年　　組〔名前　　　　〕

一　しゅざいカードに　しゅざいのないようを　書きましょう。

◇しゅざいカード◇

1 行く日・時間　　　月　　日（　　）　　：
2 行く場しょ（あい手）
3 しらべたいこと
・
・
・
4 しゅざいの目てき

5 まとめ方

二　つぎの中から　もって行くものを　チェックしましょう。

□ メモちょう

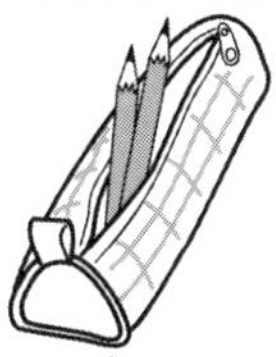
□ ひっ記ようぐ

□ しつもんを書いた しゅざいノート

□ メモや絵を書く ためのボード

□ ボイスレコーダー

もちもの チェックシート

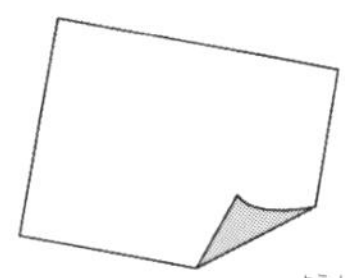
□ アンケート用紙

□ デジタルカメラ

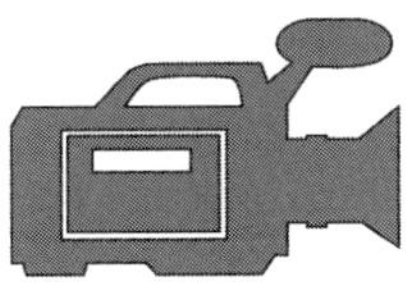
□ ビデオカメラ

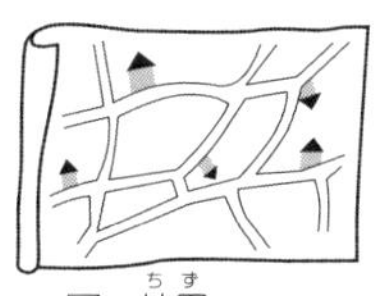
□ 地図

- ●しゅざいで　いろいろなことを　くわしく聞きたいときは、あらかじめ　しつもんを　考えておきましょう。多くの人から　い見を聞きたいときは、アンケートを　じゅんび　しましょう。
- ●あい手がいるときは、行く前に、しゅざいのおねがいの　れんらくをして、やくそくしてから　行きましょう。
- ●しゅざいの目てきや、しゅざいの後の　まとめ方　によっては、ボイスレコーダーや　デジタルカメラ、ビデオを　じゅんびしましょう。
- ●ビデオやしゃしんを　とったり、ろく音したり　したいときは、はじめにきょかを　もらってからにしましょう。

3 インタビューにちょうせん（インタビュー）
しりたいことをきいてみよう
〔話すこと・聞くこと，指導事項イ・エ〕　言語活動エ

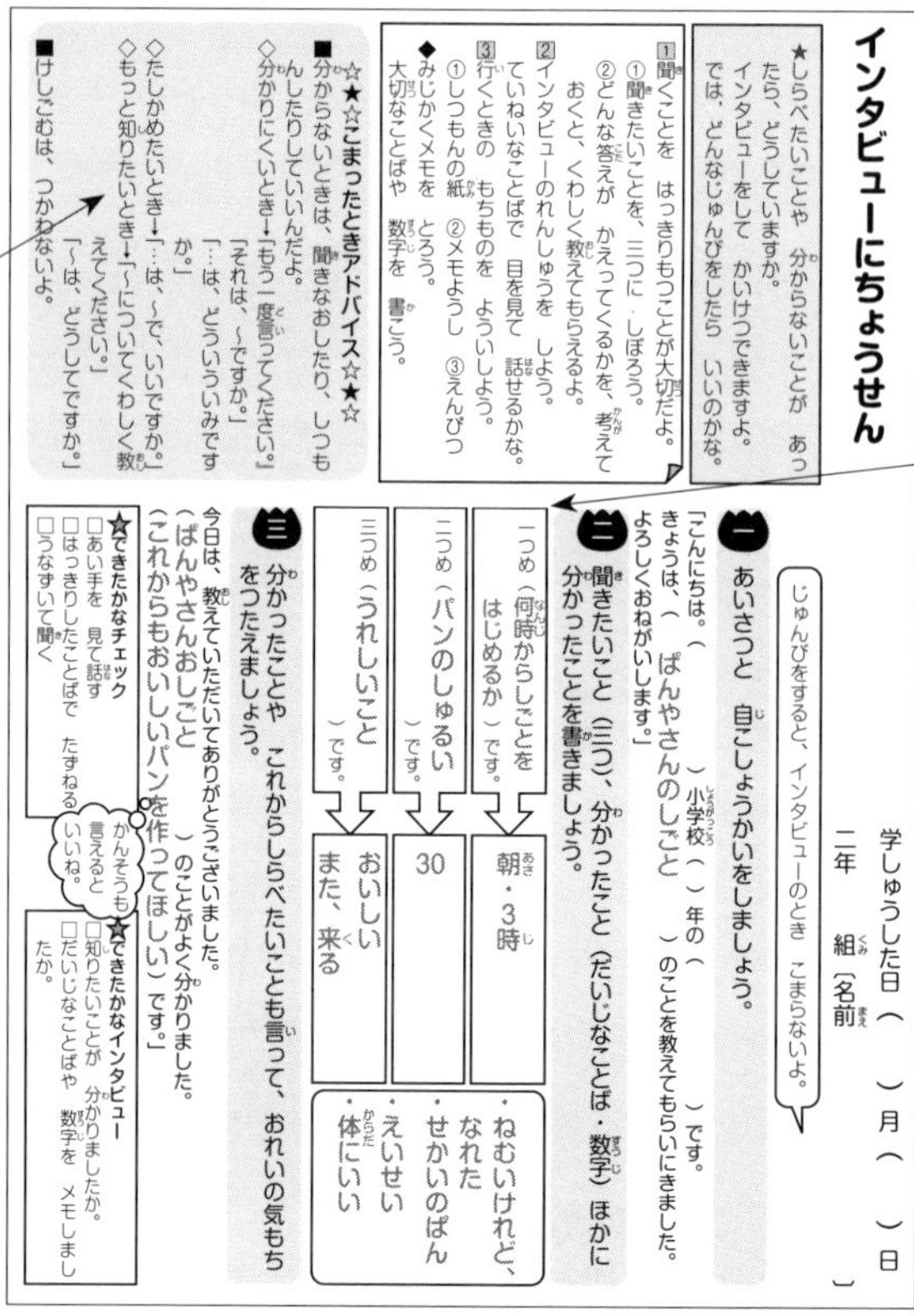
インタビューにちょうせん

学しゅうした日（　）月（　）日
二年　組〔名前　〕

★しらべたいことや　分からないことが　あったら、どうしていますか。
インタビューをして　かいけつできますよ。
では、どんなじゅんびをしたら　いいのかな。

1 聞くことを　はっきりもつことが大切だよ。
①聞きたいことを、三つに　しぼろう。
②どんな答えが　かえってくるかを、考えておくと、くわしく教えてもらえるよ。
2 インタビューのれんしゅうを　しよう。
ていねいなことばで　目を見て　話せるかな。
3 行くときの　もちものを　よういしよう。
①しつもんの紙　②メモようし　③えんぴつ
◆みじかくメモを　とろう。
大切なことばや　数字を　書こう。

☆★☆こまったときアドバイス☆★☆
■分からないときは、聞きなおしたり、しつもんしたりしていいんだよ。
◇分かりにくいとき→「もう一度言ってください。」
「それは、～ですか。」

「…は、どういういみですか。」
◇たしかめたいとき→「…は、～で、いいですか。」
◇もっと知りたいとき→「～についてくわしく教えてください。」
「～は、どうしてですか。」
■けしごむは、つかわないよ。

じゅんびをすると、インタビューのとき　こまらないよ。


一 あいさつと　自こしょうかいをしましょう。

「こんにちは。（　）小学校（　）年の（　）です。

きょうは、（　ぱんやさんのしごと　）のことを教えてもらいにきました。

よろしくおねがいします。」

二 聞きたいこと（三つ）、分かったこと（だいじなことば・数字）ほかに分かったことを書きましょう。

聞きたいこと	分かったこと
一つめ（何時からしごとをはじめるか）です。	朝・3時
二つめ（パンのしゅるい）です。	30
三つめ（うれしいこと）です。	おいしい　また、来る

・ねむいけれど、なれた
・せかいのぱん
・えいせい
・体にいい

三 分かったことや　これからしらべたいことも言って、おれいの気もちをつたえましょう。

今日は、教えていただいてありがとうございました。

（ぱんやさんおしごと　）のことがよく分かりました。

（これからもおいしいパンを作ってほしい）です。」

☆できたかなチェック
□あい手を　見て話す
□はっきりしたことばで　たずねる
□うなずいて聞く

かんそうも言えるといいね。

☆できたかなインタビュー
□知りたいことが　分かりましたか。
□だいじなことばや　数字を　メモしましたか。

インタビューの言葉が書けたら，ペアやグループで相手を見て話せるように繰り返し練習します。

分かったことは，要点だけを書くこと，数字は正しく書くこと，また分からないときは，聞き返してもいいことを指導しておきます。

何をたずねたいのか，自分の聞きたいことを３つにしぼらせます。なぜ聞きたいのか，わけを言えることも大切です。そしてどんな答えが返ってくるかを予想させておくと，答えに対してのつっこんだ質問も出やすいです。

分からないとき，聞き返す力もつけたいです。

指導のねらいと説明

相手に応じて，話す事柄を順序立て，相手に応じた言葉遣いをすることが求められています。また，自分が興味をもっていることを聞き落とさないためにもはっきりとたずねたり，メモをとったりしながら集中して聞き取ることが大切です。自分が興味をもって知りたいことをインタビューするためのワークシートです。

ワークシートの使い方

(1)　どんなことを知りたいのか，誰に聞けばよいかを決めます。
(2)　聞きたいことを３点決めます。なぜ聞きたいかの理由も考えさせておきます。
(3)　ていねいな話し言葉を使って，ワークシートに書きます。
(4)　はじめと終わりのあいさつも考えます。
(5)　インタビューに行ったつもりで，はっきりとした声で話す練習をします。
(6)　分からないときは，聞き返す練習もします。

インタビューにちょうせん

★しらべたいことや　分からないことが　あったら、どうしていますか。インタビューをして　かいけつできますよ。では、どんなじゅんびをしたら　いいのかな。

1 聞くことを　はっきりもつことが大切だよ。
①聞きたいことを、三つに　しぼろう。
②どんな答えが　かえってくるかを、考えておくと、くわしく教えてもらえるよ。

2 インタビューのれんしゅうを　しよう。ていねいなことばで　目を見て　話せるかな。

3 行くときの　もちものを　よういしよう。
①しつもんの紙　②メモようし　③えんぴつ

◆みじかくメモを　とろう。大切なことばや　数字を　書こう。

☆★☆こまったときアドバイス☆★☆

■分からないときは、聞きなおしたり、しつもんしたりしていいんだよ。
◇分かりにくいとき→「もう一度言ってください。」「それは、～ですか。」「…は、どういういみですか。」
◇たしかめたいとき→「…は、～で、いいですか。」
◇もっと知りたいとき→「～についてくわしく教えてください。」
■けしごむは、つかわないよ。

学しゅうした日（　）月（　）日

二年　組〔名前　〕

じゅんびをすると、インタビューのとき　こまらないよ。

一 あいさつと　自こしょうかいをしましょう。

「こんにちは。（　）小学校（　）年の（　）です。
きょうは、（　）のことを教えてもらいにきました。
よろしくおねがいします。」

二 聞きたいこと（三つ）、分かったこと（だいじなことば・数字）ほかに分かったことを書きましょう。

一つめ（　）です。

二つめ（　）です。

三つめ（　）です。

三 分かったことや　これからしらべたいことも言って、おれいの気もちをつたえましょう。

今日は、教えていただいてありがとうございました。
（　）のことがよく分かりました。
（　）です。」

☆できたかなチェック
□あい手を　見て話す
□はっきりしたことばで　たずねる
□うなずいて聞く

かんそうも　言えると　いいね。

☆できたかなインタビュー
□知りたいことが　分かりましたか。
□だいじなことばや　数字を　メモしましたか。

4 原こうをメモになおしてはっぴょうしよう（発表）

〔話すこと・聞くこと，指導事項イ〕　言語活動ア

★スピーチをしたとき、聞き手を見ないではっぴょうしたことはありませんか？ 聞き手を見ながら話すために メモをもとにはっぴょうできるようにしましょう。

一 「話すための原こう」には 大きく分けて二つあります。かくにんしましょう。

①話す内ようをすべて書いた原こう
話す内ようを 原こう用紙にすべて書いているので、あるていど内ようをおぼえたり、そのまま読み上げたりできる。

②大じなことだけを書いた原こう
話す内ようの中で わすれるとこまる大じなことだけを 原こう用紙やメモ用紙に書いたもの。あい手を見ながら話すのにすぐれている。

二 話す内ようをすべて書いた「わたしの大切な家ぞく」を、大じなことだけ書いた原こうに直してみましょう。

【はじめ】にならって、【中】【おわり】も大じなことだけ書いて、聞き手を見ながらはっぴょうするれんしゅうをしてみましょう。

ポイント

・大切なことばや文だけを書く。
・とくに大じなところや数字を まる でかこんだり、マーカーで色分けしたりする。
・れんしゅうして 書き直しをする。

■大じなことだけを書いた原こう

話す内よう	【はじめ】	【中】1	【中】2	【おわり】
	犬のセレナ（囲み） トイプードル（囲み） メス 3（囲み） さい かわいいところ2つ	一つ目 さびしがりや（囲み） 一人でるすばん 二人でいるとき	二つ目 おこしにくる（囲み） 顔をなめる 目がさめる	「ずーっと ずっと だいすきだよ」（囲み） なみだ 毎日ねる前

原稿の種類には，これ以外にも次の2つがあります。
○表やグラフのみを書いた「データ原稿」。
○原稿はなく，相手の反応を見ながら付け加える「アドリブ」。

アウトライン原稿は，話すために見る原稿用紙です。
・10字10行程度，約100字で1枚の用紙にします。
・場面ごとや区切りのいいところで用紙を分けます。
・文字はマジックで書きます。
・自分で分かるように，記号を使うこともあります。

指導のねらいと説明

話す力を育成するときに最も多く使用されるのがフル原稿です。しかし，スピーチなどをする場合，フル原稿だと，覚えて暗唱したり，音読でしかも棒読みになったりすることがあります。フル原稿をアウトライン原稿に書き換えることで，話すときに聞き手を意識した言葉遣いや態度を育てることをねらいとしています。

写真や本などの事物を見せるスピーチを題材としていますが，テキストばかり見ないで，顔を上げて話すことが，一番のポイントです。

ワークシートの使い方

(1)　フル原稿とメモ，それぞれの特徴や違いについて学習します。
(2)　フル原稿「わたしの大切な家ぞく」を読みます。強調する言葉や文，間をとる箇所などに音読記号を書き込むことも効果的です。
(3)　アウトライン原稿の【はじめ】の場面の例を使って，話せるかどうか練習をします。
(4)　【はじめ】の場面を参考にして，自分で【中】【おわり】の大事な言葉や文をワークシートに書きます。書いたもので練習してみて，必要に応じて書き直しをします。

4

原こうをメモになおしてはっぴょうしよう

学しゅうした日（　　）月（　　）日
二年　　組〔名前　　　　　　〕

★スピーチをしたとき、聞き手を見ないではっぴょうしたことはありませんか？　聞き手を見ながら話すために　メモをもとにはっぴょうできるようにしましょう。

一 「話すための原こう」には　大きく分けて二つあります。かくにんしましょう。

①話す内ようをすべて書いた原こう
　話す内ようを　原こう用紙にすべて書いているので、あるていど内ようをおぼえたり、そのまま読み上げたりできる。

②大じなことだけを書いた原こう
　話す内ようの中で　わすれるとこまる大じなことだけを　原こう用紙やメモ用紙に書いたもの。あい手を見ながら話すのにすぐれている。

二 話す内ようをすべて書いた「わたしの大切な家ぞく」を、大じなことだけ書いた原こうに直してみましょう。

【はじめ】にならって、【中】【おわり】も大じなことだけ書いて、聞き手を見ながらはっぴょうするれんしゅうをしてみましょう。

ポイント
・大切なことばや文だけを書く。
・とくに大じなところや数字を　まる　でかこんだり、マーカーで色分けしたりする。
・れんしゅうして　書き直しをする。

■話す内ようをすべて書いた原こう
「わたしの大切な家ぞく」

【はじめ】
　わたしの大切な家ぞくは、家でかっている犬のセレナです。トイプードルのメスで3さいです。セレナのかわいいところを二つしょうかいします。

【中】
1 一つ目は、とてもさびしがりやなところです。
　一人でるすばんをしないといけないときは、ぶるぶるふるえて、かなしそうになきます。わたしと二人で家にいるときは、わたしのいるところいるところにくっついてきます。
2 二つ目は、朝、わたしをおこしに来てくれることです。
　朝、めざまし時計がなってとめようとすると、セレナがわたしの顔をなめにきます。ぺろぺろなめられるので目がさめます。

【おわり】
　わたしはセレナが大すきです。みなさんは『ずーっと　ずっと　だいすきだよ』を読んだことがありますか？この本を読んだらなみだが出てきました。わたしもこのお話のように、毎日ねる前に「ずーっと大すきだよ」と、セレナに話しかけています。

■大じなことだけを書いた原こう

話す内よう	
【はじめ】	犬のセレナ トイプードル メス　3　さい かわいいところ2つ
【中】1	
【中】2	
【おわり】	

5 かんさつしたことを上手に記ろくしよう（観察記録）

〔書くこと，指導事項ア〕　言語活動イ

2年〔書くこと〕

かんさつしたことを上手に記ろくしよう

学しゅうした日（　　）月（　　）日
二年　　組〔名前　　　　　〕

★かんさつ記ろくを書いたことがありますか？かんさつ記ろくを書くときは，「ようす」や「うごき」をくわしく書くと分かりやすいですね。

一　山田さんは　①から②のように書きかえました。上手になりましたね。─線のところを中心に　何がよくなったか　わけを書きましょう。

①
ぼくのアゲハチョウのよう虫が、前よりも大きくなっていてびっくりしました。色もかわっていて、かっこいい色になりました。

②
六月二十五日（水）
ぼくのアゲハチョウのよう虫が、前は2センチだったけれど、5センチになっていました。とても大きくなっていてびっくりしました。色も黒と白からみどり色にかわっていて、かっこいい色になりました。

②のかんさつ記ろく文は、　日づけが書いてあります。大きさが数字で書いてあります。どれだけ大きくなったかが分かります。色も何色にかわったかが書いてあります。　だから上手です。

二　AとBのかんさつ記ろくを　くらべてみましょう。Bのかんさつ記ろくは　分かりにくいですね。どうしてでしょうか？　わけを　書きましょう。

A
6月25日（水）
大きさ　2センチから5センチになった。
色　黒と白のまざった色からみどり色になった。
もよう　頭の上に大きな目のようなもようが出てきた。前よりも数がふえた。
うごき　つののようなものを出して、頭を大きくゆらす。

B
大きさ　5センチ
色　みどり色
もよう　頭の上に大きな目のようなもようがある。
うごき　つののようなものを出して、頭を大きくゆらす。

AとBのかんさつ記ろくをくらべると、
まず、Aには日づけが書いてあるけれど、Bには書いてません。
つぎに、Aは前とくらべてどれだけ大きくなったかが書いてあるけれど、Bには書いていません。
色もAは前の色が何色か書いているけれど、Bには書いてないので、分かりにくいです。

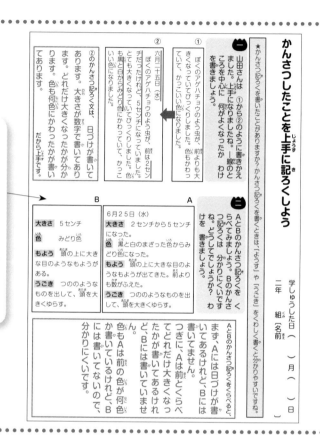

①は，観察記録としては不十分です。そこで②のように傍線部分を加えて書き直しています。下段は，観察の観点は同じですが，Aに比べてBは分かりにくいです。
観察記録をとるには，観察記録日，具体的な数値や色，様子などの変化を記録することが大切です。課題は，上手になっている点，分かりにくい点の両面から考えるようにしています。

指導のねらいと説明

「観察したこと」をどのように記録するとよいかを考えるためのワークシートです。「観察したこと」を記録するためには，観察したことや観察して感じたことなどを，その場で確実に記録していくことが必要となります。よい例と改善すべき例を示し，それぞれのよいところと改善点を見つけることで自分の観察記録に生かすことをねらいとしています。

ワークシートの使い方

(1)　作文形式の観察記録①と②を読み比べます。②は①を書き換えたものです。ヒントとして②の記録に傍線を引いています。傍線部分を読むと，前回からの変化が分かります。そのことに気付き，上手になっている理由として挙げるようにします。

(2)　同様にAとBの観察記録を読み比べます。Aに比べてBの記録は分かりにくいです。前回からの変化が示されていないからです。そこで，その理由を考えて書くようにします。AもBも観察の観点は同じです。これは観察をするときに何を観察すればよいかのヒントとなります。

5

かんさつしたことを上手に記ろくしよう

学しゅうした日（　　）月（　　）日
二年　　組〔名前　　　　　〕

★かんさつ記ろくを書いたことがありますか？かんさつ記ろくを書くときは、「ようす」や「うごき」をくわしく書くと分かりやすいですね。

一

山田さんは①から②のように書きかえました。上手になりましたね。—線のところを中心に何がよくなったかわけを書きましょう。

①

ぼくのアゲハチョウのよう虫が、前よりも大きくなっていてびっくりしました。色もかわっていて、かっこいい色になりました。

②

六月二十五日（水）

ぼくのアゲハチョウのよう虫が、前は2センチだったけれど、5センチになっていました。とても大きくなっていてびっくりしました。色も黒と白からみどり色にかわっていて、かっこいい色になりました。

②のかんさつ記ろく文は、

だから上手です。

二

AとBのかんさつ記ろくをくらべてみましょう。Bのかんさつ記ろくは分かりにくいですね。どうしてでしょうか？わけを書きましょう。

A

6月25日（水）

大きさ　2センチから5センチになった。

色　黒と白のまざった色からみどり色になった。

もよう　頭の上に大きな目のようなもようが出てきた。前よりも数がふえた。

うごき　つののようなものを出して、頭を大きくゆらす。

B

大きさ　5センチ

色　みどり色

もよう　頭の上に大きな目のようなもようがある。

うごき　つののようなものを出して、頭を大きくゆらす。

AとBのかんさつ記ろくをくらべると、

6 体けんしたことがよく分かるように書こう（体験報告）

〔書くこと，指導事項ア〕　言語活動イ

体けんしたことが　よく分かるように　書こう

学しゅうした日（　　）月（　　）日
二年　　組〔名前　　　　〕

★うんどう会や遠足など、わくわくした体けんがありますか？わくわくしたことが読む人につたわる作文を書きましょう。どんなふうに書くと　よいでしょう？

「やったー　赤組ゆうしょう」　　二年一組　○○ ○○

　ずっと楽しみにしていたうんどう会がはじまりました。一ばん楽しみにしていたのは、みんなで力を合わせるつな引きです。

　わたしは、赤組でした。つなのよこにならんで、みんなで、いっせいにつなをもちました。まだかなあ、どきどきするなあと思っていると、
ーパーンー
と、スタートのシグナルが鳴りました。

「赤組がんばれー。」

「もっとこしをおろそう。」

「オーエス、オーエス。」

「あー、もうだめだ。手がいたい…。」

　一生けんめい引っぱっていたので、手がだんだんいたくなってきました。そのうち、ずるずるずるーっと引っぱられていきました。すると、だれかが、

「ここでまけるな！」

と、大きな声でさけびました。すると、みんなは今までよりも大きな声で、

「よし！もっとがんばろう。」

「オーエス、オーエス。」

　赤組の方につなが引っぱられてきました。そして、はたがたおれました。

　わたしは、今までにゆうしょうしたことがなかったので、本当にうれしくて、大よろこびしました。このことはわすれられない体けんになりました。

わくわくすることばをつかおう！
うれしかった・楽しかった・ぐっときた・おもしろかった
びっくりした・どきどきした・はっとした

会話文をつかおう！

作文の中に、会話文がたくさんあると、ようすがよく分かって、わくわくかんがつたわってきますね。


「わくわくすることば」や「会話文」いがいにも、わくわくかんがつたわってくるところがあるよ。

たとえば…

みんなで、いっせいにつなをもちました

これからみんなで力を合わせてかつぞというわくわくかんがつたわってきますね。

ほかにもわくわくかんが　つたわるところがあるよ。見つけてみましょう。

わくわくすることばや会話文、気もちがつたわるひょうげんをつかって、ノートに作文を書きましょう。

負けたくないという気持ちが表れている。

ひっぱられてくやしいという気持ちが表れている。

今までに経験したことがないわくわく感が表れている。

情景描写の中にも，わくわく感が表れている。

指導のねらいと説明

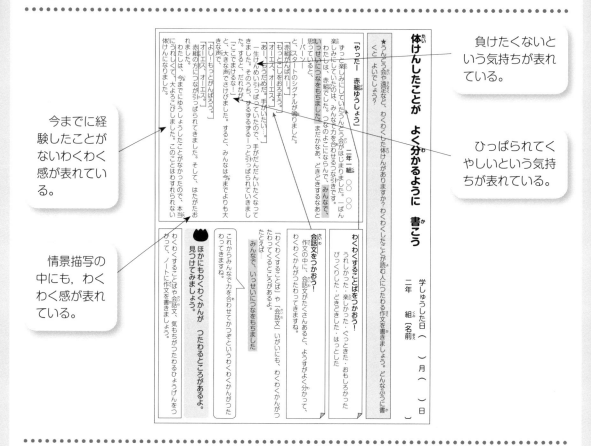

　体験報告文にどのようなことを書けばよいかを考えるためのワークシートです。学級や学校，地域などの行事に参加したこと，学習で感動したことや，地域を探検したことなどの経験から，題材を集め報告する文章を書くことをねらいとしています。

ワークシートの使い方

(1)　体験報告文「やったー　赤組ゆうしょう」を読みます。
(2)　読み手にわくわくしたことが伝わるためのポイントとして，「わくわくする言葉」「会話文」を使うことをモデル文から学びます。
(3)　「わくわくする言葉」「会話文」を使わなくても，わくわく感が伝わる表現をモデル文の中から探します。モデル文の中には，５か所見つけることができます。それぞれの表現からどのようなわくわく感が伝わってくるかを考えることが大事です。
(4)　モデル文を参考にして，わくわくした体験をノートに書きます。

体けんしたことが　よく分かるように　書こう

学しゅうした日（　）月（　）日
二年　組〔名前　〕

★うんどう会や遠足など、わくわくした体けんがありますか？わくわくしたことが読む人につたわる作文を書きましょう。どんなふうに書くと　よいでしょう？

「やったー　赤組ゆうしょう」

二年一組　○○　○○

ずっと楽しみにしていたうんどう会がはじまりました。一ばん楽しみにしていたのは、みんなで力を合わせるつな引きです。

わたしは、赤組でした。つなのよこにならんで、みんなで、いっせいにつなをもちました。まだかなあ、どきどきするなあと思っていると、

ーパーンー

と、スタートのシグナルが鳴りました。

「赤組がんばれー。」

「もっとこしをおろそう。」

「オーエス、オーエス。」

「あー、もうだめだ。手がいたい…。」

一生けんめい引っぱっていたので、手がだんだんいたくなってきました。そのうち、ずるずるずるーっと引っぱられていきました。すると、だれかが、

「ここでまけるな！」

と、大きな声でさけびました。すると、みんなは今までよりも大きな声で、

「よし！もっとがんばろう。」

「オーエス、オーエス。」

赤組の方につなが引っぱられてきました。そして、はたがたおれました。

わたしは、今までにゆうしょうしたことがなかったので、本当にうれしくて、大よろこびしました。このことはわすれられない体けんになりました。

わくわくすることばをつかおう！

うれしかった・楽しかった・ぐっときた・おもしろかった
びっくりした・どきどきした・はっとした

わくわくかんがつたわってきますね。

会話文をつかおう！

作文の中に、会話文がたくさんあると、ようすがよく分かって、わくわくかんがつたわってきますね。

「わくわくすることば」や「会話文」いがいにも、わくわくかんがつたわってくるところがあるよ。

たとえば…

みんなで、いっせいにつなをもちました

これからみんなで力を合わせてかつぞというわくわくかんがつたわってきますね。

ほかにもわくわくかんが　つたわるところがあるよ。見つけてみましょう。

わくわくすることばや会話文、気もちがつたわるひょうげんをつかって、ノートに作文を書きましょう。

7 書いたことを声に出してたしかめよう（推敲）

〔書くこと，指導事項エ〕　言語活動イ

自分の間違いは，自分では見つけにくいものです。ここでは，モデルを例に学習していますが，友達と交換して読み合ってもよいでしょう。推敲段階で交流もでき，友達の文章から，よい刺激を受けることができます。

推敲は，書くことの指導事項全体にかかわることです。学習指導要領では，「表現の過程に沿って，話題や題材の絞り方，事柄の順序，語と語及び文と文とのつながりの明確さを意識しながら，文章を読み返す習慣をつけること」が求められています。

ここでは，声に出して読むことで気付くことに絞って，推敲の観点をあげています。

書いたことを　声に出して　たしかめよう

学しゅうした日（　）月（　）日

二年　組〔名前　〕

★書いたにときは，「ばっちり！」と思った文しょうでも，あとで声に出して読むと「あれ？何だかおかしい。」とかんじたことがありませんか。声に出して読みにくい文しょうには，原いんがあります。声に出して読むことで，その原いんに気づくことがあります。原いんを見つけて，本当に「ばっちり！」な文に書きかえましょう。

一　声に出して　読んでみましょう。

セミが生まれたよ

おじいちゃんが，セミのよう虫をくれました。ぼくは「夜のうちにセミになるよ。」と言ったので，かんさつすることにしました。

よう虫をげんかんの木においたら，はっぱにとまてうごかなくなりました。そして，しばらくして見てみると，体がすこし出てきて，そして，また見てみると，体がほとんど出てきていました。セミは，はっぱにさか立ちしてぶらさがっていた。だからおちてしまわないか心ぱいでずっと見ていました。

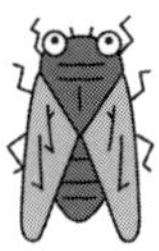

二　上の作文を声に出して読んで気になるところをチェックしてみましょう。

① 「，」や「。」が，てき切なところについていますか。
② 「っ」が，ぬけていませんか。
③ 一つの文しょうが，長くなりすぎていませんか。
④ 「だれ」が「何をした」か言えますか。
⑤ 文のおわりは「～です。」「～します。」と「～である。」「～だ。」のどちらでですか。

三　「ばっちり！」な文しょうになおして，ノートに書いてみましょう。

セミが生まれたよ

おじいちゃんが，セミのよう虫をくれました。**おじいちゃんが**「夜のうちにセミになるよ。」と**言った**ので，かんさつすることにしました。

セミをげんかんの木においたら，セミは，はっぱに**とまってう**ごかなくなりました。しばらくして見てみると，体がすこし出てき**ていました。すこししてから見てみると，**体がほとんど出てきていました。セミは，はっぱにさか立ちしてぶらさがってい**ました。だから，**おちてしまわないか**心ぱい**で，ずっと見ていました。

（答えのれい）

指導のねらいと説明

推敲のためのワークシートです。文章を読み返す習慣をつけるとともに，間違いなどに気付き，正すことをねらっています。推敲は「書くこと」の指導事項のすべてにかかわる内容です。低学年の推敲では，声に出して読むことが効果的です。主語と述語のつながりや句読点の打ち方などの構文上の明確さ，長音，拗音，促音，撥音，助詞の正しい表記，敬体や常体における文末表現の正しい使い方について推敲できるように指導していきます。

ワークシートの使い方

(1)　例にあげた作文を声に出して読みます。

(2)　①～⑤の観点を参考に，気になるところを見つけます。

(3)　気付いたところを訂正して，文章を書き直します。

7

書いたことを　声に出して　たしかめよう

学しゅうした日（　　）月（　　）日
二年　　組〔名前　　　　　　　〕

★書いたときは、「ばっちり！」と思った文しょうでも、あとで声に出して読むと「あれ？何だかおかしい。」とかんじたことがありませんか。声に出して読みにくい文しょうには、原いんがあります。声に出して読むことで、その原いんに気づくことがあります。原いんを見つけて、本当に「ばっちり！」な文に書きかえましょう。

一　声に出して　読んでみましょう。

セミが生まれたよ

おじいちゃんが、セミのよう虫をくれました。ぼくは「夜のうちにセミになるよ。」と言ったので、かんさつすることにしました。

よう虫をげんかんの木においたら、はっぱにとまってうごかなくなりました。そして、しばらくして見てみると、体がすこし出てきて、そして、また見てみると、体がほとんど出てきていました。セミは、はっぱにさか立ちしてぶらさがっていた。だからおちてしまわないか心ぱいでずっと見ていました。

二　上の作文を声に出して読んで気になるところをチェックしてみましょう。

① 「、」や「。」が、てき切なところについていますか。
② 「っ」が、ぬけていませんか。
③ 一つの文しょうが、長くなりすぎていませんか。
④ 「だれ」が「何をした」か言えますか。
⑤ 文のおわりは「〜です。」「〜します。」と「〜である。」「〜だ。」のどちらですか。

三　「ばっちり！」な文しょうになおして、ノートに書いてみましょう。

セミが生まれたよ

おじいちゃんが、セミのよう虫をくれました。**おじいちゃんが**「夜のうちにセミになるよ。」と**言った**ので、かんさつすることにしました。

セミをげんかんの木においたら、セミは、はっぱに**とまって**うごかなくなりました。しばらくして見てみると、体がすこし出てきて**いました。すこししてから見てみると、**体がほとんど出てきていました。セミは、はっぱにさか立ちしてぶらさがって い**ました。だから、**おちてしまわないか**心ぱいで、**ずっと見ていました。

（答えのれい）

8 大きくなったよ「ありがとう」（手紙）

〔書くこと，指導事項ア〕　言語活動オ

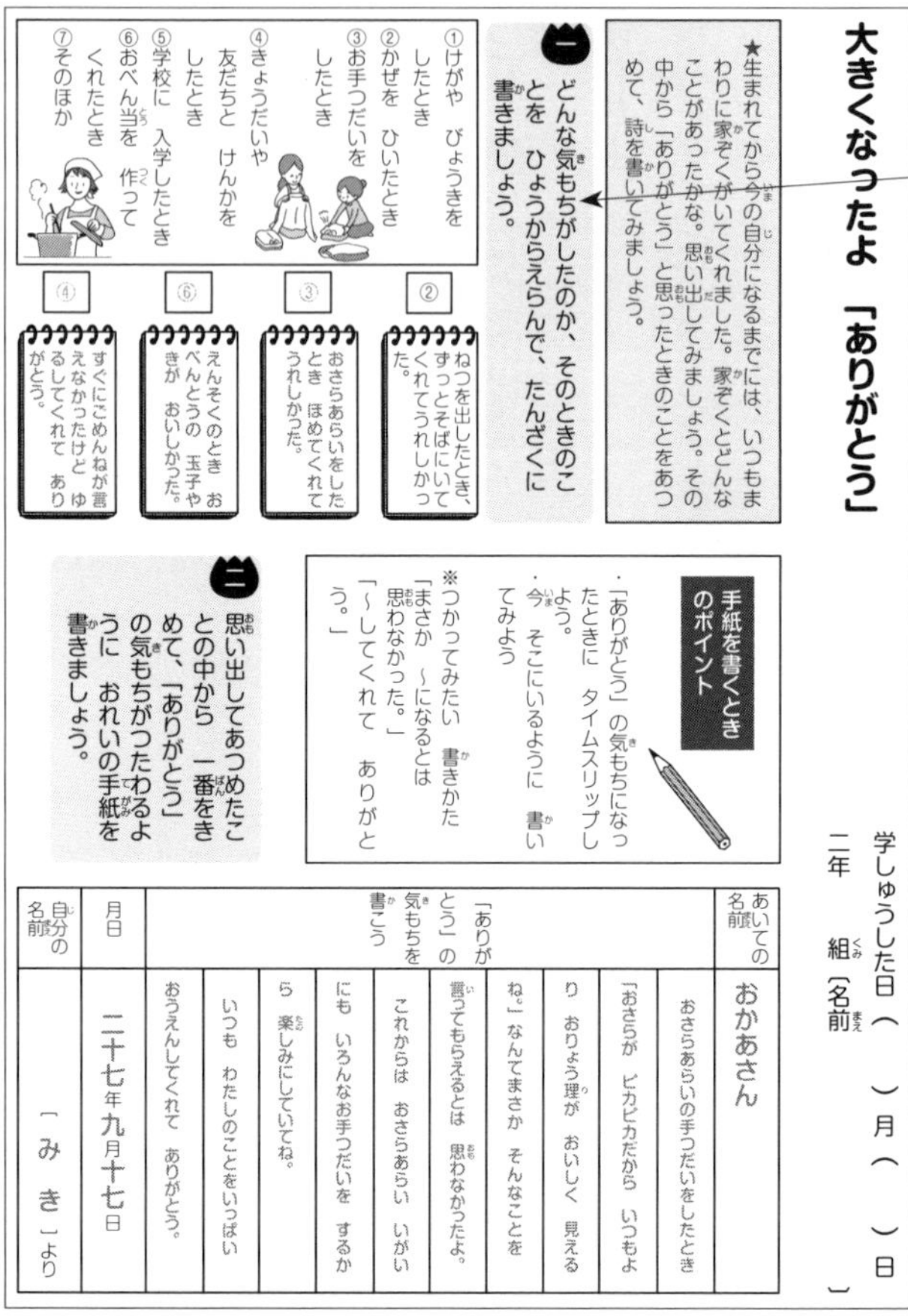

大きくなったよ　「ありがとう」

学しゅうした日（　）月（　）日
二年　組〔名前　〕

★生まれてから今の自分になるまでには、いつもまわりに家ぞくがいてくれました。家ぞくとどんなことがあったかな。思い出してみましょう。その中から「ありがとう」と思ったときのことをあつめて、詩を書いてみましょう。

一　どんな気もちがしたのか、そのときのことを　ひょうからえらんで、たんざくに書きましょう。

①けがや　びょうきをしたとき
②かぜを　ひいたとき
③お手つだいをしたとき
④きょうだいや友だちと　けんかをしたとき
⑤学校に　入学したとき
⑥おべん当を　作ってくれたとき
⑦そのほか

②　ねつを出したとき、ずっとそばにいてくれてうれしかった。
③　おさらあらいをしたとき　ほめてくれてうれしかった。
⑥　えんそくのとき　おべんとうの　玉子やきが　おいしかった。
④　すぐにごめんねが言えなかったけど　ゆるしてくれて　ありがとう。

手紙を書くときのポイント
・「ありがとう」の気もちになったときに　タイムスリップしよう。
・今　そこにいるように　書いてみよう
※つかってみたい　書きかた
「まさか　～になるとは思わなかった。」
「～してくれて　ありがとう。」

二　思い出してあつめたことの中から　一番をきめて、「ありがとう」の気もちがつたわるように　おれいの手紙を書きましょう。

あいての名前	おかあさん
「ありがとう」の気もちを書こう	おさらあらいの手つだいをしたとき「おさらが　ピカピカだから　いつもより　おりょう理が　おいしく　見えるね。」なんてまさか　そんなことを言ってもらえるとは　思わなかったよ。これからは　おさらあらい　いがいにも　いろんなお手つだいを　するから　楽しみにしていてね。いつも　わたしのことをいっぱいおうえんしてくれて　ありがとう。
月日	二十七年九月十七日
自分の名前	〔み　き〕より

家族のかかわりや支えの中で成長していることが感じられるような，写真や生活科の学習カードを見て，そのときの様子を想起するといいでしょう。

手紙の型は，３年生で詳しく学習します。
ここでは，構成に重点をおくのではなく，相手を明確にし，感謝の気持ちを豊かに書くことが大切です。

指導のねらいと説明

自分の成長を支えてくれた人たちに感謝の気持ちを手紙に書くためのワークシートです。生活科の「自分と家族とのかかわり」について学習した後に活用することができます。形式を重んじるよりも，経験したことやそのときの気持ちを大切にしながら書くことがねらいです。

ワークシートの使い方

⑴　自分と家族とがかかわった日常生活での場面を思い出し，そのときの気持ちを短冊にメモして，情報を集めます。
⑵　一番心に残っていることがらを選びます。
⑶　書く相手を明らかにし，簡単な構成を考えて「ありがとう」の気持ちが伝わるようにお礼の手紙を書きます。

8

大きくなったよ「ありがとう」

学しゅうした日（　　）月（　　）日

二年　　組〔名前　　　　〕

★生まれてから今の自分になるまでには、いつもまわりに家ぞくがいてくれました。家ぞくとどんなことがあったかな。思い出してみましょう。その中から「ありがとう」と思ったときのことをあつめて、詩を書いてみましょう。

一　どんな気もちがしたのか、そのときのことを　ひょうからえらんで、たんざくに書きましょう。

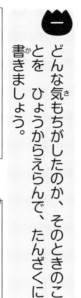

①けがや　びょうきをしたとき
②かぜを　ひいたとき
③お手つだいをしたとき
④きょうだいや友だちと　けんかをしたとき
⑤学校に　入学したとき
⑥おべん当を　作ってくれたとき
⑦そのほか

②			
ねつを出したとき、ずっとそばにいてくれてうれしかった。			

手紙を書くときのポイント

・「ありがとう」の気もちになったときに　タイムスリップしよう。
・今　そこにいるように　書いてみよう
※つかってみたい　書きかた
「まさか　〜になるとは思わなかった。」

「〜してくれて　ありがとう。」

二　思い出してあつめたことの中から　一番をきめて、「ありがとう」の気もちがつたわるように　おれいの手紙を書きましょう。

あいての名前	「ありがとう」の気もちを書こう	月日	自分の名前
		年　月　日	〔　　〕より

9 すてきなできごとをすてきに書こう（経験報告）

〔書くこと，指導事項ア・エ〕　言語活動ア

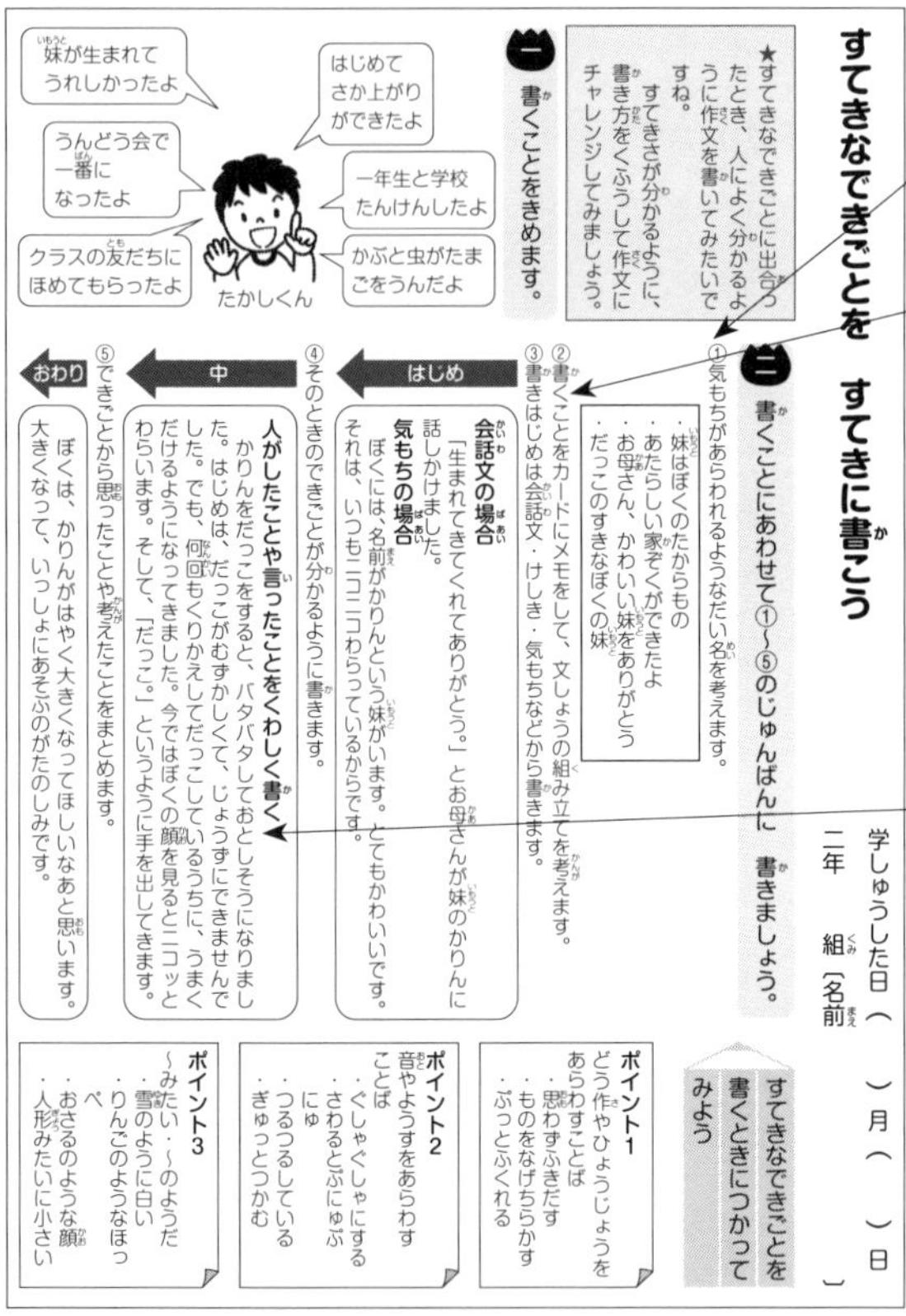

すてきなできごとを　すてきに書こう

学しゅうした日（　　）月（　　）日
二年　組〔名前　　　　〕

★すてきなできごとに出合ったとき、人によく分かるように作文を書いてみたいですね。
すてきさが分かるように、書き方をくふうして作文にチャレンジしてみましょう。

一　書くことをきめます。

妹が生まれて
うれしかったよ
はじめて
さか上がり
ができたよ
うんどう会で
一番に
なったよ
一年生と学校
たんけんしたよ
クラスの友だちに
ほめてもらったよ
かぶと虫がたま
ごをうんだよ
たかしくん

二　書くことにあわせて①～⑤のじゅんばんに　書きましょう。

① 気もちがあらわれるようなだい名を考えます。
・妹はぼくのたからもの
・あたらしい家ぞくができたよ
・お母さん、かわいい妹をありがとう
・だっこのすきなぼくの妹

② 書くことをカードにメモをして、文しょうの組み立てを考えます。
③ 書きはじめは会話文・けしき・気もちなどから書きます。

はじめ

会話文の場合
「生まれてきてくれてありがとう。」とお母さんが妹のかりんに話しかけました。
気もちの場合
ぼくには、名前がかりんという妹がいます。とてもかわいいです。それは、いつもニコニコわらっているからです。

④ そのときのできごとが分かるように書きます。

中

人がしたことや言ったことをくわしく書く
かりんをだっこをすると、バタバタしておとしそうになりました。はじめは、だっこがむずかしくて、じょうずにできませんでした。でも、何回もくりかえしてだっこしているうちに、うまくだけるようになってきました。今ではぼくの顔を見るとニコッとわらいます。そして、「だっこ。」というように手を出してきます。

⑤ できごとから思ったことや考えたことをまとめます。

おわり

ぼくは、かりんがはやく大きくなってほしいなあと思います。大きくなって、いっしょにあそぶのがたのしみです。

すてきなできごとを書くときにつかってみよう

ポイント1
どう作やひょうじょうをあらわすことば
・思わずふきだす
・ものをなげちらかす
・ぷっとふくれる

ポイント2
音やようすをあらわすことば
・ぐしゃぐしゃにする
・さわるとぷにゅぷにゅ
・つるつるしている
・ぎゅっとつかむ

ポイント3
～みたい・～のようだ
・雪のように白い
・りんごのようなほっぺ
・おさるのような顔
・人形みたいに小さい

この作文を読みたいなと思う題を考えます。気持ちが表われているような題名がよいでしょう。

書こうとする事柄をメモにしておき，はじめ・中・終わりで文章の組み立てを考えます。

書き始めは「したこと」や「できごと」などから書き始めることが多いのですが，会話文や気持ちなどで始めると新鮮な作文になります。

「中」ではすてきだと思ったことが分かるように，詳しくていねいに思い出して書きます。そのためにも，読み手に生き生きと伝わるように行動や情景の描写が大切です。

行動や情景を表す言葉・オノマトペ・比喩などを提示することで，2年生でも上手にそれらを使って文章を書くことができます。

提示された言葉を選んで書く練習を行っているうちに，自分の言葉として表現できるようになっていきます。

指導のねらいと説明

書くことによって自分の思いを伝えることの楽しさを実感させます。その際には，経験したことや想像したことなどの文章を書くための，構成力と記述力が必要となります。ここでは特に，記述力（描写）に重点を置いて文章の書き方を指導します。

ワークシートの使い方

(1)　書く題材を決めて題名を考えます。
(2)　書きたいことが決まったら，題材に関係のあることを思いつくままメモに書きます。
(3)　一番書きたいことを決めて，文章を組み立てます。
(4)　書き始めをどうするか考えます。
(5)　中心は，すてきな出来事が起きたときの様子，聞こえてきたこと，目に見えたことなど，詳しく思い出して書きます。
(6)　書き終えたら，読み返して間違いがないか点検します。

すてきなできごとを　すてきに書こう

学しゅうした日（　　）月（　　）日

二年　　組〔名前　　　　〕

★すてきなできごとに出合ったとき、人によく分かるように作文を書いてみたいですね。
　すてきさが分かるように、書き方をくふうして作文にチャレンジしてみましょう。

一　書くことをきめます。

はじめて
さか上がり
ができたよ
一年生と学校
たんけんしたよ
かぶと虫がたま
ごをうんだよ
妹が生まれて
うれしかったよ
うんどう会で
一番に
なったよ
クラスの友だちに
ほめてもらったよ

たかしくん

二　書くことにあわせて①～⑤のじゅんばんに　書きましょう。

① 気もちがあらわれるようなだい名を考えます。

- 妹はぼくのたからもの
- あたらしい家ぞくができたよ
- お母さん、かわいい妹をありがとう
- だっこのすきなぼくの妹

② 書くことをカードにメモをして、文しょうの組み立てを考えます。

③ 書きはじめは会話文・けしき・気もちなどから書きます。

はじめ

会話文の場合
「生まれてきてくれてありがとう。」とお母さんが妹のかりんに話しかけました。

気もちの場合
ぼくには、名前がかりんという妹がいます。とてもかわいいです。それは、いつもニコニコわらっているからです。

④ そのときのできごとが分かるように書きます。

中

人がしたことや言ったことをくわしく書く
かりんをだっこをすると、バタバタしておとしそうになりました。はじめは、だっこがむずかしくて、じょうずにできませんでした。でも、何回もくりかえしてだっこしているうちに、うまくだけるようになってきました。今ではぼくの顔を見るとニコッとわらいます。そして、「だっこ。」というように手を出してきます。

⑤ できごとから思ったことや考えたことをまとめます。

おわり

ぼくは、かりんがはやく大きくなってほしいなあと思います。大きくなって、いっしょにあそぶのがたのしみです。

すてきなできごとを書くときにつかってみよう

ポイント1
どう作やひょうじょうをあらわすことば
- 思わずふきだす
- ものをなげちらかす
- ぷっとふくれる

ポイント2
音やようすをあらわすことば
- ぐしゃぐしゃにする
- さわるとぷにゅぷにゅ
- つるつるしている
- ぎゅっとつかむ

ポイント3
～みたい・～のようだ
- 雪のように白い
- りんごのようなほっぺ
- おさるのような顔
- 人形みたいに小さい

10 本とともに歩いていこう―ブックウォークをしよう―（多読）

〔読むこと，指導事項カ〕　言語活動ア

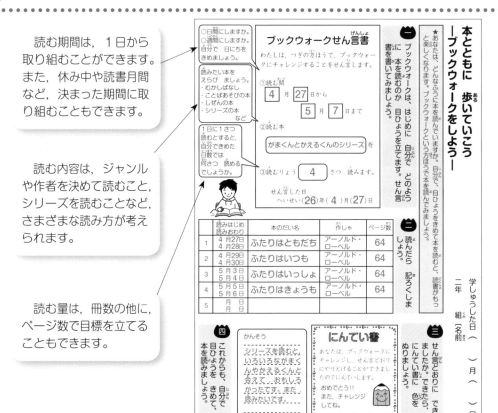

読む期間は，１日から取り組むことができます。また，休み中や読書月間など，決まった期間に取り組むこともできます。

読む内容は，ジャンルや作者を決めて読むこと，シリーズを読むことなど，さまざまな読み方が考えられます。

読む量は，冊数の他に，ページ数で目標を立てることもできます。

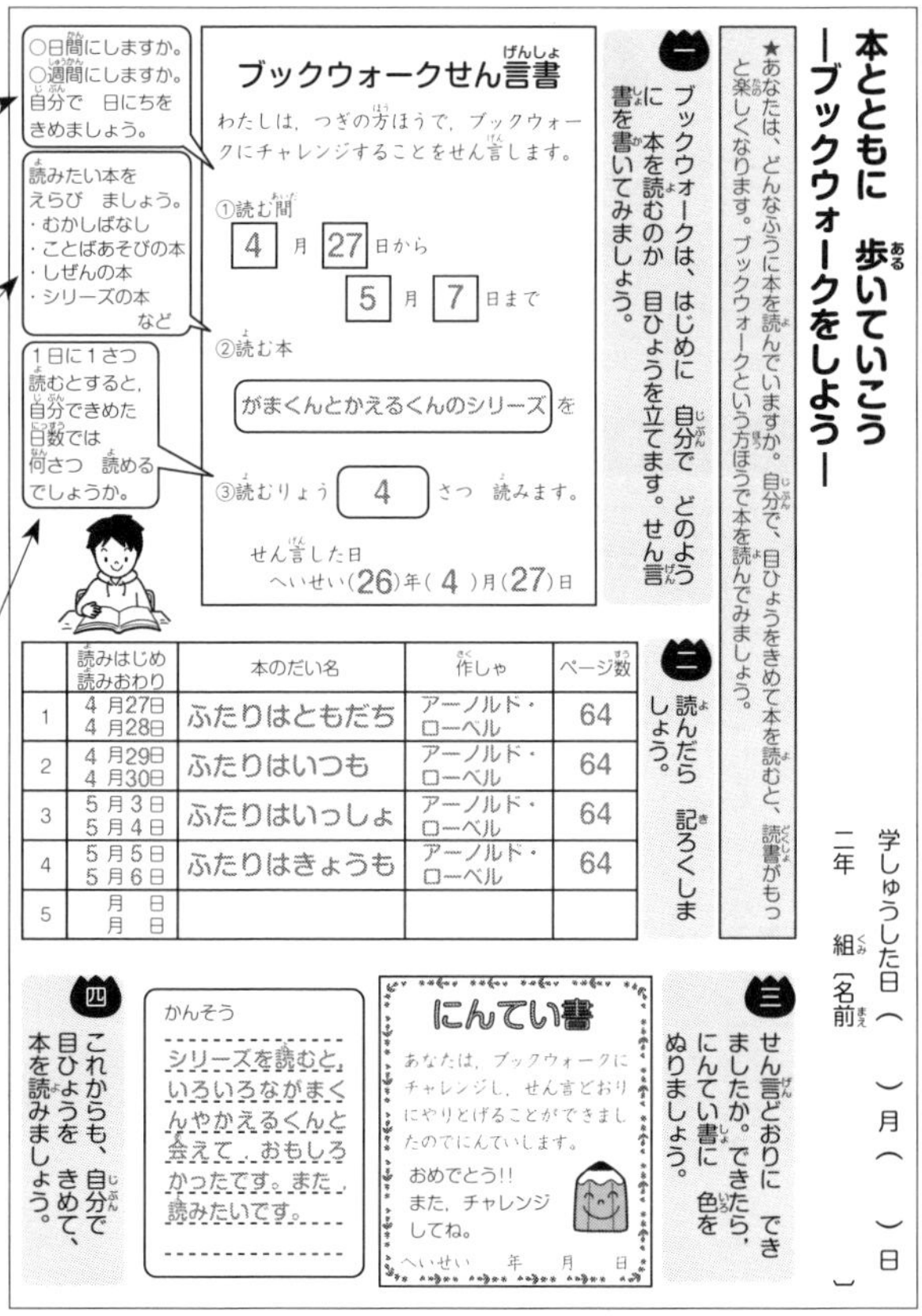

本とともに　歩いていこう
―ブックウォークをしよう―

★あなたは、どんなふうに本を読んでいますか。自分で、目ひょうをきめて本を読むと、読書がもっと楽しくなります。ブックウォークという方ほうで本を読んでみましょう。

学しゅうした日（　）月（　）日
二年　組〔名前　〕

一　ブックウォークは、はじめに　自分で　どのように　本を読むのか　目ひょうを立てます。せん言書を書いてみましょう。

ブックウォークせん言書

わたしは，つぎの方ほうで，ブックウォークにチャレンジすることをせん言します。

①読む間　4 月 27 日から　5 月 7 日まで

②読む本　がまくんとかえるくんのシリーズ を

③読むりょう　4 さつ　読みます。

せん言した日
へいせい(26)年(4)月(27)日

○日間にしますか。
○週間にしますか。
自分で　日にちを
きめましょう。

読みたい本を
えらび　ましょう。
・むかしばなし
・ことばあそびの本
・しぜんの本
・シリーズの本
など

1日に1さつ
読むとすると，
自分できめた
日数では
何さつ　読める
でしょうか。

二　読んだら　記ろくしましょう。

	読みはじめ 読みおわり	本のだい名	作しゃ	ページ数
1	4 月27日 4 月28日	ふたりはともだち	アーノルド・ローベル	64
2	4 月29日 4 月30日	ふたりはいつも	アーノルド・ローベル	64
3	5 月3日 5 月4日	ふたりはいっしょ	アーノルド・ローベル	64
4	5 月5日 5 月6日	ふたりはきょうも	アーノルド・ローベル	64
5	月　日 月　日			

三　せん言どおりに　できましたか。できたら，にんてい書に　色をぬりましょう。

にんてい書

あなたは，ブックウォークにチャレンジし，せん言どおりにやりとげることができましたのでにんていします。

おめでとう!!
また，チャレンジしてね。

へいせい　年　月　日

かんそう

シリーズを読むと，いろいろながまくんやかえるくんと会えて，おもしろかったです。また，読みたいです。

四　これからも、自分で目ひょうを　きめて、本を読みましょう。

指導のねらいと説明

ブックウォークは，子どもたちが自分で目標を決めて，自由に行う読書活動です。読む期間や読みたい本の内容，読み方，読む量などを自分で決めることで，目的をもって本を読むことができ，読書意欲を高めることができます。このワークシートには，ブックウォークに必要な「宣言書」「読書の記録」「認定書」を載せています。ブックウォークに日常的に取り組むことで，本との出合いを楽しみ，自ら本を選んで読み，読書生活を豊かにすることができます。

ワークシートの使い方

(1)　ブックウォーク宣言をします（何日間で，どんな本を，何冊読むかを宣言書に書きます）。

(2)　自分で立てた目標に沿って読書を進め，記録をします。

(3)　宣言したように読書ができたかを振り返り，ブックウォーク認定書に色をぬります。

本とともに　歩いていこう
ーブックウォークをしようー

学しゅうした日（　　）月（　　）日

二年　　組〔名前　　　　〕

★あなたは、どんなふうに本を読んでいますか。自分で、目ひょうをきめて本を読むと、読書がもっと楽しくなります。ブックウォークという方ほうで本を読んでみましょう。

一　ブックウォークは、はじめに　自分で　どのように　本を読むのか　目ひょうを立てます。せん言書を書いてみましょう。

ブックウォークせん言書

わたしは，つぎの方ほうで，ブックウォークにチャレンジすることをせん言します。

①読む間
□月□日から
□月□日まで

②読む本
[　　　　　　　　]を

③読むりょう[　　]さつ　読みます。

せん言した日
へいせい（　　）年（　　）月（　　）日

○日間にしますか。
○週間にしますか。
自分で　日にちを
きめましょう。

読みたい本を
えらび　ましょう。
・むかしばなし
・ことばあそびの本
・しぜんの本
・シリーズの本
など

1日に1さつ
読むとすると，
自分できめた
日数では
何さつ　読める
でしょうか。

二　読んだら　記ろくしましょう。

	読みはじめ 読みおわり	本のだい名	作しゃ	ページ数
1	月　日 月　日			
2	月　日 月　日			
3	月　日 月　日			
4	月　日 月　日			
5	月　日 月　日			

三　せん言どおりに　できましたか。できたら，にんてい書に　色をぬりましょう。

にんてい書

あなたは，ブックウォークにチャレンジし，せん言どおりにやりとげることができましたのでにんていします。

おめでとう!!
また，チャレンジしてね。

へいせい　　年　　月　　日

四　これからも、自分で目ひょうを　きめて、本を読みましょう。

かんそう

11 お話のことばをつかって，すきなところをしょうかいしよう（紹介）

〔読むこと，指導事項エ〕　言語活動オ

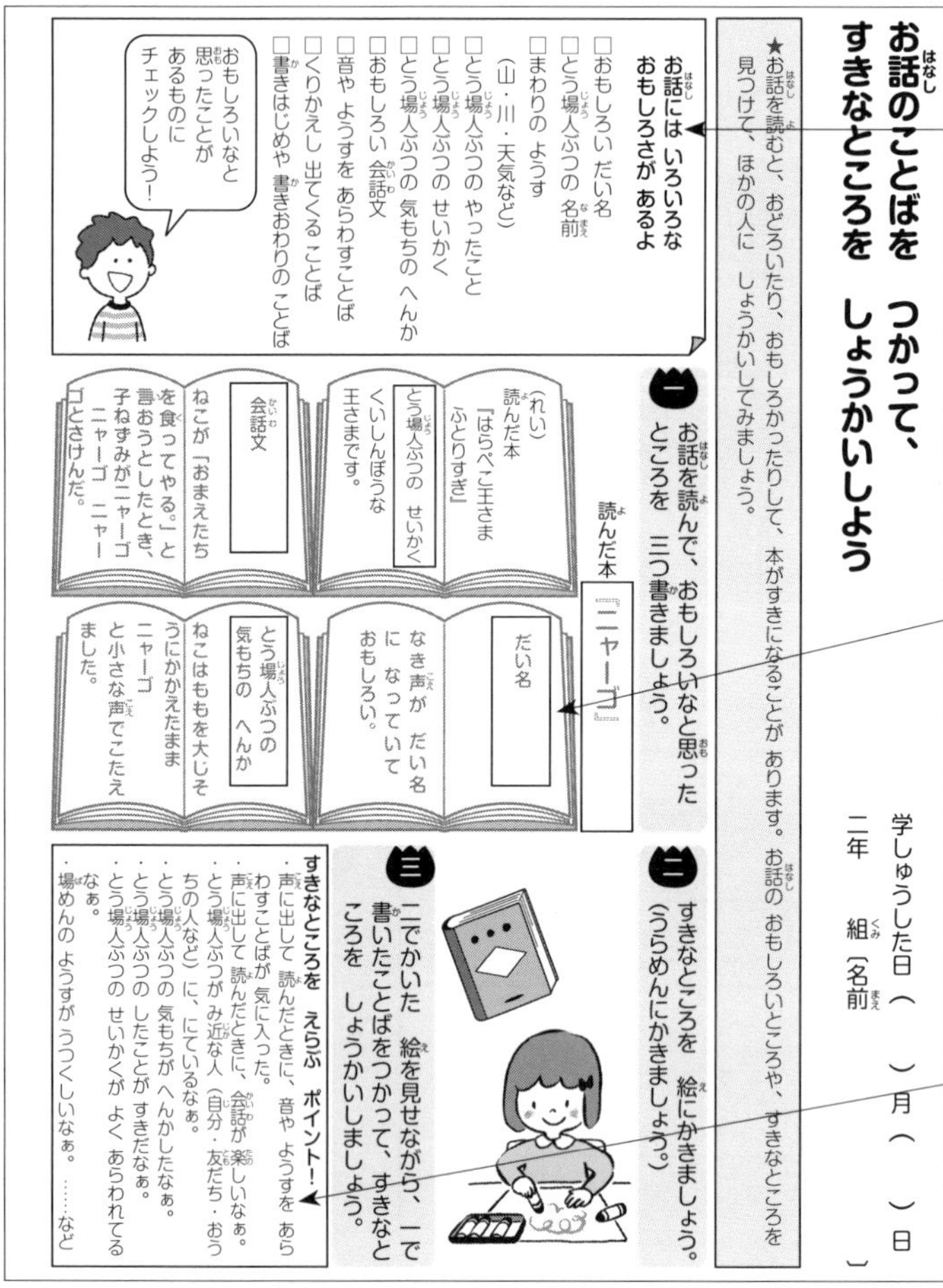

お話のことばを　つかって、
すきなところを　しょうかいしよう

学しゅうした日（　　）月（　　）日
二年　　組〔名前　　　　〕

★お話を読むと、おどろいたり、おもしろかったりして、本がすきになることが　あります。お話の　おもしろいところや、すきなところを見つけて、ほかの人に　しょうかいしてみましょう。

お話には　いろいろな
おもしろさが　あるよ

□おもしろい　だい名
□とう場人ぶつの　名前
□まわりの　ようす
　（山・川・天気など）
□とう場人ぶつの　やったこと
□とう場人ぶつの　せいかく
□とう場人ぶつの　気もちの　へんか
□おもしろい　会話文
□音や　ようすを　あらわすことば
□くりかえし　出てくる　ことば
□書きはじめや　書きおわりの　ことば

おもしろいなと
思ったことが
あるものに
チェックしよう！

一　お話を読んで、おもしろいなと思った
ところを　三つ書きましょう。

（れい）
読んだ本
『はらぺこ王さま
ふとりすぎ』

とう場人ぶつの　せいかく

くいしんぼうな
王さまです。

読んだ本
『ニャーゴ』

だい名

なき声が　だい名
に　なっていて
おもしろい。

会話文

ねこが「おまえたち
を食ってやる。」と
言おうとしたとき、
子ねずみがニャーゴ
ニャーゴ　ニャー
ゴとさけんだ。

とう場人ぶつの
気もちの　へんか

ねこはももを大じそ
うにかかえたまま
ニャーゴ
と小さな声でこたえ
ました。

二　すきなところを　絵にかきましょう。
（うらめんにかきましょう。）

三　二でかいた　絵を見せながら、一で
書いたことばをつかって、すきなと
ころを　しょうかいしましょう。

すきなところを　えらぶ　ポイント！
・声に出して　読んだときに、音や　ようすを　あらわすことばが　気に入った。
・声に出して　読んだときに、会話が　楽しいなぁ。
・とう場人ぶつが　み近な人（自分・友だち・おうちの人など）に、にているなぁ。
・とう場人ぶつの　気もちが　へんかしたなぁ。
・とう場人ぶつの　したことが　すきだなぁ。
・とう場人ぶつの　せいかくが　よく　あらわれてるなぁ。
・場めんの　ようすが　うつくしいなぁ。……など

お話のおもしろさにはいろいろな種類があることを理解させ，知っているものにチェックさせます。

お話を読んで，おもしろいところを3つ見つけて書きます。

好きなところを見つけられない場合のヒントです。

指導のねらいと説明

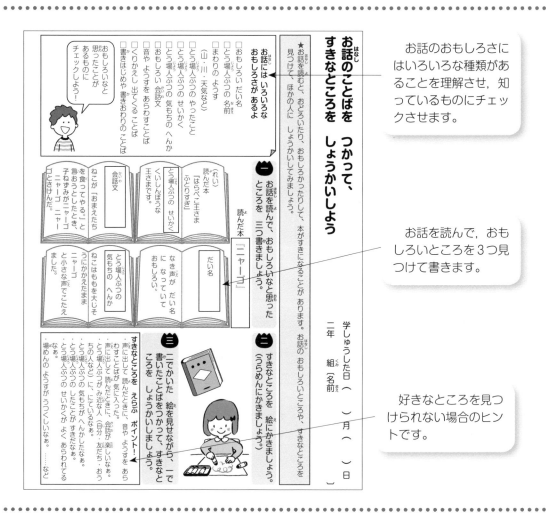

文章を読んで，適切な言葉や文章を書き抜く力を培うことがねらいです。ここでは，お話のおもしろいところを見つけさせ，その言葉を使って自分の好きなところを紹介させます。

ワークシートの使い方

(1)　今まで本を読んでおもしろいなと思ったことがあるものにチェックマークを入れます。
(2)　好きな本を読んで，おもしろいなと思ったところを3つ書きます。
(3)　好きな場面の絵を描きます。
(4)　好きな場面の絵とおもしろいなと思った言葉を使って，好きなところを紹介します。

11

お話のことばを つかって、すきなところを しょうかいしよう

学しゅうした日（　　）月（　　）日

二年　　組〔名前　　　　　　〕

★お話を読むと、おどろいたり、おもしろかったりして、本がすきになることが あります。お話の おもしろいところや、すきなところを見つけて、ほかの人に しょうかいしてみましょう。

お話には いろいろな おもしろさが あるよ

□おもしろい だい名
□とう場人ぶつの 名前
□まわりの ようす
（山・川・天気など）
□とう場人ぶつの やったこと
□とう場人ぶつの せいかく
□とう場人ぶつの 気もちの へんか
□おもしろい 会話文
□音や ようすを あらわすことば
□くりかえし 出てくる ことば
□書きはじめや 書きおわりの ことば

一　お話を読んで、おもしろいなと思ったところを 三つ書きましょう。

読んだ本

（れい）
読んだ本
『はらぺこ王さま
ふとりすぎ』

とう場人ぶつの　せいかく

くいしんぼうな
王さまです。

二　すきなところを 絵にかきましょう。
（うらめんにかきましょう。）

三　二でかいた 絵を見せながら、一で書いたことばをつかって、すきなところを しょうかいしましょう。

すきなところを えらぶ ポイント！

・声に出して 読んだときに、音や ようすを あらわすことばが 気に入った。
・声に出して 読んだときに、会話が楽しいなぁ。
・とう場人ぶつが み近な人（自分・友だち・おうちの人など）に、にているなぁ。
・とう場人ぶつの 気もちが へんかしたなぁ。
・とう場人ぶつの したことが すきだなぁ。
・とう場人ぶつの せいかくが よく あらわれてるなぁ。
・場めんの ようすが うつくしいなぁ。……など

12 自分のしたこととかさねて読書かんそう文を書こう（感想）

〔読むこと，指導事項オ〕　言語活動エ

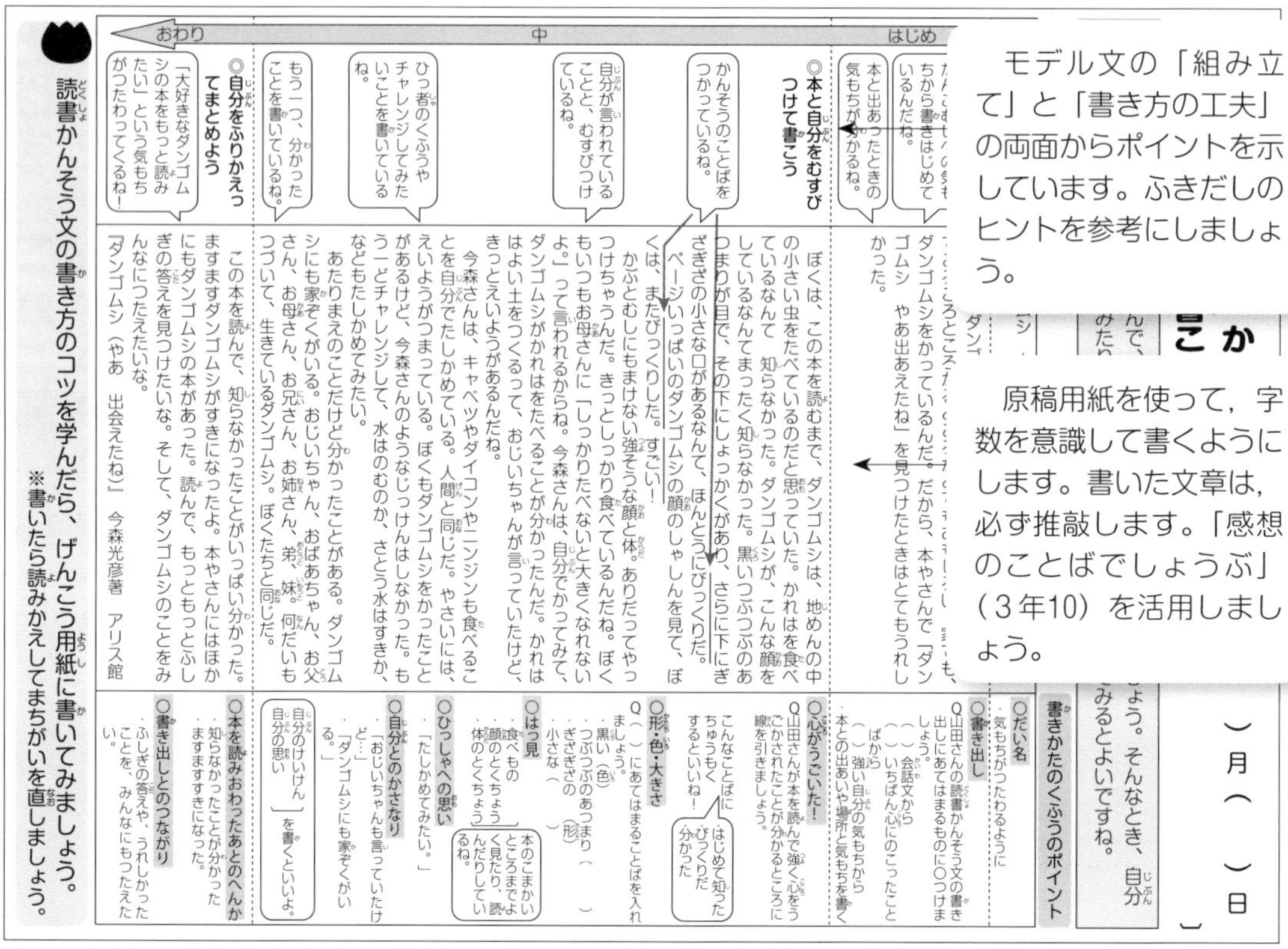
（　）月（　）日

……ょう。そんなとき、自分……みるとよいですね。

書きかたのくふうのポイント

はじめ

本と出あったときの気もちが分かるね。

……ちから書きはじめているんだね。

……ダンゴムシをかっているんだ。だから、本やさんで「ダンゴムシ　やあ出あえたね」を見つけたときはとてもうれしかった。

○だい名
・気もちがつたわるように

○書き出し
Q山田さんの読書かんそう文の書き出しにあてはまるものに○つけましょう。
（　）会話文から
（　）いちばん心にのこったことばから
（　）強い自分の気もちから
・本との出あいや場所と気もちを書く

中

◎本と自分をむすびつけて書こう

かんそうのことばをつかっているね。

自分が言われていることと、むすびつけているね。

ひっ者のくふうやチャレンジしてみたいことを書いているね。

もう一つ、分かったことを書いているね。

ぼくは、この本を読むまで、ダンゴムシは、地めんの中の小さい虫をたべているのだと思っていた。かれはを食べているなんて　知らなかった。ダンゴムシが、こんな顔をしているなんてまったく知らなかった。黒いつぶつぶのあつまりが目で、その下にしょっかくがあり、さらに下にぎざぎざの小さな口があるなんて、ほんとうにびっくりだ。ページいっぱいのダンゴムシの顔のしゃしんを見て、ぼくは、またびっくりした。すごい！かぶとむしにもまけない強そうな顔と体。ありだってやっつけちゃうんだ。きっとしっかり食べているんだね。ぼくもいつもお母さんに「しっかりたべないと大きくなれないよ。」って言われるからね。今森さんは、自分でかってみて、ダンゴムシがかれはをたべることが分かったんだ。かれははよい土をつくるって、おじいちゃんが言っていたけど、きっとえいようがあるんだね。

今森さんは、キャベツやダイコンやニンジンも食べることを自分でたしかめている。人間と同じだ。やさいには、えいようがつまっている。ぼくもダンゴムシをかったことがあるけど、今森さんのようなじっけんはしなかった。もう一どチャレンジして、水はのむのか、さとう水はすきか、などもたしかめてみたい。

あたりまえのことだけど分かったことがある。ダンゴムシにも家ぞくがいる。おじいちゃん、おばあちゃん、お父さん、お母さん、お兄さん、お姉さん、弟、妹。何だいもつづいて、生きているダンゴムシ。ぼくたちと同じだ。

○心がうごいた！
Q山田さんが本を読んで強く心をうごかされたことが分かるところに線を引きましょう。

こんなことばにちゅうもくするといいね！
・はじめて知った
・びっくりだ
・分かった

○形・色・大きさ
Q（　）にあてはまることばを入れましょう。
・黒い（色）
・つぶつぶのあつまり（　　）
・ぎざぎざの（形）
・小さな（　　）

○はっ見
・食べもの
・顔のとくちょう
・体のとくちょう

本のこまかいところまでよく見たり、読んだりしているね。

○ひっしゃへの思い
・「たしかめてみたい。」

○自分とのかさなり
・「おじいちゃんも言っていたけど…」
・「ダンゴムシにも家ぞくがいる。」

自分のけいけん
自分の思い
を書くといいよ。

おわり

◎自分をふりかえってまとめよう

「大好きなダンゴムシの本をもっと読みたい」という気もちがつたわってくるね！

この本を読んで、知らなかったことがいっぱい分かった。ますますダンゴムシがすきになったよ。本やさんにはほかにもダンゴムシの本があった。読んで、もっともっとふしぎの答えを見つけたいな。そして、ダンゴムシのことをみんなにつたえたいな。

『ダンゴムシ（やあ　出会えたね）』今森光彦著　アリス館

○本を読みおわったあとのへんか
・知らなかったことが分かった
・ますますすきになった。

○書き出しとのつながり
・ふしぎの答えや、うれしかったことを、みんなにもつたえたい。

読書かんそう文の書き方のコツを学んだら、げんこう用紙に書いてみましょう。
※書いたら読みかえしてまちがいを直しましょう。

モデル文の「組み立て」と「書き方の工夫」の両面からポイントを示しています。ふきだしのヒントを参考にしましょう。

原稿用紙を使って，字数を意識して書くようにします。書いた文章は，必ず推敲します。「感想のことばでしょうぶ」（3年10）を活用しましょう。

指導のねらいと説明

科学的なことについて書いた本を読んで感想文を書くことを目的としています。自分のしたことや経験などと重ねて感想文を書くことが大切です。文の構成，記述の工夫という両面に配慮しながら，読み手に感想が伝わるように書きます。本と自分をどのように結び付けて書いているかに着目します。感想文の構成と記述の両面におけるポイントをモデル文から学びましょう。

ワークシートの使い方

(1)　まず，モデルの感想文を読みましょう。上段は構成について解説しています。上段のふきだしを感想文と照らし合わせながら読みましょう。はじめ，中，おわりという三段構成に書く観点，感想の言葉を使用することがポイントになります。

(2)　下段は，記述のポイントです。実際に質問に答えながら学び，ポイントを実感します。

(3)　実際に原稿用紙を用意して感想文を書きます。付箋紙を使って心が動いたところをマークする→アウトライン原稿を書く→下書きする→推敲するという手順をたどります。

自分の したことと かさねて 読書かんそう文を 書こう

学しゅうした日（　）月（　）日
二年　組〔名前　　〕

★みなさんは科学読みものを読んで、かんそう文を書いたことがあるでしょう。そんなとき、自分でかんさつしたり、ためしてみたりしたときの気もちとかさねて書いてみるとよいですね。

文の組み立てのポイント		書きかたのくふうのポイント
だい名	ダンゴムシ　大すき！ 二年一組　山田　よしお	○だい名 ・気もちがつたわるように
はじめ ◎強い思いを書こう だんごむしへの気もちから書きはじめているんだね。 本と出あったときの気もちが分かるね。	ぼくは、ダンゴムシが大すきだ。さわるとすぐに丸くなってころころところがるところがとてもおもしろい。家でも、ダンゴムシをかっているんだ。だから、本やさんで「ダンゴムシ　やあ出あえたね」を見つけたときはとてもうれしかった。	○書き出し Q山田さんの読書かんそう文の書き出しにあてはまるものに○つけましょう。 （　）会話文から （　）いちばん心にのこったことばから （　）強い自分の気もちから ・本との出あいや場所と気もちを書く
中 ◎本と自分をむすびつけて書こう かんそうのことばをつかっているね。 自分が言われていることと、むすびつけているね。 ひっ者のくふうやチャレンジしてみたいことを書いているね。 もう一つ、分かったことを書いているね。	ぼくは、この本を読むまで、ダンゴムシは、地めんの中の小さい虫をたべているのだと思っていた。かれはをたべているなんて　知らなかった。ダンゴムシが、こんな顔をしているなんてまったく知らなかった。黒いつぶつぶのあつまりが目で、その下にしょっかくがあり、さらに下にぎざぎざの小さな口があるなんて、ほんとうにびっくりだ。 ページいっぱいのダンゴムシの顔のしゃしんを見て、ぼくは、またびっくりした。すごい！ かぶとむしにもまけない強そうな顔と体。ありだってやっつけちゃうんだ。きっとしっかり食べているんだね。ぼくもいつもお母さんに「しっかりたべないと大きくなれないよ。」って言われるからね。今森さんは、自分でかってみて、ダンゴムシがかれはをたべることが分かったんだ。かれははよい土をつくるって、おじいちゃんが言っていたけど、きっとえいようがあるんだね。 今森さんは、キャベツやダイコンやニンジンも食べることを自分でたしかめている。人間と同じだ。やさいには、えいようがつまっている。ぼくもダンゴムシをかったことがあるけど、今森さんのようなじっけんはしなかった。もう一どチャレンジして、水はのむのか、さとう水はすきか、などもたしかめてみたい。 あたりまえのことだけど分かったことがある。ダンゴムシにも家ぞくがいる。おじいちゃん、おばあちゃん、お父さん、お母さん、お兄さん、お姉さん、弟、妹。何だいもつづいて、生きているダンゴムシ。ぼくたちと同じだ。	○心がうごいた！ Q山田さんが本を読んで強く心をうごかされたことが分かるところに線を引きましょう。 こんなことばにちゅうもくするといいね！（・はじめて知った・びっくりだ・分かった） ○形・色・大きさ Q（　）にあてはまることばを入れましょう。 ・黒い（色） ・つぶつぶのあつまり（　　） ・ぎざぎざの（形） ・小さな（　　） ○はっ見 ・食べもの ・顔のとくちょう ・体のとくちょう 本のこまかいところまでよく見たり、読んだりしているね。 ○ひっしゃへの思い ・「たしかめてみたい。」 ○自分とのかさなり ・「おじいちゃんも言っていたけど…」 ・「ダンゴムシにも家ぞくがいる。」 自分のけいけん 自分の思い を書くといいよ。
おわり ◎自分をふりかえってまとめよう 「大好きなダンゴムシの本をもっと読みたい」という気もちがつたわってくるね！	この本を読んで、知らなかったことがいっぱい分かった。ますますダンゴムシがすきになったよ。本やさんにはほかにもダンゴムシの本があった。読んで、もっともっとふしぎの答えを見つけたいな。そして、ダンゴムシのことをみんなにつたえたいな。 『ダンゴムシ（やあ　出会えたね）』　今森光彦著　アリス館	○本を読みおわったあとのへんか ・知らなかったことが分かった ・ますますすきになった。 ○書き出しとのつながり ・ふしぎの答えや、うれしかったことを、みんなにもつたえたい。

読書かんそう文の書き方のコツを学んだら、げんこう用紙に書いてみましょう。
※書いたら読みかえしてまちがいを直しましょう。

13 会話文を音読して楽しもう（音読）

〔読むこと，指導事項ア〕　言語活動ア

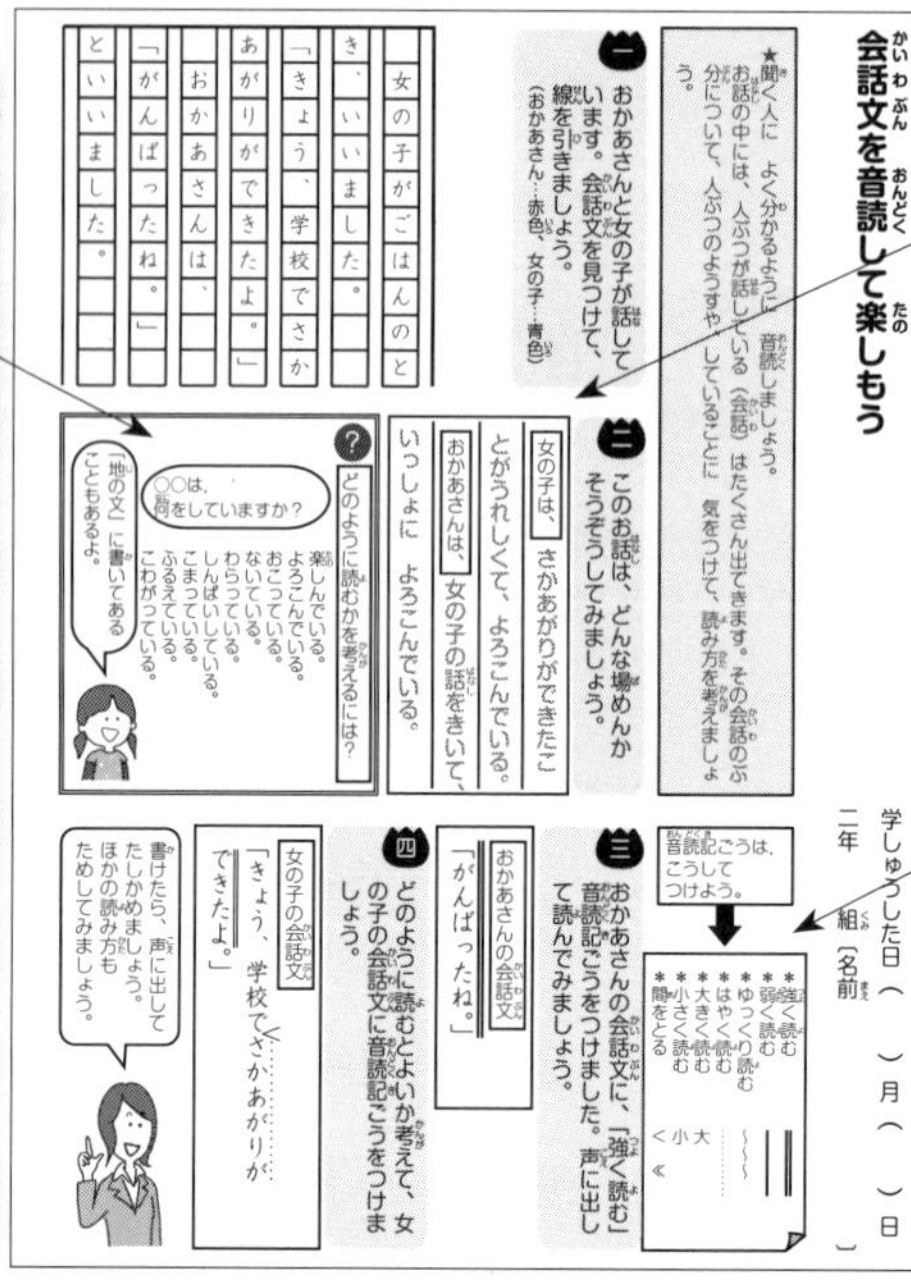

会話文を音読して楽しもう

学しゅうした日（　）月（　）日　二年　組〔名前　〕

★聞く人に　よく分かるように　音読しましょう。お話の中には，人ぶつが話している（会話）はたくさん出てきます。その会話のぶ分について，人ぶつのようすや，していることに　気をつけて，読み方を考えましょう。

一　おかあさんと女の子が話しています。会話文を見つけて，線を引きましょう。（おかあさん…赤色，女の子…青色）

女の子がごはんのとき，いいました。「きょう，学校でさかあがりができたよ。」おかあさんは，「がんばったね。」といいました。

二　このお話は，どんな場めんかそうぞうしてみましょう。

女の子は，さかあがりができたことがうれしくて，よろこんでいる。

おかあさんは，女の子の話をきいて，いっしょに　よろこんでいる。

？どのように読むかを考えるには？

楽しんでいる。よろこんでいる。おこっている。ないている。わらっている。しんぱいしている。こまっている。ふるえている。こわがっている。

〇〇は，何をしていますか？

「地の文」に書いてあることもあるよ。

三　おかあさんの会話文に，「強く読む」音読記ごうをつけました。声に出して読んでみましょう。

音読記ごうは，こうしてつけよう。

＊強く読む　‖
＊弱く読む　｜
＊ゆっくり読む　〜〜
＊はやく読む　……
＊大きく読む　大
＊小さく読む　小
＊間をとる　＜　≪

おかあさんの会話文　「がんばったね。」

四　どのように読むとよいか考えて，女の子の会話文に音読記ごうをつけましょう。

女の子の会話文　「きょう，学校でさかあがりができたよ。」

書けたら，声に出してたしかめましょう。ほかの読み方もためしてみましょう。

音読記号をつけるためにどんなことを考えればよいか。
・だれが話しているのか（どんな人）
・何をしながら話しているのか（そのときの様子を想像しよう）
・どんな場面か（だれに話しているのか，何が起こっているのか）

話している人の様子を想像する。
・この場面で，話している女の子とおかあさんが，何をしているか書くことではっきりさせます。

どのように読むかを考えて音読記号をつけます。
・おかあさんの会話文を例に，音読記号のつけ方の例を示します。
・女の子の会話文に音読記号をつけて，声に出して読んでみます。いろいろな読み方を試してみて，よいものを選ぶとよいでしょう。

指導のねらいと説明

語のまとまりや言葉の響きなどに気を付けて，音読することを重視しています。また，場面の様子について，登場人物の行動を中心に想像を広げながら読むことと関連付けて，どのように読むかを考えるようにします。そうして，相手に分かりやすく伝えることができるようにします。

会話文をどのように読むかを考えるには，場面の様子や登場人物の行動を想像しながら読まなければなりません。会話文（「」）だけでなく，その前後の地の文に書かれている事柄が読み方の工夫のヒントになることに気付くことができるようにします。実際，声に出して読む際には，姿勢や口形，声の大きさや速さなどに注意して，はっきりした発音で話すこととの関連を図り，読む声を相手に届けることが大切です。それを順におさえていくことができるように，ワークシートの中に盛り込まれています。

ワークシートの使い方

(1)　母親と女の子の会話が例文として挙げられています。その中の「会話文」を見つけて，線を引きます。

(2)　どのように読めばよいか，読み方の工夫を考え，音読記号をつけます。

(3)　何度も声に出して練習しながら，場面の様子を想像し，読み方を考えるようにします。

13

会話文を音読して楽しもう

★聞く人に　よく分かるように　音読しましょう。
お話の中には、人ぶつが話している（会話）はたくさん出てきます。その会話のぶ分について、人ぶつのようすや、していることに　気をつけて、読み方を考えましょう。

一　おかあさんと女の子が話しています。会話文を見つけて、線を引きましょう。
（おかあさん…赤色、女の子…青色）

女の子がごはんのと
き、いいました。
「きょう、学校でさか
あがりができたよ。」
おかあさんは、
「がんばったね。」
といいました。

二　このお話は、どんな場めんかそうぞうしてみましょう。

女の子は、

おかあさんは、

?　どのように読むかを考えるには?

○○は、何をしていますか?

楽しんでいる。
よろこんでいる。
おこっている。
ないている。
わらっている。
しんぱいしている。
こまっている。
ふるえている。
こわがっている。

「地の文」に書いてあることもあるよ。

学しゅうした日（　）月（　）日
二年　組〔名前　〕

三　おかあさんの会話文に、「強く読む」音読記ごうをつけました。声に出して読んでみましょう。

音読記ごうは、こうしてつけよう。

＊強く読む　＝
＊弱く読む　―
＊ゆっくり読む　～～～
＊はやく読む　……
＊大きく読む　大
＊小さく読む　小
＊間をとる　＜ ≪

おかあさんの会話文
「がんばったね。」

四　どのように読むとよいか考えて、女の子の会話文に音読記ごうをつけましょう。

女の子の会話文
「きょう、学校でさかあがりができたよ。」

書けたら、声に出してたしかめましょう。ほかの読み方もためしてみましょう。

14 キャラクターカードを作ってあそぼう（物語）

〔読むこと，指導事項力〕 言語活動ア

【ワークシート例】

名前（まえ）
リスの
ゲルランゲ

すきなこと
おにごっこ
リスとび
ぼうけん

絵（え）

どんな人
少（すこ）しなまけもの
いじっぱりで
ごうじょう
とても元気で
ひょうきん

名前（まえ）
王さま

すきなこと
お昼（ひる）ね
いいつけを
する

絵（え）

どんな人
ゆかい
ねぞうがわるい
言（い）い出したらきかない
いばりや

【カルタ読み札例】

ま
んねんひつに白いぼうし
かさのつぎはフライパン。
何（なん）でもかんでも　ほしがる王さま。

い
うことをきかないと
「ろうやにいれる」とすぐどなる。
わがままで　いばりやの王さま。

カルタの読み札は，人物紹介文，お気に入りの文の引用，名セリフ等，工夫すると楽しくなります。

指導のねらいと説明

物語を読み，登場人物の特徴をまとめることで読書活動の意欲を高めたり，物語の世界を親しんだりするワークシートです。

本を読み，登場人物の性格や特徴をまとめたキャラクターカードを作成し，そのカードで楽しく遊ぶことを重視しています。遊びを通して，自然に物語の感想を述べ合ったり，本や文章を楽しんだりすることができます。また，カード作りやカードを用いた遊びを通して，日常的な読書活動への意欲を高めることも期待できます。

キャラクターカードの項目に沿って，登場人物の特徴をとらえ，まとめることで，叙述に即して読む力や書かれていることから想像して読む力もつきます。

ワークシートの使い方

⑴　まず，本を選び，好きなことやどんな人かが分かるところに付箋紙をつけながら読みます。場面の様子について，登場人物の行動や会話に着目して読むことが大切です。

⑵　次に，カードにキャラクターの名前，好きなこと，どんな人か（性格や特技，口癖，名セリフ，しゃべり方，よくすることなど）についてまとめます。

⑶　さらに，友達とカード集めをする，カードの交換をする，カルタとりをするなどして遊びます。意欲的にカードを作ることで，楽しく読書する態度も育ちます。

14

キャラクターカードを作ってあそぼう

学しゅうした日（　）月（　）日
二年　組〔名前　〕

★お話の中には、いろんなキャラクター（とう場人ぶつ）が出てきますね。あなたは、どんなキャラクターが、すきですか？たくさんキャラクターカードを作って、あそびましょう。

一 キャラクターカードを作りましょう。

いつもよくしていることや一日の生活のしかたを見てみよう。

やさしい、さみしがりや、あわてんぼうなどのせいかく。とくいなこと、よく言うことば、くせ、よくすることなどもさがしてみよう。

こんなキャラクターです
読んだ本（くまの子ウーフ）

名前	すきなこと
くまの子ウーフ	いろいろなことを考えるのがすき
絵	どんな人
	のんびりやくせは…とくいなことは…

名前は？ニックネームを書いてもいいね。

キャラクターのにがお絵をかこう。そっくりにかけるかな。

こんなキャラクターです
読んだ本（　　　　）

名前	すきなこと
絵	どんな人

こんなキャラクターです
読んだ本（　　　　）

名前	すきなこと
絵	どんな人

二 キャラクターカードであそびましょう。

こんなあそび方があるよ

その1　カルタであそぶ
＊読みふだ……キャラクターのしょうかいをする文や本からお気に入りの文をさがして書く。よく言うセリフを書くのもいいね。
＊絵ふだ……すきな場めんや読みふだにかんけいある絵などを書く。

その2　友だちとこうかんしてあそぶ
＊カード作り…いろんな本を読んで、キャラクターカードをたくさん作る。
＊カードのこうかん…自分が作ったキャラクターカードを友だちと、こうかんする。こうかんするときにはこうかんする読んだ本のおもしろいところや出てきたキャラクターのことについて話をしよう。

その3　あつめたカードであそぶ
＊アルバム作り…カードをなかまわけして、アルバムにする。
＊もの語マップ…もの語マップを作って、そこにカードをはりつける。
＊名セリフしゅう…会話の文をさがしてカードに書く。

1 発表の仕方をチェックしよう（発表）

〔話すこと・聞くこと，指導事項ウ〕　言語活動エ

【ワークシート例】

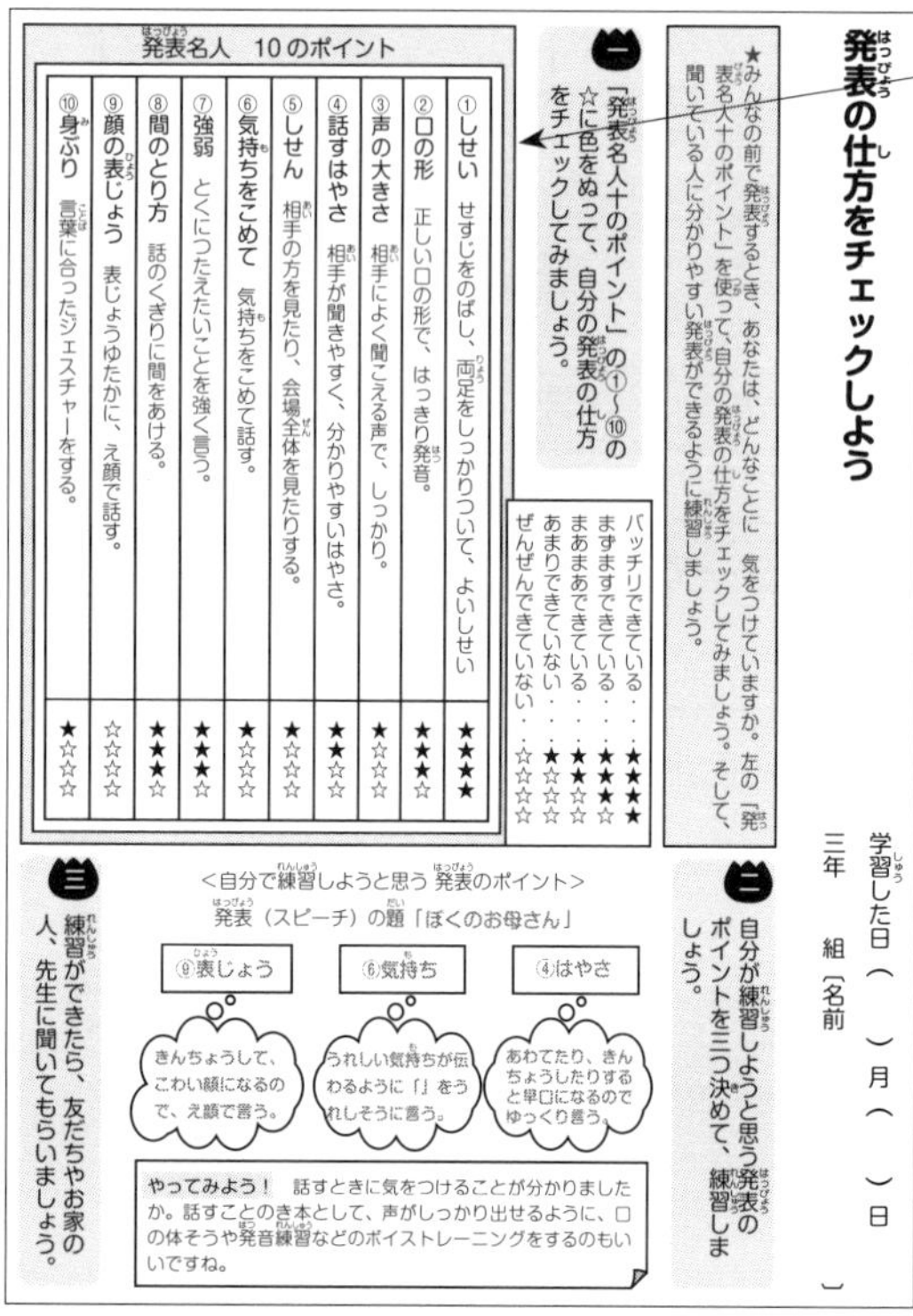

発表の仕方をチェックしよう

学習した日（　）月（　）日

三年　組〔名前　〕

★みんなの前で発表するとき、あなたは、どんなことに気をつけていますか。左の「発表名人十のポイント」を使って、自分の発表の仕方をチェックしてみましょう。そして、聞いている人に分かりやすい発表ができるように練習しましょう。

一　「発表名人十のポイント」の①～⑩の☆に色をぬって、自分の発表の仕方をチェックしてみましょう。

バッチリできている・・・★★★★
まずまずできている・・・★★★☆
まあまあできている・・・★★☆☆
あまりできていない・・・★☆☆☆
ぜんぜんできていない・・・☆☆☆☆

発表名人　10のポイント

①しせい	せすじをのばし、両足をしっかりついて、よいしせい	★★★★
②口の形	正しい口の形で、はっきり発音。	★★★☆
③声の大きさ	相手によく聞こえる声で、しっかり。	★☆☆☆
④話すはやさ	相手が聞きやすく、分かりやすいはやさ。	★★☆☆
⑤しせん	相手の方を見たり、会場全体を見たりする。	★☆☆☆
⑥気持ちをこめて	気持ちをこめて話す。	★☆☆☆
⑦強弱	とくにつたえたいことを強く言う。	★★★☆
⑧間のとり方	話のくぎりに間をあける。	★★★☆
⑨顔の表じょう	表じょうゆたかに、え顔で話す。	☆☆☆☆
⑩身ぶり	言葉に合ったジェスチャーをする。	★☆☆☆

二　自分が練習しようと思う発表のポイントを三つ決めて、練習しましょう。

＜自分で練習しようと思う 発表のポイント＞

発表（スピーチ）の題「ぼくのお母さん」

④はやさ：あわてたり、きんちょうしたりすると早口になるのでゆっくり言う。

⑥気持ち：うれしい気持ちが伝わるように「」をうれしそうに言う。

⑨表じょう：きんちょうして、こわい顔になるので、え顔で言う。

やってみよう！　話すときに気をつけることが分かりましたか。話すことのき本として、声がしっかり出せるように、口の体そうや発音練習などのボイストレーニングをするのもいいですね。

三　練習ができたら、友だちやお家の人、先生に聞いてもらいましょう。

発表するとき，どんなことに気を付けるとよいかを具体的に示しています。1～10の項目をチェックすることで，自分の弱点を意識して話す練習ができます。

また，実際に話を聞いて，アドバイスカードを書いてもらうことで，聞き手から見た客観的な評価を練習に生かすことができます。

【アドバイスカード例】

一言アドバイス

（みどり）さ

気持ちがこもってい

ます。でも，あまり

ているのか分かりま

た。大きな声では

ようがんばってくだ

（けん

一言アドバイス

（さゆり）さんへ

よく聞こえる声でよかったです。でも，ちょっと早口で分かりにくかったです。間をとってもう少しゆっくり話すといいと思います。

（こうた）より

指導のねらいと説明

発表の仕方を振り返り，気を付けることを意識して練習するためのワークシートです。話すこと・聞くことの指導事項である姿勢や口形，声の大きさや速さなどに注意して，はっきりした発音で発表できるようにすること。さらに，中学年の相手を見る視線，言葉の抑揚や強弱，間のとり方などに気を付けて話すことができるようになることをねらっています。話し手がどのような点に気を付けて練習すればよいかを自覚し，練習することで，自ら話す力を高めることが期待できます。

ワークシートの使い方

⑴　まず，発表の仕方について振り返り，今後，練習しようと思うポイントを書きます。

⑵　次に，練習するポイントを３つ決め，気を付けることを書き，練習します。

⑶　練習ができたら，友達やお家の人，先生に聞いてもらい，アドバイスをしてもらいます。カードやメモなどにアドバイスを書いてもらってもいいです。その後，アドバイスを参考に発表の練習を繰り返します。

1

発表の仕方をチェックしよう

学習した日（　　）月（　　）日

三年　　組〔名前　　　　　　　　〕

★みんなの前で発表するとき、あなたは、どんなことに気をつけていますか。左の「発表名人十のポイント」を使って、自分の発表の仕方をチェックしてみましょう。そして、聞いている人に分かりやすい発表ができるように練習しましょう。

一 「発表名人十のポイント」の①～⑩の☆に色をぬって、自分の発表の仕方をチェックしてみましょう。

バッチリできている・・・★★★★
まずまずできている・・・★★★☆
まあまあできている・・・★★☆☆
あまりできていない・・・★☆☆☆
ぜんぜんできていない・・・☆☆☆☆

発表名人　10のポイント

①しせい	せすじをのばし、両足をしっかりついて、よいしせい	☆☆☆☆
②口の形	正しい口の形で、はっきり発音。	☆☆☆☆
③声の大きさ	相手によく聞こえる声で、しっかり。	☆☆☆☆
④話すはやさ	相手が聞きやすく、分かりやすいはやさ。	☆☆☆☆
⑤しせん	相手の方を見たり、会場全体を見たりする。	☆☆☆☆
⑥気持ちをこめて	気持ちをこめて話す。	☆☆☆☆
⑦強弱	とくにつたえたいことを強く言う。	☆☆☆☆
⑧間のとり方	話のくぎりに間をあける。	☆☆☆☆
⑨顔の表じょう	表じょうゆたかに、え顔で話す。	☆☆☆☆
⑩身ぶり	言葉に合ったジェスチャーをする。	☆☆☆☆

二 自分が練習しようと思う発表のポイントを三つ決めて、練習しましょう。

＜自分で練習しようと思う発表のポイント＞

発表（スピーチ）の題「　　　　　　　　」

○
○
○

三 練習ができたら、友だちやお家の人、先生に聞いてもらいましょう。

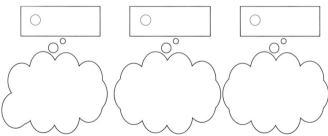

やってみよう！　話すときに気をつけることが分かりましたか。話すことのき本として、声がしっかり出せるように、口の体そうや発音練習などのボイストレーニングをするのもいいですね。

2 話し合いの方ほうを知っていますか？（話し合い）

〔話すこと・聞くこと，指導事項イ・オ〕　言語活動イ

話し合いの目的をしっかり意識することが大切です。それによって，話し合いのまとめ方も異なります。

考えをまとめる前に，出た意見を分類して整理しましょう。話し合いがそれたときは，修正することも大切です。

実際に話し合いをするときは，司会のマニュアルなどを用意しておくとよいでしょう。

話し合いの方ほうを知っていますか？

学習した日（　　）月（　　）日

三年　　組〔名前　　　　〕

★グループや学級で話し合いをすることがたくさんありますね。話し合いの方ほうは知っていますか？　方ほうを学んで、話し合いましょう。

一 話し合いの方ほうを学びましょう。

①どんな話し合いをするのか決めよう！

①話し合いのしゅるい

・きょうぎ…考えを一つにまとめる（バズセッション、会ぎ、など）

・とうろん…それぞれの考えを交流しながら、たくさんの考えを出す（シンポジウム、ディベートなど）

☆何についてお話するのか、決めましょう。

②話し合いの役わりを決めましょう！

②話し合いの役わり

・**し会**…話し合いを進めたり、まとめたりする

・**記ろく**…まとまった考えをメモしたり、整理したりする

・**ほうこく**…グループの考えを全体にほうこくする

・**時計係**…時間を知らせる　など

☆役わりを決めてから話し合いましょう。

③話し合っていくじゅんじょをたしかめよう！

③話し合いの流れ

はじめのあいさつ←目てきをたしかめる←考えをもとめる←考えを整理する←考えをまとめる

☆話がそれたら、しゅう正しましょう。

二 話し合いの方ほうが分かったかな？　□に書きこんでみましょう。

①話し合いには、どんなしゅるいがありましたか？　［きょうぎ と とうろん］

②話し合いの四つの役わりは、何でしたか？　［し会、記ろく ほうこく、時計係］

③話し合いの流れで次の□の中には、何が入りますか？

はじめのあいさつ←目てきをたしかめる←考えをもとめる←［考えを整理する］←考えをまとめる

これでバッチリ。実さいに話し合いをしてみましょう。

指導のねらいと説明

上手な話し合いができるようになることがねらいです。話し合いの種類，話し合いの役割分担，話し合いの流れなどの知識を学び，実際の話し合い活動で使えるようにします。

ワークシートの使い方

(1)　話し合いの種類や，話し合いの役割分担，話し合いの流れについて学びます。

(2)　二で話し合いの方法が分かったか確認します。分からなければ，もう一度上段を読み直します。

(3)　話し方について理解できたら，実際に話し合いをしてみましょう。

2

話し合いの方ほうを知っていますか？

学習した日（　）月（　）日

三年　組〔名前　　　　〕

★グループや学級で話し合いをすることがたくさんありますね。話し合いの方ほうは知っていますか？　方ほうを学んで、話し合いましょう。

一　話し合いの方ほうを学びましょう。

①どんな話し合いをするのか決めよう！

①話し合いのしゅるい

・きょうぎ…考えを一つにまとめる（バズセッション、会ぎ、など）

・とうろん…それぞれの考えを交流しながら、たくさんの考えを出す（シンポジウム、ディベートなど）

☆何についてお話するのか、決めましょう。

②話し合いの役わりを決めましょう！

②話し合いの役わり

・**し会**…話し合いを進めたり、まとめたりする

・**記ろく**…まとまった考えをメモしたり、整理したりする

・**ほうこく**…グループの考えを全体にほうこくする

・**時計係**…時間を知らせる　など

☆役わりを決めてから話し合いましょう。

③話し合っていくじゅんじょをたしかめよう！

③話し合いの流れ

はじめのあいさつ ← 目てきをたしかめる ← 考えをもとめる ← 考えを整理する ← 考えをまとめる

☆話がそれたら、しゅう正しましょう。

二　話し合いの方ほうが分かったかな？　□に書きこんでみましょう。

①話し合いには、どんなしゅるいがありましたか？

□

②話し合いの四つの役わりは、何でしたか？

□

③話し合いの流れで次の□の中には、何が入りますか？

はじめのあいさつ ← 目てきをたしかめる ← 考えをもとめる ← □ ← 考えをまとめる

これでバッチリ。実さいに話し合いをしてみましょう。

3 クイズ！はなまるインタビューはどちら？（取材）

〔話すこと・聞くこと，指導事項ア〕　言語活動ア

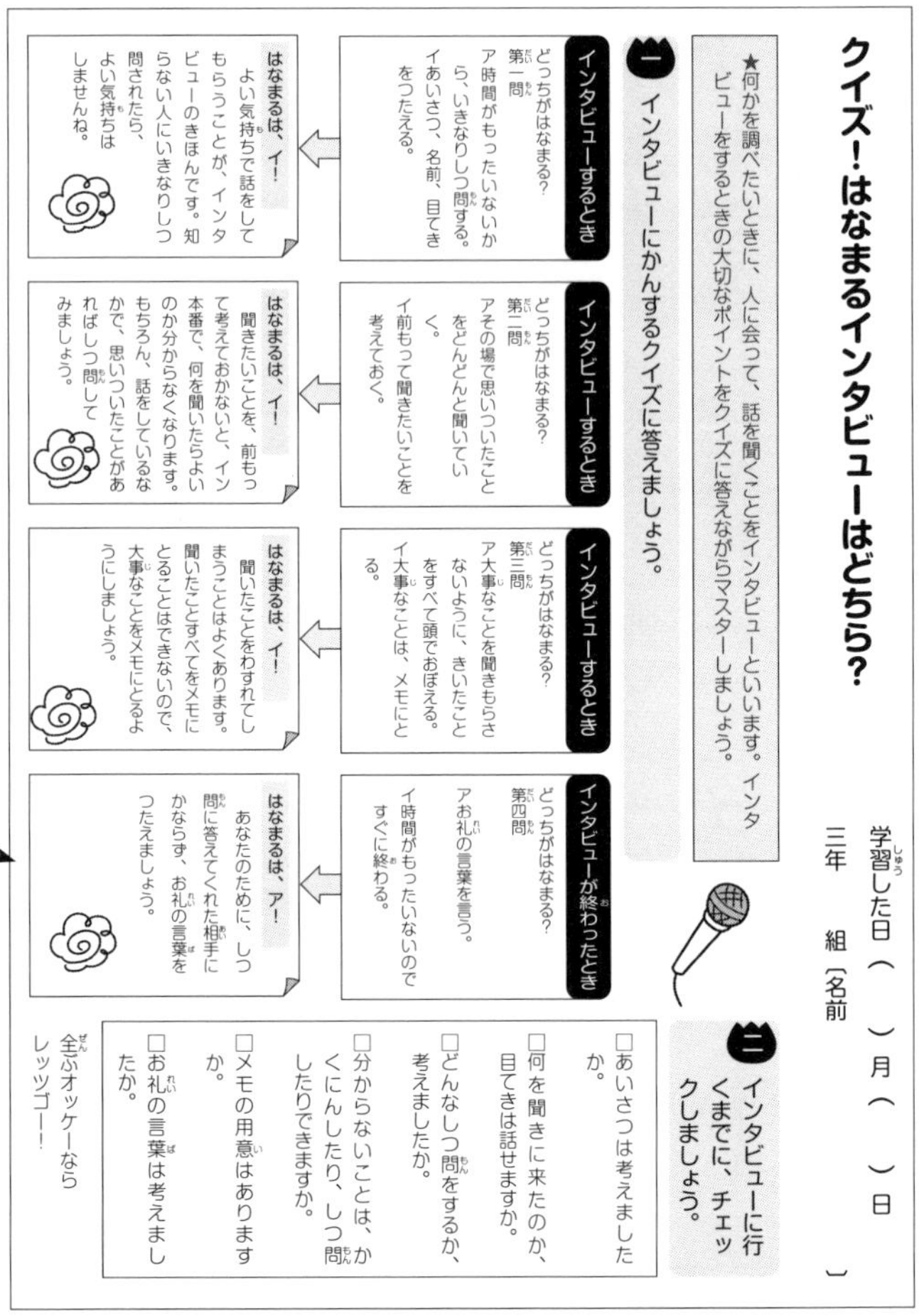

クイズ！はなまるインタビューはどちら？

学習した日（　）月（　）日

三年　組〔名前　　　〕

★何かを調べたいときに、人に会って、話を聞くことをインタビューといいます。インタビューをするときの大切なポイントをクイズに答えながらマスターしましょう。

一　インタビューにかんするクイズに答えましょう。

インタビューするとき
どっちがはなまる？
第一問
ア時間がもったいないから、いきなりしつ問する。
イあいさつ、名前、目てきをつたえる。

はなまるは、イ！
よい気持ちで話をしてもらうことが、インタビューのきほんです。知らない人にいきなりしつ問されたら、よい気持ちはしませんね。

インタビューするとき
どっちがはなまる？
第二問
アその場で思いついたことをどんどんと聞いていく。
イ前もって聞きたいことを考えておく。

はなまるは、イ！
聞きたいことを、前もって考えておかないと、インタビュー本番で、何を聞いたらよいのか分からなくなります。もちろん、話をしているなかで、思いついたことがあればしつ問してみましょう。

インタビューするとき
どっちがはなまる？
第三問
ア大事なことを聞きもらさないように、きいたことをすべて頭でおぼえる。
イ大事なことは、メモにとる。

はなまるは、イ！
聞いたことをわすれてしまうことはよくあります。聞いたことすべてをメモにとることはできないので、大事なことをメモにとるようにしましょう。

インタビューが終わったとき
どっちがはなまる？
第四問
アお礼の言葉を言う。
イ時間がもったいないのですぐに終わる。

はなまるは、ア！
あなたのために、しつ問に答えてくれた相手にかならず、お礼の言葉をつたえましょう。

二　インタビューに行くまでに、チェックしましょう。

□あいさつは考えましたか。
□何を聞きに来たのか、目てきは話せますか。
□どんなしつ問をするか、考えましたか。
□分からないことは、かくにんしたり、しつ問したりできますか。
□メモの用意はありますか。
□お礼の言葉は考えましたか。

全ぶオッケーならレッツゴー！

一部の児童だけにインタビューを経験させるのではなく，すべての児童がかかわることができるように指導の工夫が必要です。

指導のねらいと説明

初めてのインタビュー活動の前に，その方法を学ぶためのワークシートです。中学年では，話すこと・聞くことの指導事項アに関連して，必要なことを取材活動を通して調べ，その要点を整理することが求められています。取材方法については，本や文章を読むこと，人に聞くこと，図表や絵，写真などを見る方法から選択して行います。その中でも，人に聞くこと（インタビュー）は今後の学習でも活用される重要な取材活動と言えます。

ワークシートの使い方

(1)　今回のワークシートでは，初めてのインタビューについて学習する場面を想定しています。クイズに答えることによって，基本的なマナー，準備，手順について学習します。

(2)　学習したことを実際の取材活動に生かすため，チェックリストも作成しています。

3

クイズ！はなまるインタビューはどちら？

学習した日（　）月（　）日

三年　組［名前　　］

★何かを調べたいときに、人に会って、話を聞くことをインタビューといいます。インタビューをするときの大切なポイントをクイズに答えながらマスターしましょう。

一　インタビューにかんするクイズに答えましょう。

インタビューするとき

どっちがはなまる？
第一問
ア時間がもったいないから、いきなりしつ問する。
イあいさつ、名前、目てきをつたえる。

はなまるは、イ！
よい気持ちで話をしてもらうことが、インタビューのきほんです。知らない人にいきなりしつ問されたら、よい気持ちはしませんね。

インタビューするとき

どっちがはなまる？
第二問
アその場で思いついたことをどんどん聞いていく。
イ前もって聞きたいことを考えておく。

はなまるは、イ！
聞きたいことを、前もって考えておかないと、インタビュー本番で、何を聞いたらよいのか分からなくなります。もちろん、話をしているなかで、思いついたことがあればしつ問してみましょう。

インタビューするとき

どっちがはなまる？
第三問
ア大事なことを聞きもらさないように、きいたことをすべて頭でおぼえる。
イ大事なことは、メモにとる。

はなまるは、イ！
聞いたことをわすれてしまうことはよくあります。聞いたことすべてをメモにとることはできないので、大事なことをメモにとるようにしましょう。

インタビューが終わったとき

どっちがはなまる？
第四問
アお礼の言葉を言う。
イ時間がもったいないのですぐに終わる。

はなまるは、ア！
あなたのために、しつ問に答えてくれた相手にかならず、お礼の言葉をつたえましょう。

二　インタビューに行くまでに、チェックしましょう。

□あいさつは考えましたか。
□何を聞きに来たのか、目てきは話せますか。
□どんなしつ問をするか、考えましたか。
□分からないことは、かくにんしたり、しつ問したりできますか。
□メモの用意はありますか。
□お礼の言葉は考えましたか。

全ぶオッケーならレッツゴー！

4 道あん内にチャレンジ（案内）

〔話すこと・聞くこと，指導事項イ〕　言語活動ア

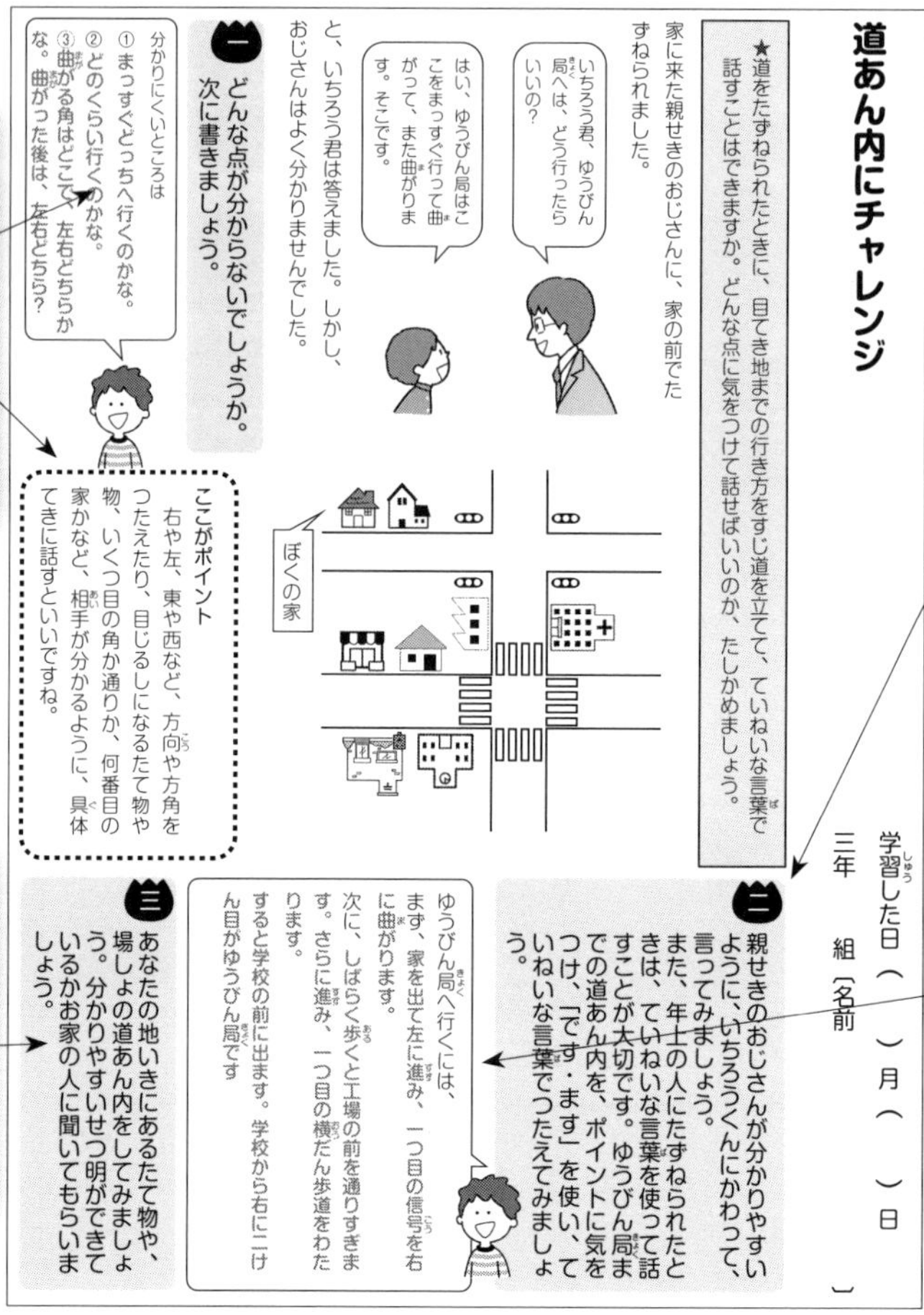

道あん内にチャレンジ

学習した日（　）月（　）日　三年　組〔名前　〕

★道をたずねられたときに、目てき地までの行き方をすじ道を立てて、ていねいな言葉で話すことはできますか。どんな点に気をつけて話せばいいのか、たしかめましょう。

家に来た親せきのおじさんに、家の前でたずねられました。

「いちろう君、ゆうびん局へは、どう行ったらいいの？」

「はい、ゆうびん局はここをまっすぐ行って曲がって、また曲がります。そこです。」

と、いちろう君は答えました。しかし、おじさんはよく分かりませんでした。

一 どんな点が分からないでしょうか。次に書きましょう。

分かりにくいところは
①まっすぐどっちへ行くのかな。
②どのくらい行くのかな。
③曲がる角はどこで，曲がった後は，左右どちらかな。曲がった後は、左右どちら？

ここがポイント
右や左、東や西など、方向や方角をつたえたり、目じるしになるたて物や物、いくつ目の角か通りか、何番目の家かなど、相手が分かるように、具体てきに話すといいですね。

ぼくの家

二 親せきのおじさんが分かりやすいように、いちろうくんにかわって、言ってみましょう。
また、年上の人にたずねられたときは、ていねいな言葉を使って話すことが大切です。ゆうびん局までの道あん内を、ポイントに気をつけ、「です・ます」を使い、ていねいな言葉でつたえてみましょう。

ゆうびん局へ行くには、まず、家を出て左に進み、一つ目の信号を右に曲がります。
次に、しばらく歩くと工場の前を通りすぎます。さらに進み、一つ目の横だん歩道をわたります。
すると学校の前に出ます。学校から右に二けん目がゆうびん局です

三 あなたの地いきにあるたて物や、場しょの道あん内をしてみましょう。分かりやすいせつ明ができているかお家の人に聞いてもらいましょう。

年上の人や初めて出会う人には，「です，ます」を用いて，ていねいな言葉を使う必要性を理解させましょう。

分かりやすく話すためには，相手の立場になり，案内に関する具体的な言葉を使い，手順をふんで伝えることが大切です。

道案内を書きにくい場合は，ポイントを参考にして，まとめるとよいでしょう。順序を示す言葉を使って説明できるようにしましょう。

目的地から家までの地図を作って道案内文を書き，家の人と実際に歩いて確かめることもよいでしょう。

指導のねらいと説明

目的地をたずねられてその道案内をするという，相手や目的が明確な場合のワークシートです。人に道をたずねられるという具体的な場面を設定して，ていねいな言葉遣いで，相手の立場に立ち，目的に応じて筋道を立てて話すことができる力を伸ばします。

ワークシートの使い方

⑴　いちろう君の案内例では伝わらないことから，分かりにくい点を具体的に挙げます。

⑵　ポイントに注目し，方角や目印などを入れ，丁寧な言葉を用いて説明することを確認します。

⑶　道案内の文章を分かりやすく書きます。さらに，他の道案内へと広げます。

4

道あん内にチャレンジ

学習(しゅう)した日（　　）月（　　）日

三年　　組〔名前　　　　　　〕

★道をたずねられたときに、目てき地までの行き方をすじ道を立てて、ていねいな言葉(ば)で話すことはできますか。どんな点に気をつけて話せばいいのか、たしかめましょう。

家に来た親せきのおじさんに、家の前でたずねられました。

「いちろう君、ゆうびん局(きょく)へは、どう行ったらいいの?」

「はい、ゆうびん局はここをまっすぐ行って曲(ま)がって、また曲(ま)がります。そこです。」

と、いちろう君は答えました。しかし、おじさんはよく分かりませんでした。

一　どんな点が分からないでしょうか。次に書きましょう。

分かりにくいところは

①

②

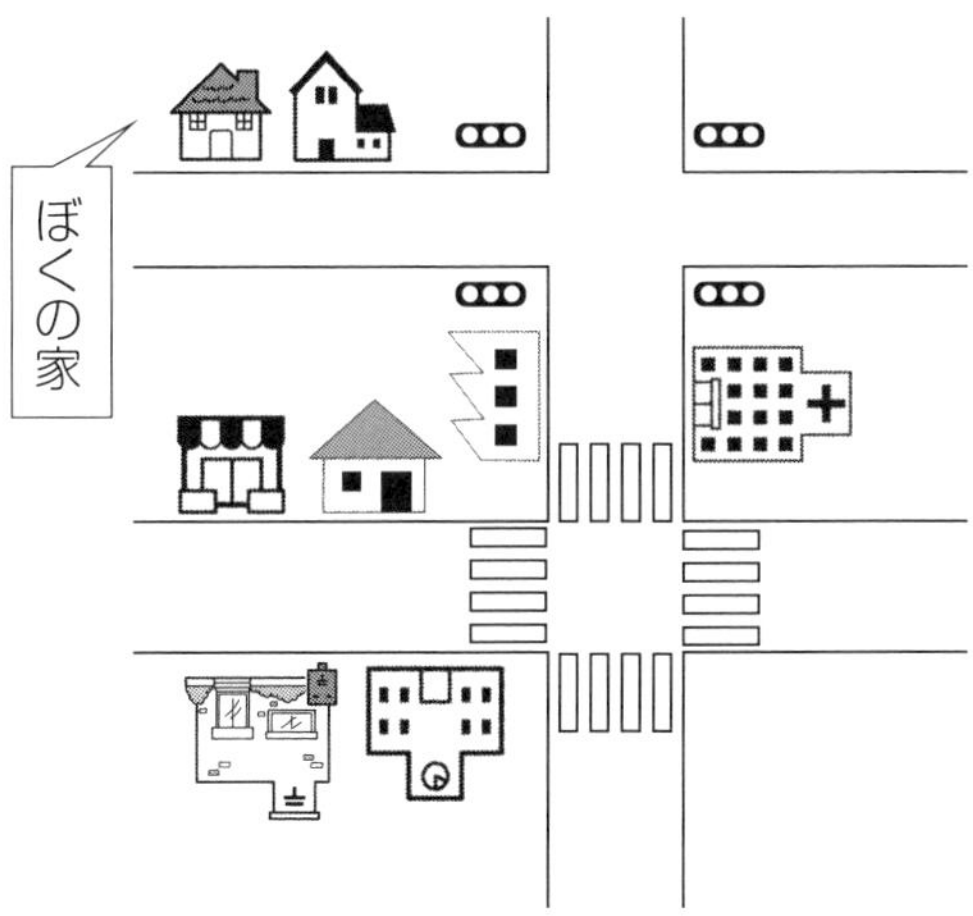

ここがポイント

右や左、東や西など、方向(こう)や方角をつたえたり、目じるしになるたて物や物、いくつ目の角か通りか、何番目の家かなど、相手(あい)が分かるように、具(ぐ)体てきに話すといいですね。

二　親せきのおじさんが分かりやすいように、いちろうくんにかわって、言ってみましょう。また、年上の人にたずねられたときは、ていねいな言葉(ば)を使って話すことが大切です。ゆうびん局(きょく)までの道あん内を、ポイントに気をつけ、「です・ます」を使い、ていねいな言葉(ば)でつたえてみましょう。

ゆうびん局(きょく)へ行くには、

まず、

次に、

三　あなたの地いきにあるたて物や、場しょの道あん内をしてみましょう。分かりやすいせつ明ができているかお家の人に聞いてもらいましょう。

5 手紙ってかんたん（手紙）

〔書くこと，指導事項イ〕　言語活動エ

宛先が個人のときは，「様」，会社や団体のときは，「御中」と書きます。

行頭に書くのか，行の最後に書くかに気を付けて書きます。

招待状・案内状には
・日時　・場所
・内容　など
依頼状には
・自己紹介
・目的　・内容
・都合のよい日をたずねる　など
を書きます。

相手を敬う言葉や，ていねいな言葉で書きます。
例）うかがう
おじゃまする
いらっしゃる
〜くださる
〜していただく

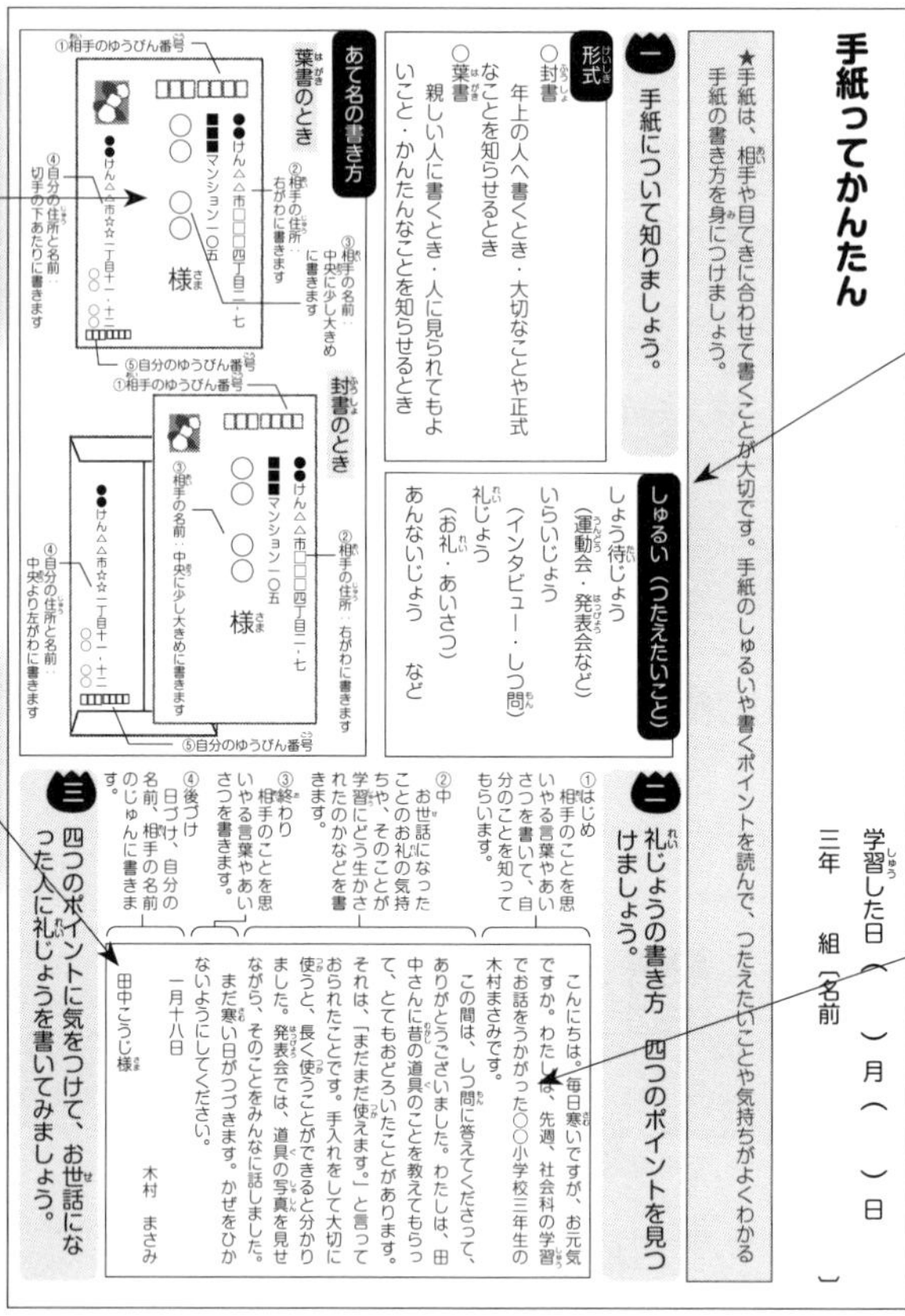
手紙ってかんたん

学習した日（　）月（　）日
三年　組〔名前　〕

★手紙は、相手や目てきに合わせて書くことが大切です。手紙のしゅるいや書くポイントを読んで、つたえたいことや気持ちがよくわかる手紙の書き方を身につけましょう。

一　手紙について知りましょう。

形式
○封書
　年上の人へ書くとき・大切なことや正式なことを知らせるとき
○葉書
　親しい人に書くとき・人に見られてもよいこと・かんたんなことを知らせるとき

しゅるい（つたえたいこと）
しょう待じょう
（運動会・発表会など）
いらいじょう
（インタビュー・しつ問）
礼じょう
（お礼・あいさつ）
あんないじょう　など

あて名の書き方

二　礼じょうの書き方　四つのポイントを見つけましょう。

①はじめ
　相手のことを思いやる言葉やあいさつを書いて、自分のことを知ってもらいます。
②中
　お世話になったことのお礼の気持ちや、そのことが学習にどう生かされたのかなどを書きます。
③終わり
　相手のことを思いやる言葉やあいさつを書きます。
④後づけ
　日づけ、自分の名前、相手の名前のじゅんに書きます。

　こんにちは。毎日寒いですが、お元気ですか。わたしは、先週、社会科の学習でお話をうかがった○○小学校三年生の木村まさみです。
　この間は、しつ問に答えてくださって、ありがとうございました。わたしは、田中さんに昔の道具のことを教えてもらって、とてもおどろいたことがあります。それは、「まだまだ使えます。」と言っておられたことです。手入れをして大切に使うと、長く使うことができると分かりました。発表会では、道具の写真を見せながら、そのことをみんなに話しました。
　まだ寒い日がつづきます。かぜをひかないようにしてください。
一月十八日
　　木村　まさみ
田中こうじ様

三　四つのポイントに気をつけて、お世話になった人に礼じょうを書いてみましょう。

指導のねらいと説明

手紙にはいろいろな種類があり，相手や目的に合わせて書くことがらや使う言葉が変わります。伝えたいことを明確にし，相手に失礼のないように書くためには，形式に準じることが大切です。ここでは，礼状の書き方を取り上げています。内容を「あいさつ」「お礼の気持ち，どのように役立ったか」「おわりのあいさつ」の３つに分けて書くこと，「後付け」を書くことが分かるように例文を示しています。総合的な学習の時間や社会科の学習で，取材やインタビューでお世話になった人に宛てて書く場合などにも活用できます。

ワークシートの使い方

(1)　相手や伝えたい内容によって，封書と葉書，手紙の種類が異なることを学びます。

(2)　礼状の書き方を知り，実際に書く意欲を高めます。例文を読むときに，自分が礼状を書くときに使えそうな語句を探して線を引いたり，後付けの一字下げのところに印をしたりして読むと，大切なところが意識しやすくなります。

手紙ってかんたん

学習した日（　　）月（　　）日
三年　　組〔名前　　　　〕

★手紙は、相手や目てきに合わせて書くことが大切です。手紙のしゅるいや書くポイントを読んで、つたえたいことや気持ちがよくわかる手紙の書き方を身につけましょう。

一　手紙について知りましょう。

形式

○封書
　年上の人へ書くとき・大切なことや正式なことを知らせるとき

○葉書
　親しい人に書くとき・人に見られてもよいこと・かんたんなことを知らせるとき

しゅるい（つたえたいこと）

しょう待じょう
（運動会・発表会など）
いらいじょう
（インタビュー・しつ問）
礼じょう
（お礼・あいさつ）
あんないじょう　など

あて名の書き方

葉書のとき

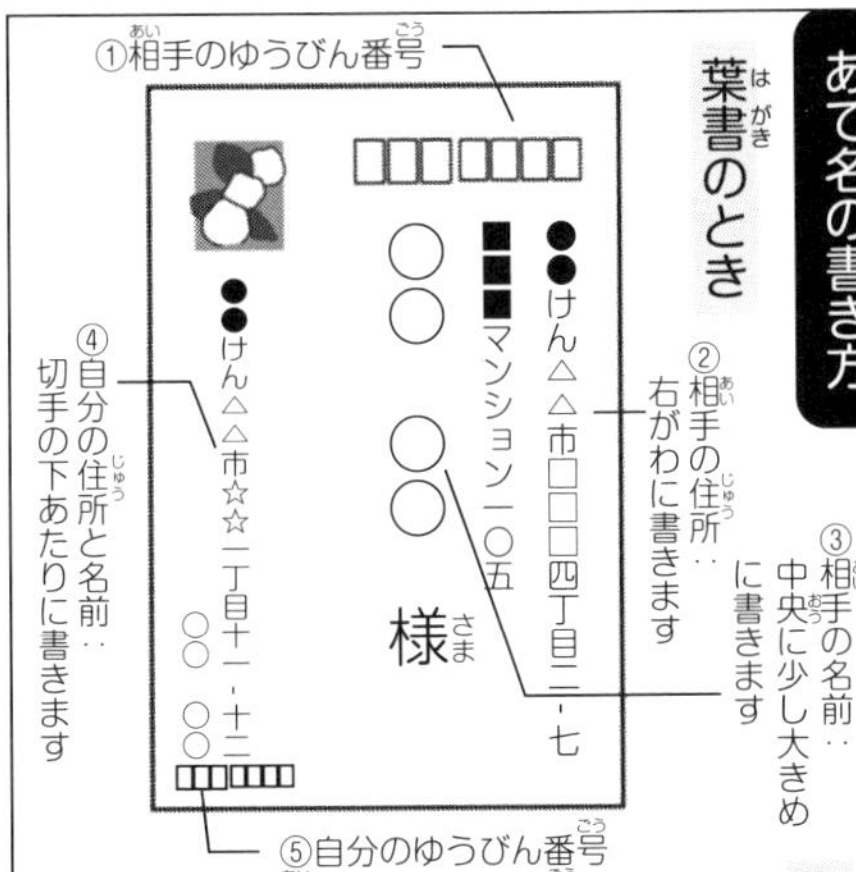

封書のとき

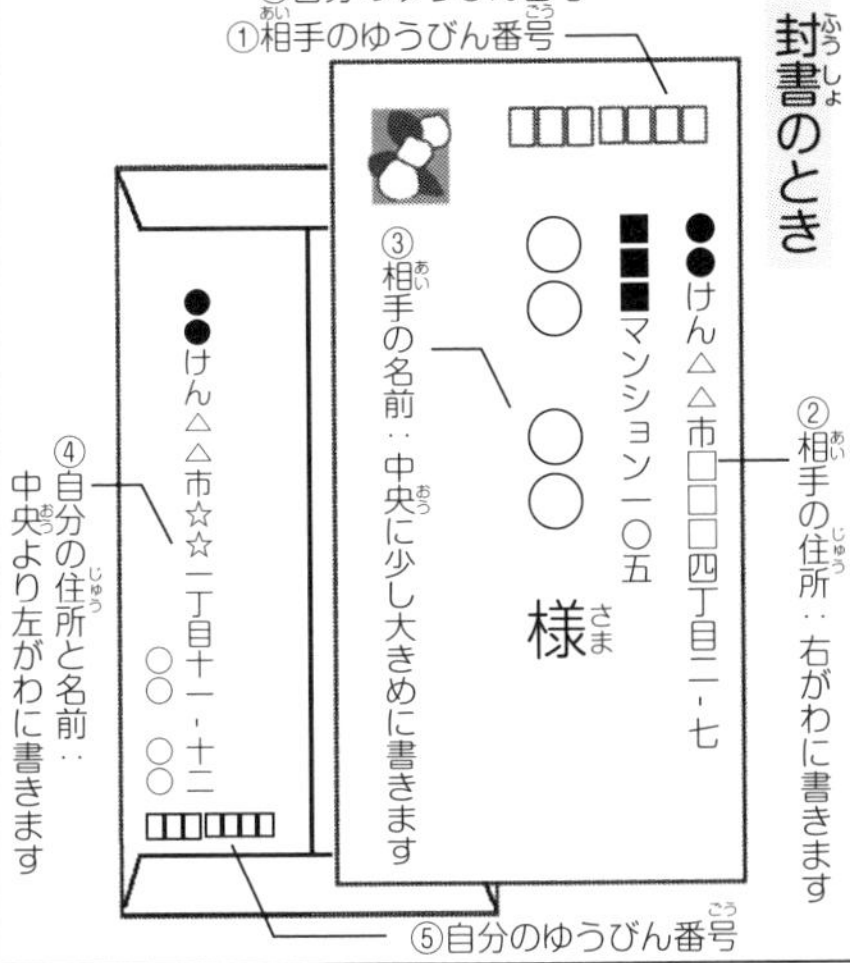

二　礼じょうの書き方　四つのポイントを見つけましょう。

①はじめ
相手のことを思いやる言葉やあいさつを書いて、自分のことを知ってもらいます。

②中
お世話になったことのお礼の気持ちや、そのことが学習にどう生かされたのかなどを書きます。

③終わり
相手のことを思いやる言葉やあいさつを書きます。

④後づけ
日づけ、自分の名前、相手の名前のじゅんに書きます。

こんにちは。毎日寒いですが、お元気ですか。わたしは、先週、社会科の学習でお話をうかがった○○小学校三年生の木村まさみです。
　この間は、しつ問に答えてくださって、ありがとうございました。わたしは、田中さんに昔の道具のことを教えてもらって、とてもおどろいたことがあります。それは、「まだまだ使えます。」と言っておられたことです。手入れをして大切に使うと、長く使うことができると分かりました。発表会では、道具の写真を見せながら、そのことをみんなに話しました。
　まだ寒い日がつづきます。かぜをひかないようにしてください。

一月十八日
木村　まさみ
田中こうじ様

三　四つのポイントに気をつけて、お世話になった人に礼じょうを書いてみましょう。

6 調べたことを考さつしてみよう（調査報告）

〔書くこと，指導事項ア・ウ〕 言語活動イ

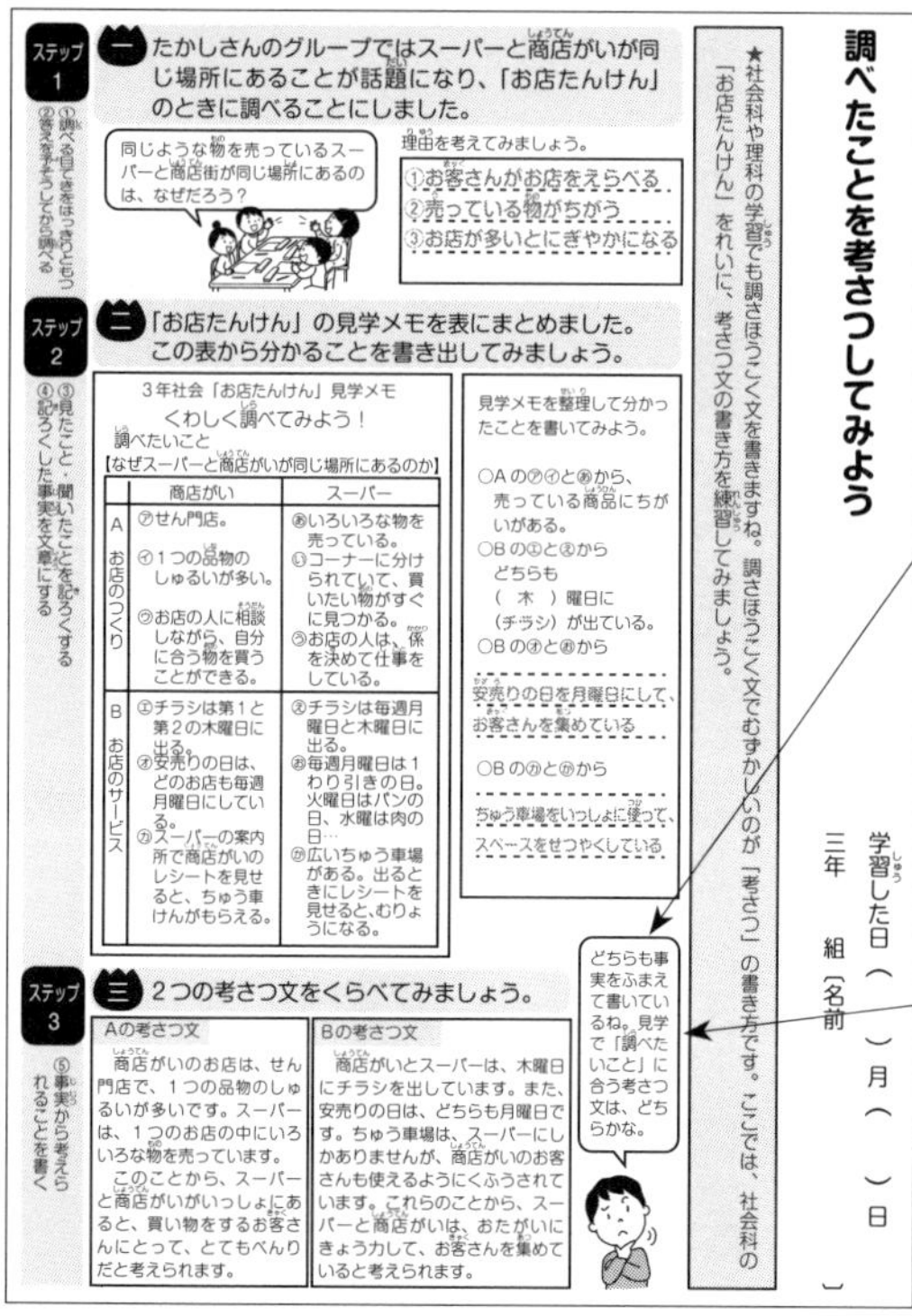

調べたことを考さつしてみよう

学習した日（　）月（　）日　三年　組〔名前　〕

★社会科や理科の学習でも調さほうこく文を書きますね。調さほうこく文でむずかしいのが「考さつ」の書き方です。ここでは、社会科の「お店たんけん」をれいに、考さつ文の書き方を練習してみましょう。

ステップ1　①調べる目てきをはっきりともつ　②答えを予そうしてから調べる

一　たかしさんのグループではスーパーと商店がいが同じ場所にあることが話題になり、「お店たんけん」のときに調べることにしました。

同じような物を売っているスーパーと商店街が同じ場所にあるのは、なぜだろう？

理由を考えてみましょう。

①お客さんがお店をえらべる
②売っている物がちがう
③お店が多いとにぎやかになる

ステップ2　③見たこと・聞いたことを記ろくする　④記ろくした事実を文章にする

二　「お店たんけん」の見学メモを表にまとめました。この表から分かることを書き出してみましょう。

3年社会「お店たんけん」見学メモ
くわしく調べてみよう！
調べたこと
【なぜスーパーと商店がいが同じ場所にあるのか】

	商店がい	スーパー
A お店のつくり	㋐せん門店。 ㋑1つの品物のしゅるいが多い。 ㋒お店の人に相談しながら、自分に合う物を買うことができる。	(あ)いろいろな物を売っている。 (い)コーナーに分けられていて、買いたい物がすぐに見つかる。 (う)お店の人は、係を決めて仕事をしている。
B お店のサービス	㋓チラシは第1と第2の木曜日に出る。 ㋔安売りの日は、どのお店も毎週月曜日にしている。 ㋕スーパーの案内所で商店がいのレシートを見せると、ちゅう車けんがもらえる。	(え)チラシは毎週月曜日と木曜日に出る。 (お)毎週月曜日は1わり引きの日。火曜日はパンの日、水曜は肉の日… (か)広いちゅう車場がある。出るときにレシートを見せると、むりょうになる。

見学メモを整理して分かったことを書いてみよう。

○Aの㋐㋑と(あ)から、売っている商品にちがいがある。
○Bの㋓と(え)から　どちらも（　木　）曜日に（チラシ）が出ている。
○Bの㋔と(お)から
安売りの日を月曜日にして、お客さんを集めている
○Bの㋕と(か)から
ちゅう車場をいっしょに使って、スペースをせつやくしている

ステップ3　⑤事実から考えられることを書く

三　2つの考さつ文をくらべてみましょう。

Aの考さつ文	Bの考さつ文
商店がいのお店は、せん門店で、1つの品物のしゅるいが多いです。スーパーは、1つのお店の中にいろいろな物を売っています。 このことから、スーパーと商店がいがいっしょにあると、買い物をするお客さんにとって、とてもべんりだと考えられます。	商店がいとスーパーは、木曜日にチラシを出しています。また、安売りの日は、どちらも月曜日です。ちゅう車場は、スーパーにしかありませんが、商店がいのお客さんも使えるようにくふうされています。これらのことから、スーパーと商店がいは、おたがいにきょう力して、お客さんを集めていると考えられます。

どちらも事実をふまえて書いているね。見学で「調べたいこと」に合う考さつ文は、どちらかな。

「～だと思う」「～と考える」「～といえる」「～すべきである」「～かもしれない」など考察を書くときに必要な書き方や言葉があります。国語の説明文や理科の実験・観察の考察から見つけ出し，整理しておきましょう。

AもBもスーパーと商店街を比べて考察しています。Aは相違点に，Bは共通点に着目しました。しかし，「調べたいこと」や見学前に考えた「理由」に照らして考えると，Bの考察文がよいと言えます。

指導のねらいと説明

調査報告文の考察を書くためのワークシートです。指導事項アの「書く上で必要なことがらを調べること」とウの「理由や事例を挙げて書くこと」がねらいです。調査の目的や方法，調査の結果と，そこから考えたことを明確に書くことを指導します。子どもたちが集めた情報から自分の考えを書くことができるように，結果としての事実とそこから考えたことを区別できるように指導します。

ワークシートの使い方

(1) 「お店たんけん」の計画段階で，日頃の疑問から「調べたいこと」（学習課題）を決定します。これによって，調査（観察）の視点が明確になります。考察するときに，自分の予想と照らして考えることが必要になります。前もって予想を立てておきましょう。

(2) 「見学メモ」を整理し，調査の目的に照らして必要な事実を文章化します。調査結果を再構成することになり，事実と事実を構造化して考えることができます。

(3) 文章化された事実をもとに「原因と結果」「理由と結果」の関係を解釈し，自分の考えを書きます。事前に「考察に使う言葉」を整理しておくとスムーズに学習できます。

6

調べたことを考さつしてみよう

学習した日（　）月（　）日

三年　組〔名前　〕

★社会科や理科の学習でも調さほうこく文を書きますね。調さほうこく文でむずかしいのが「考さつ」の書き方です。ここでは、社会科の「お店たんけん」をれいに、考さつ文の書き方を練習してみましょう。

ステップ1

①調べる目てきをはっきりともつ
②答えを予そうしてから調べる

一 たかしさんのグループではスーパーと商店がいが同じ場所にあることが話題になり、「お店たんけん」のときに調べることにしました。

同じような物を売っているスーパーと商店街が同じ場所にあるのは、なぜだろう？

理由を考えてみましょう。

……………………………………
……………………………………
……………………………………

ステップ2

③見たこと・聞いたことを記ろくする
④記ろくした事実を文章にする

二 「お店たんけん」の見学メモを表にまとめました。この表から分かることを書き出してみましょう。

3年社会「お店たんけん」見学メモ
くわしく調べてみよう！
調べたいこと
【なぜスーパーと商店がいが同じ場所にあるのか】

	商店がい	スーパー
A お店のつくり	㋐せん門店。 ㋑１つの品物のしゅるいが多い。 ㋒お店の人に相談しながら、自分に合う物を買うことができる。	㋐いろいろな物を売っている。 ㋑コーナーに分けられていて、買いたい物がすぐに見つかる。 ㋒お店の人は、係を決めて仕事をしている。
B お店のサービス	㋓チラシは第１と第２の木曜日に出る。 ㋔安売りの日は、どのお店も毎週月曜日にしている。 ㋕スーパーの案内所で商店がいのレシートを見せると、ちゅう車けんがもらえる。	㋓チラシは毎週月曜日と木曜日に出る。 ㋔毎週月曜日は１わり引きの日。火曜日はパンの日、水曜は肉の日… ㋕広いちゅう車場がある。出るときにレシートを見せると、むりょうになる。

見学メモを整理して分かったことを書いてみよう。

○Aの㋐㋑と㋐から、
売っている商品にちがいがある。

○Bの㋓と㋓から
どちらも
（　　）曜日に
（　　）が出ている。

○Bの㋔と㋔から
……………………………………
……………………………………
……………………………………

○Bの㋕と㋕から
……………………………………
……………………………………
……………………………………

ステップ3

⑤事実から考えられることを書く

三 ２つの考さつ文をくらべてみましょう。

Aの考さつ文

商店がいのお店は、せん門店で、１つの品物のしゅるいが多いです。スーパーは、１つのお店の中にいろいろな物を売っています。

このことから、スーパーと商店がいがいっしょにあると、買い物をするお客さんにとって、とてもべんりだと考えられます。

Bの考さつ文

商店がいとスーパーは、木曜日にチラシを出しています。また、安売りの日は、どちらも月曜日です。ちゅう車場は、スーパーにしかありませんが、商店がいのお客さんも使えるようにくふうされています。これらのことから、スーパーと商店がいは、おたがいにきょう力して、お客さんを集めていると考えられます。

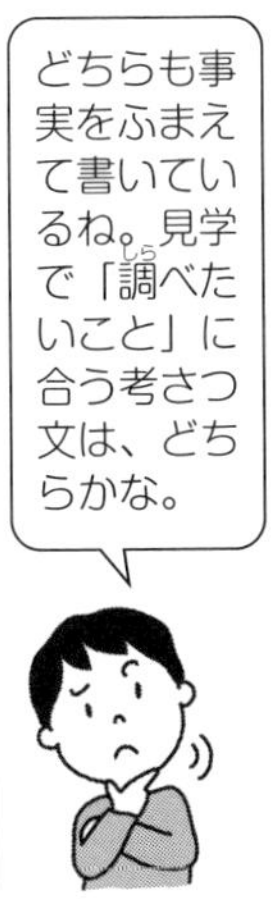
どちらも事実をふまえて書いているね。見学で「調べたいこと」に合う考さつ文は、どちらかな。

7 わたしの「ほっかほか」を詩であらわそう（詩）

〔書くこと，指導事項ア〕 言語活動ア

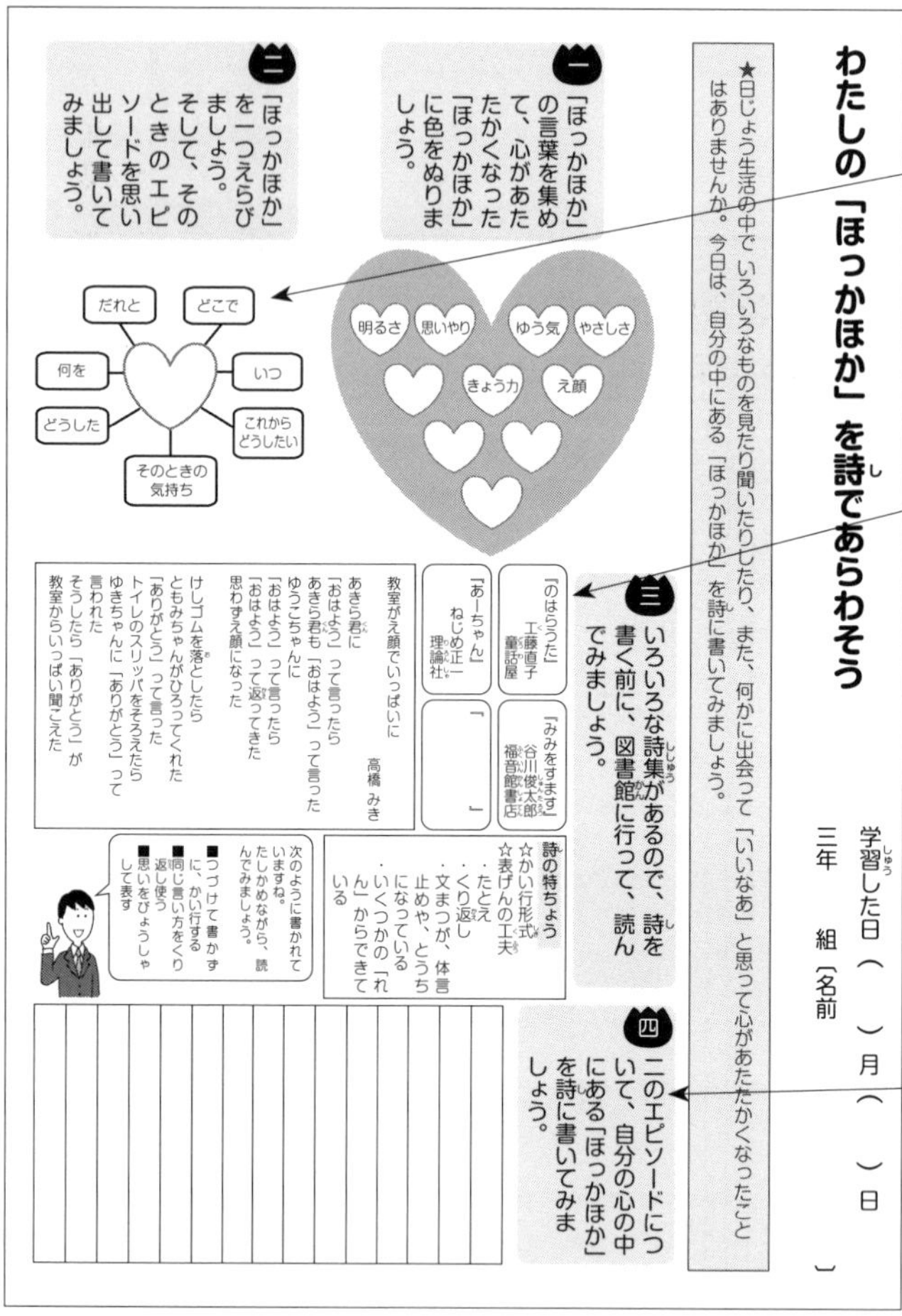

わたしの「ほっかほか」を詩であらわそう

学習した日（　）月（　）日

三年　組〔名前　　〕

★日じょう生活の中でいろいろなものを見たり聞いたりしたり、また、何かに出会って「いいなあ」と思って心があたたかくなったことはありませんか。今日は、自分の中にある「ほっかほか」を詩に書いてみましょう。

一 「ほっかほか」の言葉を集めて、心があたたかくなった「ほっかほか」に色をぬりましょう。

二 「ほっかほか」を一つえらびましょう。そして、そのときのエピソードを思い出して書いてみましょう。

三 いろいろな詩集があるので、詩を書く前に、図書館に行って、読んでみましょう。

『のはらうた』工藤直子 童話屋

『みみをすます』谷川俊太郎 福音館書店

『あーちゃん』ねじめ正一 理論社

『　　』

教室がえ顔でいっぱいに　高橋 みき

あきら君に
「おはよう」って言ったら
あきら君も「おはよう」って言った
ゆうこちゃんに
「おはよう」って言ったら
「おはよう」って返ってきた
思わずえ顔になった

けしゴムを落としたら
ともみちゃんがひろってくれた
「ありがとう」って言った
トイレのスリッパをそろえたら
ゆきちゃんに「ありがとう」って
言われた
そうしたら「ありがとう」が
教室からいっぱい聞こえた

詩の特ちょう
☆かい行形式
☆表げんの工夫
・たとえ
・くり返し
・文まつが、体言止めや、とうちになっている
・いくつかの「れん」からできている

次のように書かれていますね。たしかめながら、読んでみましょう。
■つづけて書かずに、かい行する
■同じ言い方をくり返し使う
■思いをぴょうしゃして表す

四 二のエピソードについて、自分の心の中にある「ほっかほか」を詩に書いてみましょう。

イメージマップを使いながら心が温かくなったときのことを思い出せるようにします。

図書館に行って詩の本を検索し，たくさん読む中で詩の特徴をとらえるようにします。

自分の思いや考えを凝縮した形で表現したり，さまざまな表現の工夫を使って思いが表されていたりすることを味わった上で，詩を書くときに活用できるようにします。

指導のねらいと説明

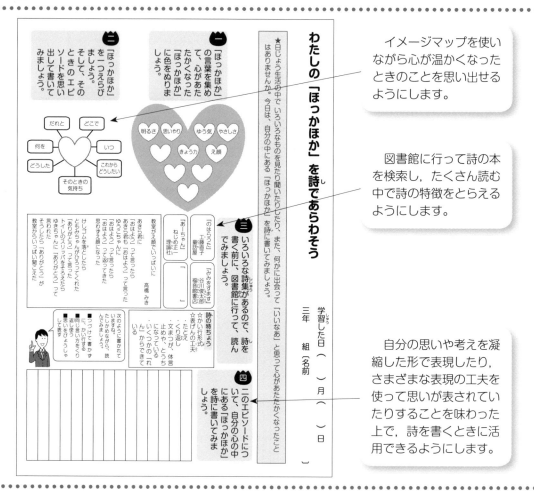

日常生活の中で見たり聞いたり，また発見したりしたことをもとにし，今後自分はどのようにしていきたいか，なりたいかということを詩に表すことをねらいとします。いろいろな詩を読むことを通して，詩の特徴をとらえ，児童の思いを大切にして，創造的な表現をすることの楽しさを実感させます。

ワークシートの使い方

(1) 日常生活を振り返り，心が温かくなった「ほっかほか」を見つけます。

(2) その中からとっておきの「ほっかほか」を選び，イメージマップを使って，そのときのエピソードを整理します。

(3) 詩の特徴を生かしながら，気持ちを表す言葉を用いて詩を書きます。

わたしの「ほっかほか」を詩であらわそう

学習した日（　　）月（　　）日
三年　　組〔名前　　　　　　　　〕

★日じょう生活の中でいろいろなものを見たり聞いたりしたり、また、何かに出会って「いいなあ」と思って心があたたかくなったことはありませんか。今日は、自分の中にある「ほっかほか」を詩に書いてみましょう。

一　「ほっかほか」の言葉を集めて、心があたたかくなった「ほっかほか」に色をぬりましょう。

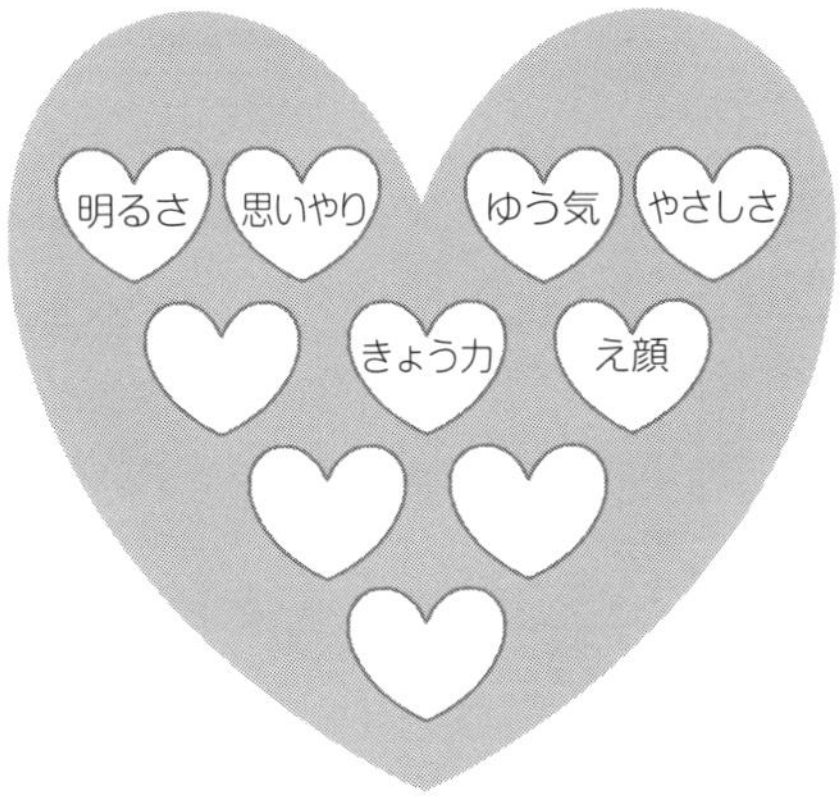

二　「ほっかほか」を一つえらびましょう。そして、そのときのエピソードを思い出して書いてみましょう。

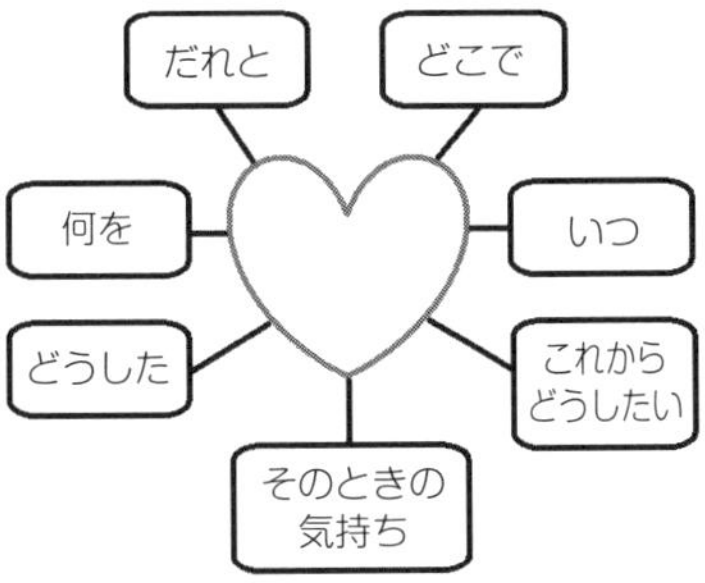

三　いろいろな詩集があるので、図書館に行って、詩を書く前に、読んでみましょう。

『のはらうた』工藤直子　童話屋

『みみをすます』谷川俊太郎　福音館書店

『あーちゃん』ねじめ正一　理論社

『　　　　』

教室がえ顔でいっぱいに　　高橋　みき

あきら君に
「おはよう」って言ったら
あきら君も「おはよう」って言った
ゆうこちゃんに
「おはよう」って言ったら
「おはよう」って返ってきた
思わずえ顔になった

けしゴムを落としたら
ともみちゃんがひろってくれた
「ありがとう」って言った
トイレのスリッパをそろえたら
ゆきちゃんに「ありがとう」って
言われた
そうしたら「ありがとう」が
教室からいっぱい聞こえた

詩の特ちょう

☆かい行形式
☆表げんの工夫
・たとえ
・くり返し
・文まつが、体言止めや、とうちになっている
・いくつかの「れん」からできている

次のように書かれていますね。たしかめながら、読んでみましょう。
■つづけて書かずに、かい行する
■同じ言い方をくり返し使う
■思いをひょうしゃして表す

四　二のエピソードについて、自分の心の中にある「ほっかほか」を詩に書いてみましょう。

8 リーフレットを使ってせつ明しよう（説明）

〔書くこと，指導事項ア〕　言語活動ウ

【リーフレットを作ろう】

①説明する目的・読み手を決める。

②用紙の折り方・大きさ・形を決める。

③どんな資料(情報)が必要か考え，取材をする。
- 本など
- 実際に行ってみる。
- インタビュー
- インターネット
- アンケート　など

☆情報の例を参考にする。

④集めた資料を活用して，リーフレットを作る。
主な作り方を参考にする。 ステップ①～④を見る。
☆ポイント１・２を参考にして読みやすいリーフレットを作る。

指導のねらいと説明

目的に応じて資料を集め，それらを活用して物事を説明する文章を書く力を養います。リーフレットとはどういうものかを理解させるためのワークシートです。図や表，写真や絵など集めた資料を効果的に活用し，説明するためのキャプションなど短い文章の中に伝えたいことを書く学習をします。リーフレットは，見て分かりやすいようにレイアウトを工夫することも大切です。

ワークシートの使い方

(1)「リーフレットとは,」で，リーフレットについて概要を理解します。

(2)「やってみよう」で学校図書館のリーフレットを作るという設定でレイアウトを計画します。その際にポイント１と２が大切です。また，情報の例を参考に自分の学校の図書館を思い出して考えます。

(3) 実際に必要な情報を集め，主な作り方に沿ってリーフレットを作ってみるとよいでしょう。

リーフレットを使ってせつ明しよう

学習した日（　　）月（　　）日

三年　　組〔名前　　　　　　　　〕

★文章に合わせて写真や絵、グラフや表などを使ってせつ明するものにはいろいろあります。その中の一つとして今回は、リーフレットを作ってみましょう。

学校図書館のよいところをしょうかいしましょう。

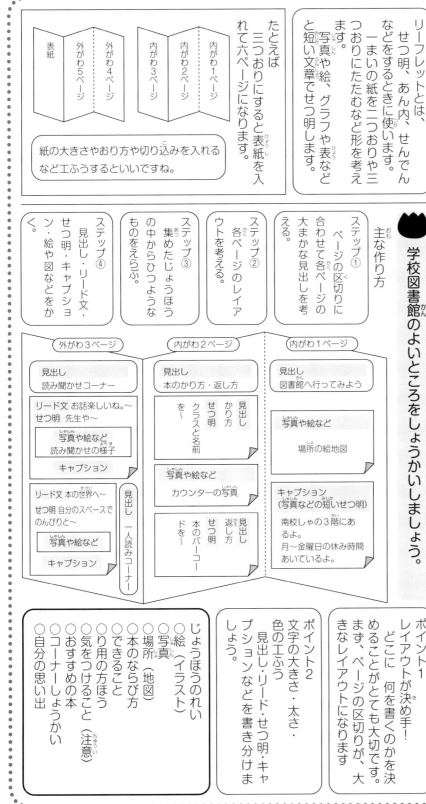

リーフレットとは、せつ明、あん内、せんでんなどをするときに使います。
一まいの紙を二つおりや三つおりにたたむなど形を考えます。
写真や絵、グラフや表などと短い文章でせつ明します。

たとえば
三つおりにすると表紙を入れて六ページになります。

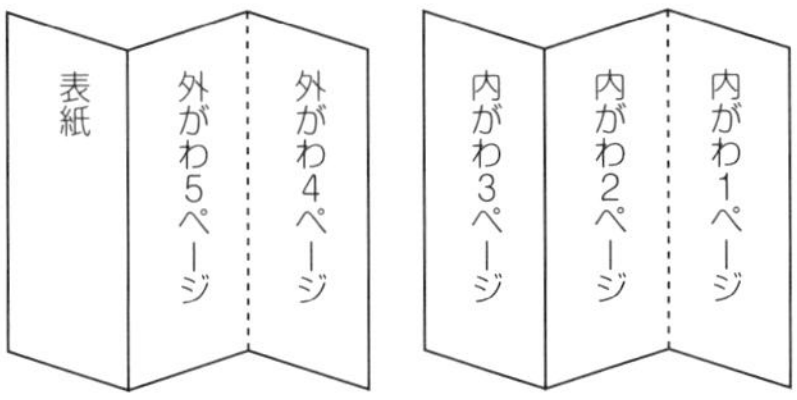

紙の大きさやおり方や切り込みを入れるなど工ふうするといいですね。

主な作り方

ステップ①
ページの区切りに合わせて各ページの大まかな見出しを考える。

ステップ②
各ページのレイアウトを考える。

ステップ③
集めたじょうほうの中からひつようなものをえらぶ。

ステップ④
見出し・リード文・せつ明・キャプション・絵や図などをかく。

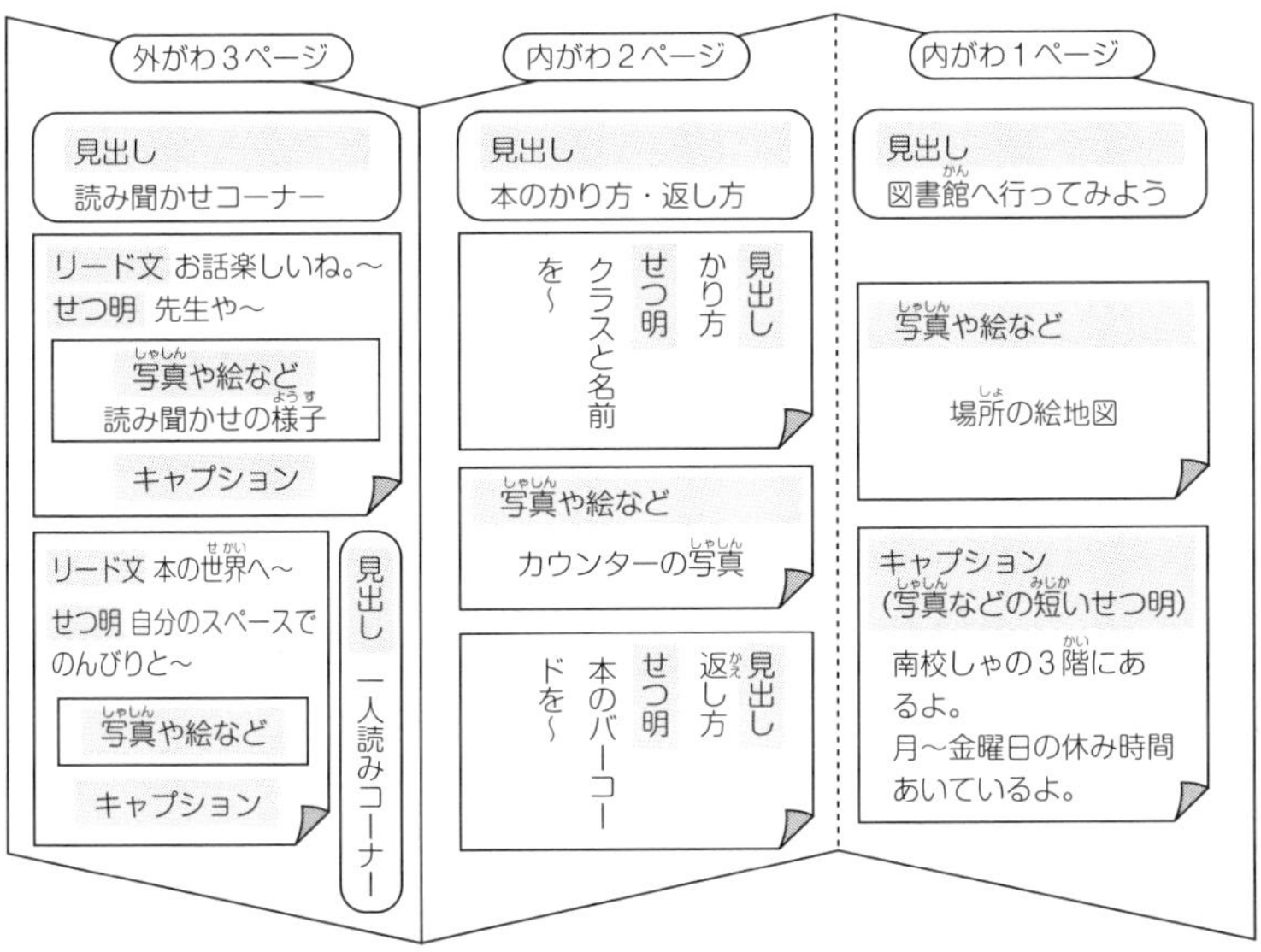

ポイント1
レイアウトが決め手！
どこに　何を書くのかを決めることがとても大切です。
まず、ページの区切りが、大きなレイアウトになります

ポイント2
文字の大きさ・太さ・色の工ふう
見出し・リード・せつ明・キャプションなどを書き分けましょう。

じょうほうのれい
- ○絵（イラスト）
- ○写真
- ○場所（地図）
- ○本のならび方
- ○できること
- ○り用の方ほう
- ○気をつけること（注意）
- ○おすすめの本
- ○コーナーしょうかい
- ○自分の思い出

9 見学するときのメモのとり方を知っているかな（メモ）

〔書くこと，指導事項ア〕 言語活動イ

見学するときのメモのとり方を知っているかな

学習した日（　）月（　）日

三年　組〔名前　〕

★調べたいことを決め、何を調べるかメモしてから見学に行く場合と、見学に行って見たことや聞いたことをその場でメモする場合の、二通りのメモの仕方をしょうかいします。

一 「調べたいことを決めてあるメモ」のポイントをかくにんしましょう。

あきら君は、「昔のくらしの中で使われていた道具」を調べるために、し料館に見学に行きました。調べたいことにあわせてメモできるように、メモのじゅんびをしてから見学に行きました。

調べたいこと	メ　モ
1　見学の日時・場所・せつ明してくださる方	
□調べた日時	１１月１６日
□調べた場所	し料館
□せつ明してくださった方	田中さん
2　せつ明を聞いて分かったこと	
□道具の名前	せんたく板
□使い方	たらいにたてかけて使う。 石けんをつけ、板の上でこする。
□いつごろ使われていたか	おばあちゃんが子どものころ
3　発見したこと・体験したこと・感じたこと	
□発見したこと	○板にギザギザのみぞがある。 ○そのみぞがカーブしていた。
□せんたく板を使った感想	○みぞの上でせんたく物をこすると、思っていたよりもずっとよごれがおちていました。

ポイント1　見学の日時や場所、だれに聞いたかは、基本の情報です。
ポイント2　「使い方」や「使われていたとき」を知りたいなど、知りたいことを、こう目に書いておきます。
ポイント3　見学のとき、見学の場で見たこと感じたことは、とくにくわしくメモできるといいですね。

二 「その場でこう目をえらぶメモ」の仕方をかくにんしましょう。

ゆみこさんも「昔のくらし」を調べるために、し料館に見学に行きました。し料館に行って見たことや聞いたことに合わせてこう目をえらび、メモしようと考えています。

調べたこと	見たこと・聞いたことのメモ

ポイント
見たことや聞いたことに合わせて、下からこう目をえらんで書きましょう。

「調べたこと」に次のようなこう目を書きながら、メモしましょう。

○見学に行った日　○道具、物の名前　○見て分かったこと
○見学した場所　○道具、物の歴史　○聞いて分かったこと
○せつ明してくださる人　○道具、物の使い方　○感じたこと

見学に行くとき，見学の目的を明確にすることを大切にします。当たり前のことですが，目的をもって話を聞いたりものを見たりすることで，同じことを聞いたり見たりしても，とらえ方が違ってきます。

見学の目的は，複数あるのもよいでしょう。大きな目的に沿って，小課題を３つ立てて見学に行くなど，見学に行く前に準備することを大切にしましょう。

また，見学のまとめをするときにも，あらためて見学の目的を確認しながら，まとめるようにします。

思いがけず聞いたり見たりすること，気付いたり分かったりすることが，見学することの価値です。これらのことを期待して見学に出かけましょう。

指導のねらいと説明

見学や観察のメモを紹介や報告に活用できる力は，話すときにも書くときにも役立ちます。見学や観察の目的によってメモの内容も変わります。目的をもってメモをとる（取材する）こと→メモから考えられること→自分の考えと段階をふんで書く練習をします。見学などに行き，メモしたことを自分の知識にするために再整理する活動が力を育みます。このワークシートは，まず，メモのとり方を学習します。

ワークシートの使い方

⑴　あらかじめ，調べたいことを決めて見学に行く場合のメモのポイントを読んで確認します。

⑵　次に，見学に行ってから項目を立てながらメモをする方法を確認します。

⑶　見学に行き，メモをとります。箇条書き，単語で書く，図を描くなどメモの内容に合わせて記述の仕方を工夫するのも大切です。

9

見学するときのメモのとり方を知っているかな

学習した日（　）月（　）日

三年　組〔名前　〕

★調べたいことを決め、何を調べるかメモしてから見学に行く場合と、見学に行って見たことや聞いたことをその場でメモする場合の、二通りのメモの仕方をしょうかいします。

一　「調べたいことを決めてあるメモ」のポイントをかくにんしましょう。

あきら君は、「昔のくらしの中で使われていた道具」を調べるために、し料館に見学に行きました。調べたいことにあわせてメモできるように、メモのじゅんびをしてから見学に行きました。

調べたいこと	メ　モ
1　見学の日時・場所・せつ明してくださる方	
□調べた日時	11月16日
□調べた場所	し料館
□せつ明してくださった方	田中さん
2　せつ明を聞いて分かったこと	
□道具の名前	せんたく板
□使い方	たらいにたてかけて使う。 石けんをつけ、板の上でこする。
□いつごろ使われていたか	おばあちゃんが子どものころ
3　発見したこと・体験したこと・感じたこと	
□発見したこと	○板にギザギザのみぞがある。 ○そのみぞがカーブしていた。
□せんたく板を使った感想	○みぞの上でせんたく物をこすると、思っていたよりもずっとよごれがおちていました。

ポイント1　見学の日時や場所、だれに聞いたかは、基本の情報です。
ポイント2　「使い方」や「使われていたとき」を知りたいなど、知りたいことを、こう目に書いておきます。
ポイント3　見学のとき、見学の場で見たこと感じたことは、とくにくわしくメモできるといいですね。

二　「その場でこう目をえらぶメモ」の仕方をかくにんしましょう。

ゆみこさんも「昔のくらし」を調べるために、し料館に見学に行きました。し料館に行って見たことや聞いたことに合わせてこう目をえらび、メモしようと考えています。

調べたこと	見たこと・聞いたことのメモ

ポイント
見たことや聞いたことに合わせて、
下からこう目をえらんで書きましょう。

「調べたこと」に次のようなこう目を書きながら、メモしましょう。

○見学に行った日　○道具、物の名前　○見て分かったこと
○見学した場所　○道具、物の歴史　○聞いて分かったこと
○せつ明してくださる人　○道具、物の使い方　○感じたこと

10 感想のことばでしょうぶ（感想）

〔読むこと，指導事項オ〕　言語活動ア

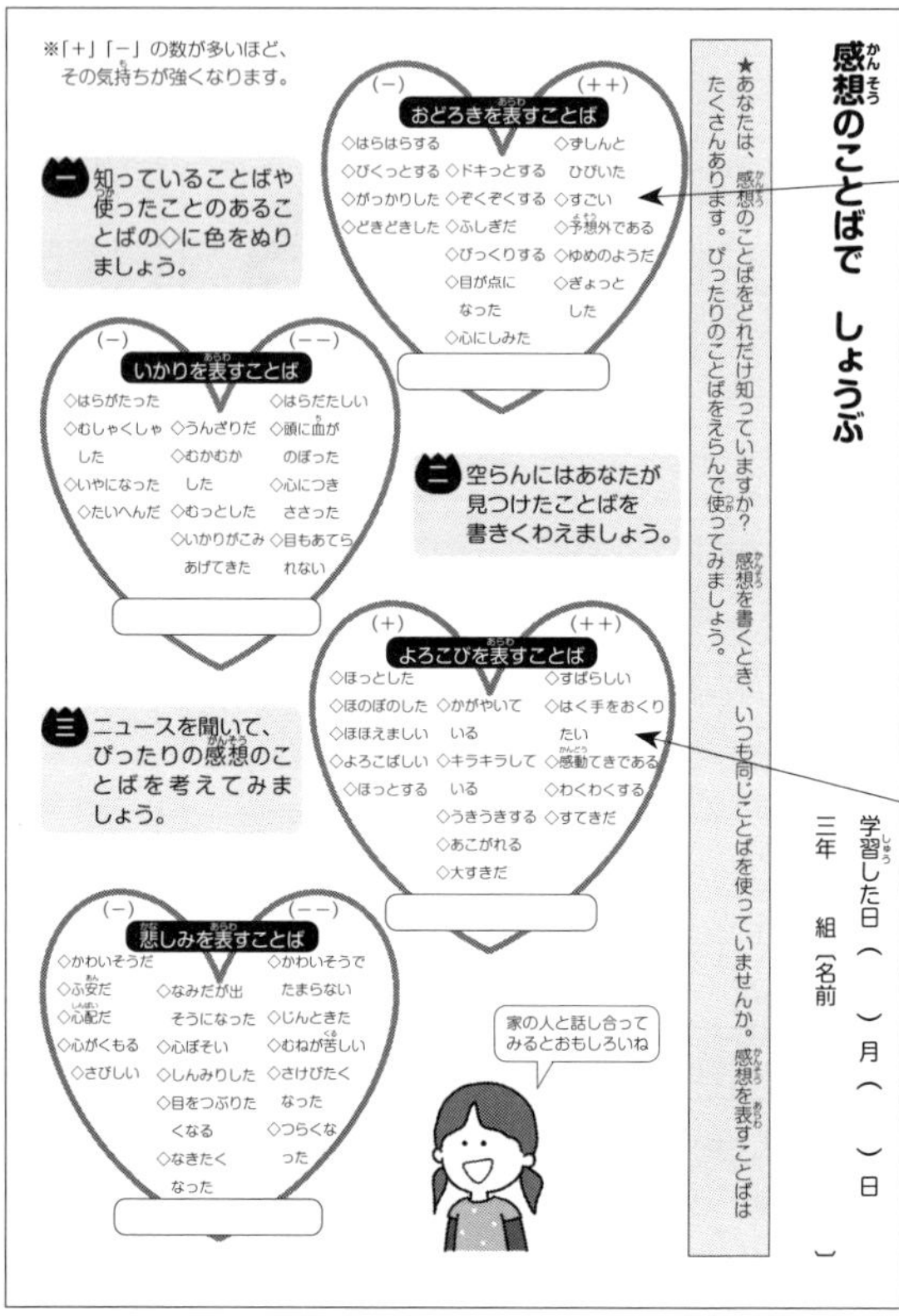

感想のことばで　しょうぶ

学習した日（　）月（　）日

三年　組〔名前　〕

★あなたは、感想のことばをどれだけ知っていますか？　感想を書くとき、いつも同じことばを使っていませんか。感想を表すことばはたくさんあります。ぴったりのことばをえらんで使ってみましょう。

※「＋」「－」の数が多いほど、その気持ちが強くなります。

一 知っていることばや使ったことのあることばの◇に色をぬりましょう。

二 空らんにはあなたが見つけたことばを書きくわえましょう。

三 ニュースを聞いて、ぴったりの感想のことばを考えてみましょう。

おどろきを表すことば　(－)　(＋＋)
◇はらはらする　◇びくっとする　◇がっかりした　◇どきどきした　◇ドキっとする　◇ぞくぞくする　◇ふしぎだ　◇びっくりする　◇目が点になった　◇心にしみた　◇ずしんとひびいた　◇すごい　◇予想外である　◇ゆめのようだ　◇ぎょっとした

いかりを表すことば　(－)　(－－)
◇はらがたった　◇むしゃくしゃした　◇いやになった　◇たいへんだ　◇うんざりだ　◇むかむかした　◇むっとした　◇いかりがこみあげてきた　◇はらだたしい　◇頭に血がのぼった　◇心につきささった　◇目もあてられない

よろこびを表すことば　(＋)　(＋＋)
◇ほっとした　◇ほのぼのした　◇ほほえましい　◇よろこばしい　◇ほっとする　◇かがやいている　◇キラキラしている　◇うきうきする　◇あこがれる　◇大すきだ　◇すばらしい　◇はく手をおくりたい　◇感動てきである　◇わくわくする　◇すてきだ

悲しみを表すことば　(－)　(－－)
◇かわいそうだ　◇ふ安だ　◇心配だ　◇心がくもる　◇さびしい　◇なみだが出そうになった　◇心ぼそい　◇しんみりした　◇目をつぶりたくなる　◇なきたくなった　◇かわいそうでたまらない　◇じんときた　◇むねが苦しい　◇さけびたくなった　◇つらくなった

実際に使った言葉をチェックして，感想の言葉が増えることを実感すると，意欲が増します。

ニュースを聞いたり，読み物を読んだりしたときに，感想の言葉を使って，家族で話し合ってみましょう。

指導のねらいと説明

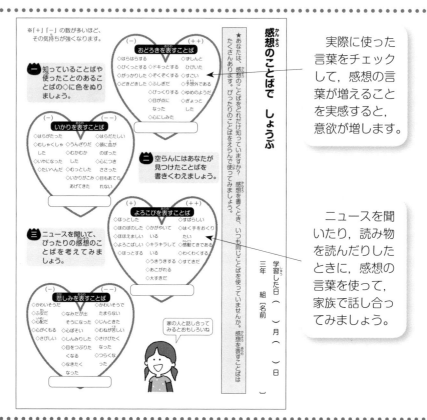

物語や科学的な読み物の感想をまとめ，交流することが求められています。しかし，子どもは「おもしろかった」「おどろいた」などと，簡単に書いてしまうことがあります。ここでは，３年生にぜひ使ってほしい，感想の言葉をピックアップしました。本を読んだときの自分の気持ちにぴったりの言葉を見つけ出して，実際に使ってみることが大切です。感想の言葉を意識して増やしていきましょう。

ワークシートの使い方

⑴　ワークシートでは，「よろこび」「おどろき」「かなしみ」「いかり」と代表的な４つの感情に分けて，感想の言葉を紹介しています。まず，自分が今までに使ったことのある言葉や，知っている言葉をチェックします。

⑵　本を読んで読書感想文を書くとき，このワークシートを手元に置いて，ぴったりする言葉を付箋紙に書き，本に貼ります。

⑶　感想の言葉を使って，感想文を書きます。新しく知った言葉を書き入れるようにします。

10

感想のことばで　しょうぶ

学習した日（　　）月（　　）日

三年　　組〔名前　　　　　　　〕

★あなたは、感想のことばをどれだけ知っていますか？　感想を書くとき、いつも同じことばを使っていませんか。感想を表すことばはたくさんあります。ぴったりのことばをえらんで使ってみましょう。

※「＋」「－」の数が多いほど、その気持ちが強くなります。

一　知っていることばや使ったことのあることばの◇に色をぬりましょう。

二　空らんにはあなたが見つけたことばを書きくわえましょう。

三　ニュースを聞いて、ぴったりの感想のことばを考えてみましょう。

おどろきを表すことば

（－）　（＋＋）

◇はらはらする
◇びくっとする
◇がっかりした
◇どきどきした
◇ドキッとする
◇ぞくぞくする
◇ふしぎだ
◇びっくりする
◇目が点になった
◇心にしみた
◇ずしんとひびいた
◇すごい
◇予想外である
◇ゆめのようだ
◇ぎょっとした

いかりを表すことば

（－）　（－－）

◇はらがたった
◇むしゃくしゃした
◇いやになった
◇たいへんだ
◇うんざりだ
◇むかむかした
◇むっとした
◇いかりがこみあげてきた
◇はらだたしい
◇頭に血がのぼった
◇心につきささった
◇目もあてられない

よろこびを表すことば

（＋）　（＋＋）

◇ほっとした
◇ほのぼのした
◇ほほえましい
◇よろこばしい
◇ほっとする
◇かがやいている
◇キラキラしている
◇うきうきする
◇あこがれる
◇大すきだ
◇すばらしい
◇はく手をおくりたい
◇感動てきである
◇わくわくする
◇すてきだ

悲しみを表すことば

（－）　（－－）

◇かわいそうだ
◇ふ安だ
◇心配だ
◇心がくもる
◇さびしい
◇なみだが出そうになった
◇心ぼそい
◇しんみりした
◇目をつぶりたくなる
◇なきたくなった
◇かわいそうでたまらない
◇じんときた
◇むねが苦しい
◇さけびたくなった
◇つらくなった

11 物語ってどんなふうにできているの？（物語）

〔読むこと，指導事項ウ〕 言語活動ア

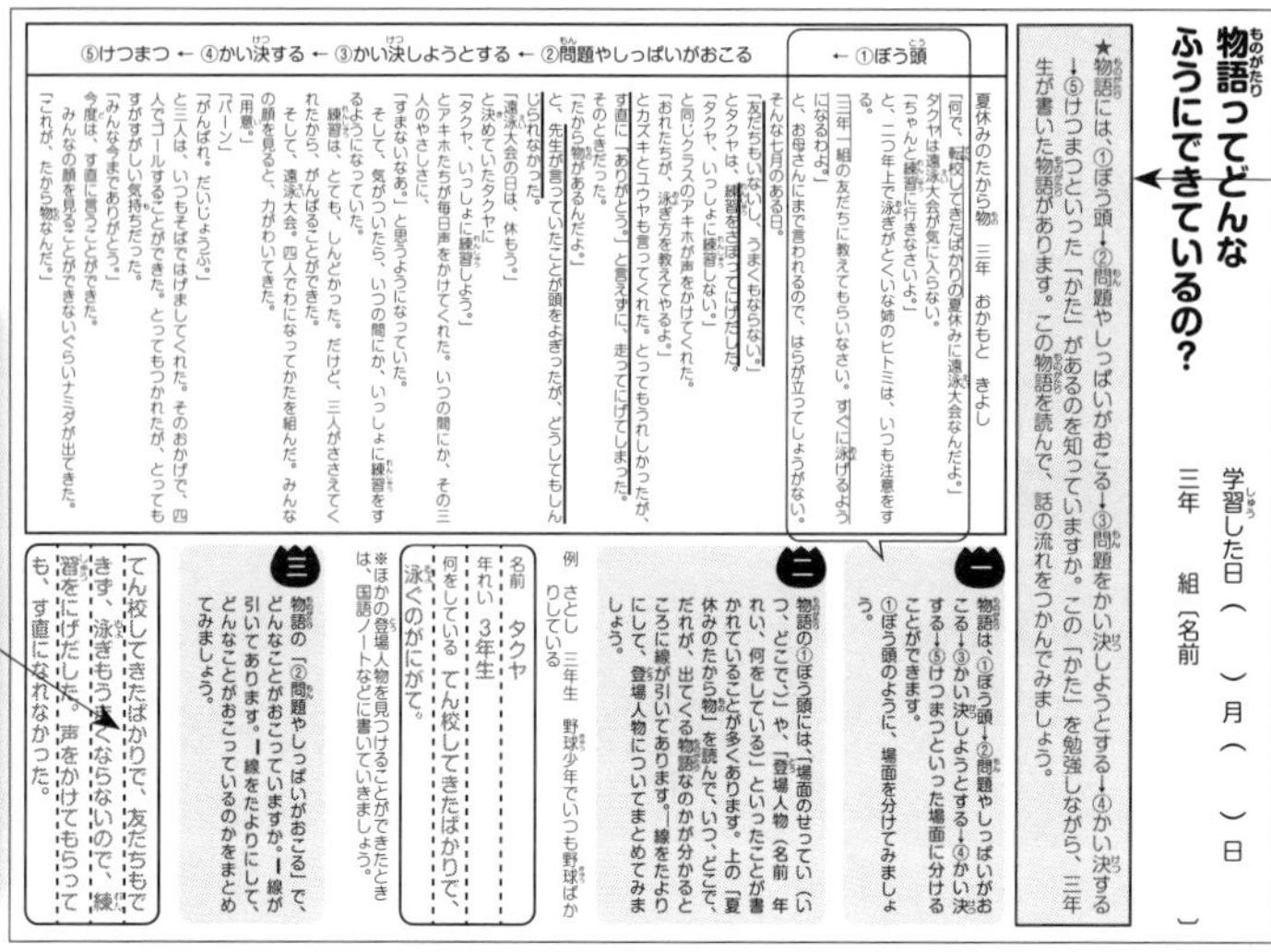

物語ってどんなふうにできているの？

学習した日（　）月（　）日　三年　組〔名前　〕

★物語には、①ぼう頭→②問題やしっぱいがおこる→③問題をかい決しようとする→④かい決する→⑤けつまつといった「かた」があるのを知っていますか。この「かた」を勉強しながら、三年生が書いた物語があります。この物語を読んで、話の流れをつかんでみましょう。

⑤けつまつ ← ④かい決する ← ③かい決しようとする ← ②問題やしっぱいがおこる ← ①ぼう頭

夏休みのたから物　三年　おかもと　きよし

「何で、転校してきたばかりの夏休みに遠泳大会なんだよ。」

タクヤは遠泳大会が気に入らない。

「ちゃんと練習に行きなさいよ。」

と、二つ年上で泳ぎがとくいな姉のヒトミは、いつも注意をする。

「三年一組の友だちに教えてもらいなさい。すぐに泳げるようになるわよ。」

と、お母さんにまで言われるので、はらが立ってしょうがない。

そんな七月のある日。

「友だちもいないし、うまくもならない。」

とタクヤは、練習をさぼってにげだした。

「タクヤ、いっしょに練習しない。」

と同じクラスのアキホが声をかけてくれた。

「おれたちが、泳ぎ方を教えてやるよ。」

とカズキとユウヤも言ってくれた。とってもうれしかったが、す直に「ありがとう。」と言えずに、走ってにげてしまった。

そのときだった。

「たから物があるんだよ。」

と、先生が言っていたことが頭をよぎったが、どうしてもしんじられなかった。

「遠泳大会の日は、休もう。」

と決めていたタクヤに
「タクヤ、いっしょに練習しよう。」

とアキホたちが毎日声をかけてくれた。いつの間にか、その三人のやさしさに、

「すまないなあ。」と思うようになっていた。

そして、気がついたら、いつの間にか、いっしょに練習をするようになっていた。

練習は、とても、しんどかった。だけど、三人がささえてくれたから、がんばることができた。

そして、遠泳大会。四人でわになってかたを組んだ。みんなの顔を見ると、力がわいてきた。

「用意。」

「バーン」

「がんばれ。だいじょうぶ。」

と三人は、いつもそばではげましてくれた。そのおかげで、四人でゴールすることができた。とってもつかれたが、とってもすがすがしい気持ちだった。

「みんな今までありがとう。」

今度は、す直に言うことができた。

みんなの顔を見ることができないくらいナミダが出てきた。

「これが、たから物なんだ。」

一　物語は、①ぼう頭→②問題やしっぱいがおこる→③かい決しようとする→④かい決する→⑤けつまつといった場面に分けることができます。
①ぼう頭のように、場面を分けてみましょう。

二　物語の①ぼう頭には、「場面のせってい（いつ、どこで、）」や、「登場人物（名前　年れい、何をしている）」といったことが書かれていることが多くあります。上の「夏休みのたから物」を読んで、いつ、どこで、だれが、出てくる物語なのかが分かるところに線が引いてあります。―線をたよりにして、登場人物についてまとめてみましょう。

例　さとし　三年生　野球少年でいつも野球ばかりしている

名前　タクヤ
年れい　3年生
何をしている　てん校してきたばかりで、泳ぐのがにがて。

※ほかの登場人物を見つけることができたときは、国語ノートなどに書いていきましょう。

三　物語の「②問題やしっぱいがおこる」で、どんなことがおこっていますか。―線が引いてあります。―線をたよりにして、どんなことがおこっているのかをまとめてみましょう。

てん校してきたばかりで、友だちもできず、泳ぎもうまくならないので、練習をにげだした。声をかけてもらっても、す直になれなかった。

冒頭の区切り方をヒントに，5つの場面に分けます。

「問題やしっぱいがおこる」について，線が引かれているところをヒントにすると，まとめやすくなっています。

「冒頭」には，その物語の状況設定を行っていることが多くあります。線を引いているところをヒントにするとまとめやすくなっています。「いつ」「どこで」「だれが（名前）（年れい）（何をしている人）」に注目して読みましょう。

指導のねらいと説明

場面の移り変わりに注意しながら読み進めるために，物語の「型」について学習をし，物語の構成について考えるワークシートです。物語の「型」は，「冒頭」「問題や失敗がおこる」「問題を解決しようとする」「解決する」「結末」としています。

他の物語を読むときに，今回の学習で身に付けた物語の型を生かせるようになることもねらいです。

ワークシートの使い方

(1) 「夏休みの宝物」を読みます。

(2) 「冒頭」の分け方を参考に，「問題や失敗がおこる」「問題を解決しようとする」「解決する」「結末」で場面を分けます。

(3) 「冒頭」では，物語の状況設定を把握するために，線を引いているところをヒントに，登場人物の「名前」「年れい」「何をしている人なのか」を書きます。

(4) 線を引いているところをヒントに，どんな「問題やしっぱいがおこる」のかを見つけます。そして，ここで分かった問題や失敗をどう解決したのかを考えながら読みます。

物語ってどんなふうにできているの？

学習した日（　）月（　）日

三年　組〔名前　〕

★物語には、①ぼう頭→②問題やしっぱいがおこる→③問題をかい決しようとする→④かい決する→⑤けつまつといった「かた」があるのを知っていますか。この「かた」を勉強しながら、三年生が書いた物語があります。この物語を読んで、話の流れをつかんでみましょう。

←①ぼう頭

夏休みのたから物　三年　おかもと　きよし

「何で、転校してきたばかりの夏休みに遠泳大会なんだよ。」

タクヤは遠泳大会が気に入らない。

「ちゃんと練習に行きなさいよ。」

と、二つ年上で泳ぎがとくいな姉のヒトミは、いつも注意をする。

「三年一組の友だちに教えてもらいなさい。すぐに泳げるようになるわよ。」

と、お母さんにまで言われるので、はらが立ってしょうがない。

⑤けつまつ←④かい決する←③かい決しようとする←②問題やしっぱいがおこる

そんな七月のある日。

「友だちもいないし、うまくもならない。」

とタクヤは、練習をさぼってにげだした。

「タクヤ、いっしょに練習しない。」

と同じクラスのアキホが声をかけてくれた。

「おれたちが、泳ぎ方を教えてやるよ。」

とカズキとユウヤも言ってくれた。とってもうれしかったが、す直に「ありがとう。」と言えずに、走ってにげてしまった。

そのときだった。

「たから物があるんだよ。」

と、先生が言っていたことが頭をよぎったが、どうしてもしんじられなかった。

「遠泳大会の日は、休もう。」

と決めていたタクヤに

「タクヤ、いっしょに練習しよう。」

とアキホたちが毎日声をかけてくれた。いつの間にか、その三人のやさしさに、

「すまないなあ。」と思うようになっていた。

そして、気がついたら、いつの間にか、いっしょに練習をするようになっていた。

練習は、とても、しんどかった。だけど、三人がささえてくれたから、がんばることができた。

そして、遠泳大会。四人でわになってかたを組んだ。みんなの顔を見ると、力がわいてきた。

「用意。」

「パーン」

「がんばれ。だいじょうぶ。」

と三人は、いつもそばではげましてくれた。そのおかげで、四人でゴールすることができた。とってもつかれたが、とってもすがすがしい気持ちだった。

「みんな今までありがとう。」

今度は、す直に言うことができた。

みんなの顔を見ることができないぐらいナミダが出てきた。

「これが、たから物なんだ。」

一　物語は、①ぼう頭→②問題やしっぱいがおこる→③かい決しようとする→④かい決する→⑤けつまつといった場面に分けることができます。

①ぼう頭のように、場面を分けてみましょう。

二　物語の①ぼう頭には、「場面のせってい（いつ、どこで）」や、「登場人物（名前　年れい、何をしている）」といったことが書かれていることが多くあります。上の「夏休みのたから物」を読んで、いつ、どこで、だれが、出てくる物語なのかが分かるところに線が引いてあります。──線をたよりにして、登場人物についてまとめてみましょう。

例　さとし　三年生　野球少年でいつも野球ばかりしている

名前	
年れい	
何をしている	

※ほかの登場人物を見つけることができたときは、国語ノートなどに書いていきましょう。

三　物語の「②問題やしっぱいがおこる」で、どんなことがおこっていますか。ー線が引いてあります。ー線をたよりにして、どんなことがおこっているのかをまとめてみましょう。

12 図かんのとくちょうを調べよう（図鑑）

〔読むこと，指導事項カ〕　言語活動イ

調べる場面を設定することで，「もくじ」「さくいん」のどちらを使うとよいのかを考えて実際に調べてみます。

いろいろな種類の図鑑があります。

実際に，図書館で図鑑を開いてみると，関心が高まるでしょう。

※同じ昆虫図鑑でも，出版社によって内容が違うことがあります。

図かんのとくちょうを調べよう

学習した日（　）月（　）日

三年　組〔名前　〕

★こん虫図かんは、虫についてくわしく知りたいときに使います。こん虫のしゅるい、名前、大きさ、からだのつくりなどが写真や図、文章などでかかれています。図かんを使って調べるときには、「もくじを使う方ほう」と「さくいんを使う方ほう」の二通りがあります。ちがいを知って、こん虫のことをたくさん調べてみましょう。

一　図かんを開いて、何がかいてあるか、たしかめましょう。

もくじ

カブトムシのなかま……56
オサムシ、ゲンゴロウ、タマムシ、テントウムシ、オトシブミなど
コガネムシのなかま……76
カブトムシの生活……78
クワガタムシのなかま……80
世界のカブトムシ……86
世界のクワガタムシ……90
ホタルの生活……94
カミキリムシのなかま……102

さくいん

ア

アオオニグモ（クモ目・コガネグモ科）
Araneus pentagrammicus……165
アオカナブン（コウチュウ目・コガネムシ科）
Rhomborhina unicolor……76
アオカミキリ（コウチュウ目・カミキリムシ科）
Schwarzerium quadricolle……103
アオカミキリモドキ（コウチュウ目・カミキリモドキ科）
Xanthochroa waterhousei……99

※ひょう本ページは太字で，生たいやかいせつのページは細字でしめしています。

出てん：ニューワイド　学研の図鑑「昆虫」学研教育出版

もくじ

図かんのさいしょの方にあります。
なか間(分るい)ごとになっています。

上の「もくじ」を見て，答えましょう。

たとえば・・・「カミキリムシ」のなか間は，

○何ページを見たらのっていますか。

102　ページ

○「カミキリムシ」は，大きく分けて何のなか間ですか。

カブトムシ　のなか間

さくいん

図かんのさい後の方にあります。
50音じゅんになっています。
他にも事こうさくいんなどもあります。

上の「さくいん」を見て，答えましょう。

たとえば・・・「アオカミキリムシ」は，

○何ページを見たらのっていますか。

103　ページ

○「アオカミキリムシ」について分かることはどんなことですか。

コウチュウ目　カミキリムシ科　だということ。

実さいに，こん虫図かんを開いて，「カミキリムシ」について分かることを書きましょう。
食べ物：
（よう虫）　（せい虫）
からだのとくちょう：

二　こんなとき、どうやって調べたらいいか考えてみましょう。

○自分がつかまえた虫が、「チョウ」か「ガ」か分からないので、調べたい。
もくじ　を使って調べる。⇩　写真を見てさがす。

○本を読んでいたら「アオオニグモ」というクモが出てきたので、どんなクモか知りたい。
さくいん　を使って調べる。⇩　一六五ページを調べる

ここがポイント
図かんには、こん虫の他に、動物、植物、魚、うちゅうなどたくさんのしゅるいがあります。

さくいん

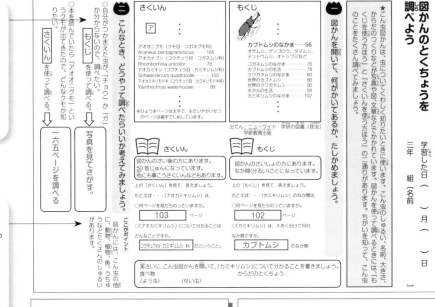

・本の後ろの方にある。
・本にのっていることがらや言葉が五十音順に並べられていて，ページが示されている。
※１つの言葉についていくつかの数字が並んでいるときは，太い数字で示されているページに詳しい説明が出ている。

もくじ

・本の前の方にある。
・書かれている順（ページの順）に並べている。
・種類ごとにまとめられている。
・全体の内容を分かりやすく示している。
※いろいろな並べ方があって，本によって違う。

指導のねらいと説明

図鑑の特徴をとらえ，その使い方を身に付けるためのワークシートです。総合的な学習の時間をはじめ各教科等においても，図鑑の使い方を身に付けることは，追究活動を行う上で大変有効です。

ワークシートの使い方

(1)　ワークシートの「もくじ」と「さくいん」を比べたり，実際に図鑑を開いたりして，特徴を確かめます。

(2)　どのような場合に「もくじ」「さくいん」を使えばよいのかを考えます。

(3)　実際に図鑑を使って調べます。

図かんのとくちょうを調べよう

学習した日（　　）月（　　）日

三年　　組〔名前　　　　　　　〕

★こん虫図かんは、虫についてくわしく知りたいときに使います。こん虫のしゅるい、名前、大きさ、からだのつくりなどが写真や図、文章などでかかれています。図かんを使って調べるときには、「もくじを使う方ほう」と「さくいんを使う方ほう」の二通りがあります。ちがいを知って、こん虫のことをたくさん調べてみましょう。

一　図かんを開いて、何がかいてあるか、たしかめましょう。

もくじ

さくいん

※ひょう本ページは太字で，生たいやかいせつのページは細字でしめしています。

出てん：ニューワイド　学研の図鑑「昆虫」学研教育出版

もくじ

図かんのさいしょの方にあります。
なか間(分るい)ごとになっています。

上の「もくじ」を見て，答えましょう。

たとえば・・・「カミキリムシ」のなか間は，

○何ページを見たらのっていますか。

［　　　　］ページ

○「カミキリムシ」は，大きく分けて何のなか間ですか。

［　　　　］のなか間

さくいん

図かんのさい後の方にあります。
50 音じゅんになっています。
他にも事こうさくいんなどもあります。

上の「さくいん」を見て，答えましょう。

たとえば・・・「アオカミキリムシ」は，

○何ページを見たらのっていますか。

［　　　　］ページ

○「アオカミキリムシ」について分かることはどんなことですか。

［　　目　　科］だということ。

実さいに，こん虫図かんを開いて，「カミキリムシ」について分かることを書きましょう。

食べ物：
（よう虫）　　（せい虫）

からだのとくちょう：

二　こんなとき、どうやって調べたらいいか考えてみましょう。

○自分がつかまえた虫が、「チョウ」か「ガ」か分からないので、調べたい。

［　　　　］を使って調べる。⇨［　　　　］

○本を読んでいたら「アオオニグモ」というクモが出てきたので、どんなクモか知りたい。

［　　　　］を使って調べる。⇨［　　　　］

ここがポイント

図かんには、こん虫の他に、動物、植物、魚、うちゅうなどたくさんのしゅるいがあります。

13 何度も出てくることばって大事（説明）

〔読むこと，指導事項イ〕　言語活動イ

ここで取り上げている「まとめることば」とは，「総称」と同じ意味で使っています。

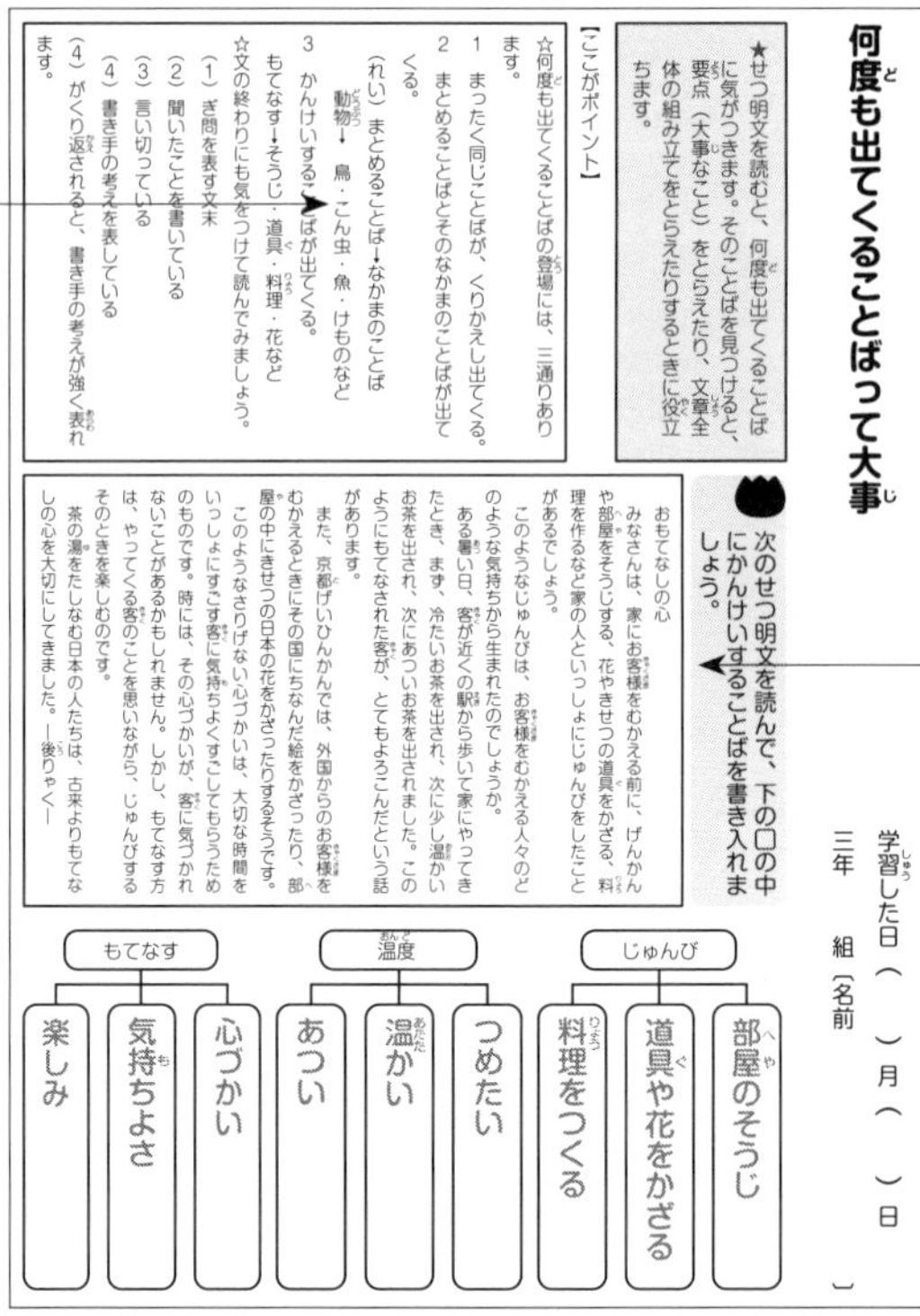

何度も出てくることばって大事

学習した日（　）月（　）日
三年　組〔名前　〕

★せつ明文を読むと、何度も出てくることばに気がつきます。そのことばを見つけると、要点（大事なこと）をとらえたり、文章全体の組み立てをとらえたりするときに役立ちます。

【ここがポイント】
☆何度も出てくることばの登場には、三通りあります。
1　まったく同じことばが、くりかえし出てくる。
2　まとめることばとそのなかまのことばが出てくる。
（れい）まとめることば→なかまのことば
動物→　鳥・こん虫・魚・けものなど
3　かんけいすることばが出てくる。
もてなす→そうじ・道具・料理・花など
☆文の終わりにも気をつけて読んでみましょう。
（1）ぎ問を表す文末
（2）聞いたことを書いている
（3）言い切っている
（4）書き手の考えを表している
（4）がくり返されると、書き手の考えが強く表れます。

●次のせつ明文を読んで、下の□の中にかんけいすることばを書き入れましょう。

おもてなしの心
みなさんは、家にお客様をむかえる前に、げんかんや部屋をそうじする、花やきせつの道具をかざる、料理を作るなど家の人といっしょにじゅんびをしたことがあるでしょう。

このようなじゅんびは、お客様をむかえる人々のどのような気持ちから生まれたのでしょうか。

ある暑い日、客が近くの駅から歩いて家にやってきたとき、まず、冷たいお茶を出され、次に少し温かいお茶を出され、次にあついお茶を出されました。このようにもてなされた客が、とてもよろこんだという話があります。

また、京都げいひんかんでは、外国からのお客様をむかえるときにその国にちなんだ絵をかざったり、部屋の中にきせつの日本の花をかざったりするそうです。

このようなさりげない心づかいは、大切な時間をいっしょにすごす客に気持ちよくすごしてもらうためのものです。時には、その心づかいが、客に気づかれないことがあるかもしれません。しかし、もてなす方は、やってくる客のことを思いながら、じゅんびするそのときを楽しむのです。

茶の湯をたしなむ日本の人たちは、古来よりもてなしの心を大切にしてきました。―後りゃく―

じゅんび：部屋のそうじ／道具や花をかざる／料理をつくる
温度：つめたい／温かい／あつい
もてなす：心づかい／気持ちよさ／楽しみ

説明的な文章の中の初めの部分で，具体的な言葉で書かれていても，まとめの部分では，抽象度を上げて書かれている言葉があります。

他の説明文を読むときに，探しながら読んでみましょう。

指導のねらいと説明

中心となる語をとらえ，その下位となる語や関係する語を見つけさせます。要点をとらえるときには，この中心となる語が必要です。段落によって上位となる言葉が違うことに気付くと，段落相互の関係をつかむ手がかりになります。そして，文章の冒頭では，具体的であった言葉も，展開部，終結部と読み進めるうちに言葉の抽象度が高まっていきます。説明文における語彙の構造をワークシートでとらえさせます。

ワークシートの使い方

⑴　子どもたちに説明文を読ませ，関係する言葉を整理します。
⑵　ワークシートで練習した後，教科書に掲載された文章で，まとめる言葉（上位となる言葉）と仲間の言葉（下位となる言葉）を見つけ，整理します。
⑶　まとめる言葉が，複数ある場合は，分類して書き，関連をとらえるようにします。
⑷　文末表現にも着目して読ませ，読者に投げかける文，疑問文，伝聞の文末，断定の文末，筆者の考えを表す文末に分類し，理解させましょう。

13

何度も出てくることばって大事

学習した日（　）月（　）日

三年　組〔名前　〕

★せつ明文を読むと、何度も出てくることばに気がつきます。そのことばを見つけると、要点（大事なこと）をとらえたり、文章全体の組み立てをとらえたりするときに役立ちます。

【ここがポイント】

☆何度も出てくることばの登場には、三通りあります。

1　まったく同じことばが、くりかえし出てくる。

2　まとめることばとそのなかまのことばが出てくる。

（れい）まとめることば→なかまのことば
動物→　鳥・こん虫・魚・けものなど

3　かんけいすることばが出てくる。
もてなす→そうじ・道具・料理・花など

☆文の終わりにも気をつけて読んでみましょう。

（1）ぎ問を表す文末

（2）聞いたことを書いている

（3）言い切っている

（4）書き手の考えを表している

（4）がくり返されると、書き手の考えが強く表れます。

次のせつ明文を読んで、下の□の中にかんけいすることばを書き入れましょう。

おもてなしの心

みなさんは、家にお客様をむかえる前に、げんかんや部屋をそうじする、花やきせつの道具をかざる、料理を作るなど家の人といっしょにじゅんびをしたことがあるでしょう。

このようなじゅんびは、お客様をむかえる人々のどのような気持ちから生まれたのでしょうか。

ある暑い日、客が近くの駅から歩いて家にやってきたとき、まず、冷たいお茶を出され、次に少し温かいお茶を出され、次にあついお茶を出されました。このようにもてなされた客が、とてもよろこんだという話があります。

また、京都げいひんかんでは、外国からのお客様をむかえるときにその国にちなんだ絵をかざったり、部屋の中にきせつの日本の花をかざったりするそうです。

このようなさりげない心づかいは、大切な時間をいっしょにすごす客に気持ちよくすごしてもらうためのものです。時には、その心づかいが、客に気づかれないことがあるかもしれません。しかし、もてなす方は、やってくる客のことを思いながら、じゅんびするそのときを楽しむのです。

茶の湯をたしなむ日本の人たちは、古来よりもてなしの心を大切にしてきました。―後りゃく―

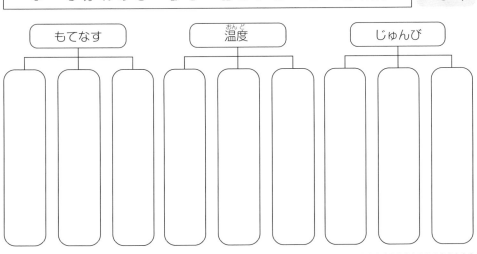

じゅんび
- □
- □
- □

温度
- □
- □
- □

もてなす
- □
- □
- □

14 せつ明文をまとめたら「ようやく」できた（要約）

〔読むこと，指導事項エ〕　言語活動イ

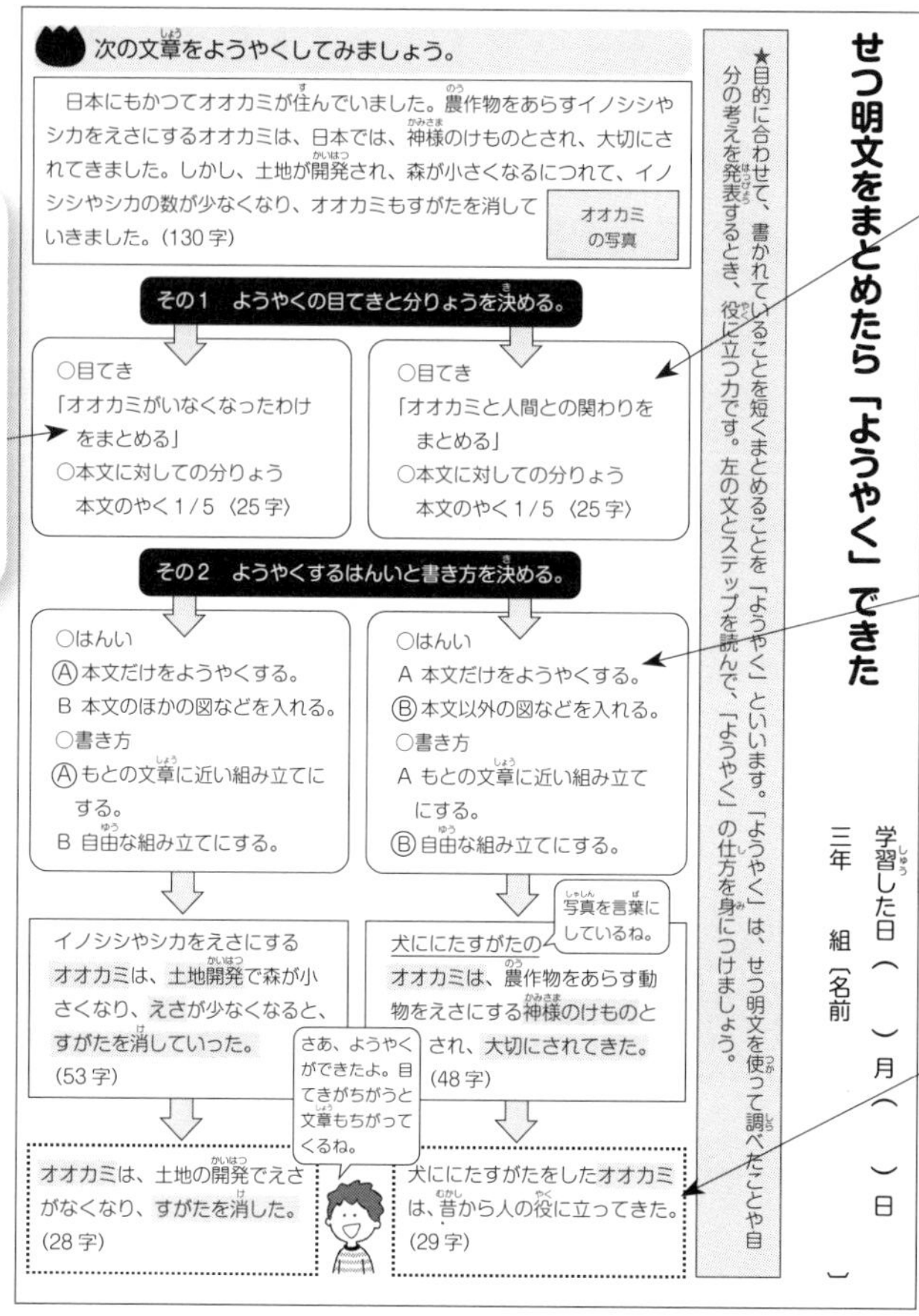

せつ明文をまとめたら「ようやく」できた

学習した日（　）月（　）日

三年　組〔名前　〕

★目的に合わせて、書かれていることを短くまとめることを「ようやく」といいます。「ようやく」は、せつ明文を使って調べたことや自分の考えを発表するとき、役に立つ力です。左の文とステップを読んで、「ようやく」の仕方を身につけましょう。

次の文章をようやくしてみましょう。

日本にもかつてオオカミが住んでいました。農作物をあらすイノシシやシカをえさにするオオカミは、日本では、神様のけものとされ、大切にされてきました。しかし、土地が開発され、森が小さくなるにつれて、イノシシやシカの数が少なくなり、オオカミもすがたを消していきました。（130字）

オオカミの写真

その1　ようやくの目てきと分りょうを決める。

○目てき 「オオカミがいなくなったわけをまとめる」 ○本文に対しての分りょう 本文のやく1/5〈25字〉	○目てき 「オオカミと人間との関わりをまとめる」 ○本文に対しての分りょう 本文のやく1/5〈25字〉

その2　ようやくするはんいと書き方を決める。

○はんい Ⓐ本文だけをようやくする。 B 本文のほかの図などを入れる。 ○書き方 Ⓐもとの文章に近い組み立てにする。 B 自由な組み立てにする。	○はんい A 本文だけをようやくする。 Ⓑ本文以外の図などを入れる。 ○書き方 A もとの文章に近い組み立てにする。 Ⓑ自由な組み立てにする。
イノシシやシカをえさにするオオカミは、土地開発で森が小さくなり、えさが少なくなると、すがたを消していった。 (53字)	犬ににたすがたの オオカミは、農作物をあらす動物をえさにする神様のけものとされ、大切にされてきた。 (48字)
オオカミは、土地の開発でえさがなくなり、すがたを消した。 (28字)	犬ににたすがたをしたオオカミは、昔から人の役に立ってきた。 (29字)

発表のときに引用する，優れた考え方を紹介する，ポイントをまとめて活用するなどの目的が考えられます。

要約文の分量を決めることで，目的に応じた読書の力をつけることにもつながります。

原文の文章様式や語り口，文章構成などに着目して，自分が書く要約文の形式を意識させます。

要約文の例です。字数だけでなく，要約の目的に合わせて，書きぶりが変わっています。

指導のねらいと説明

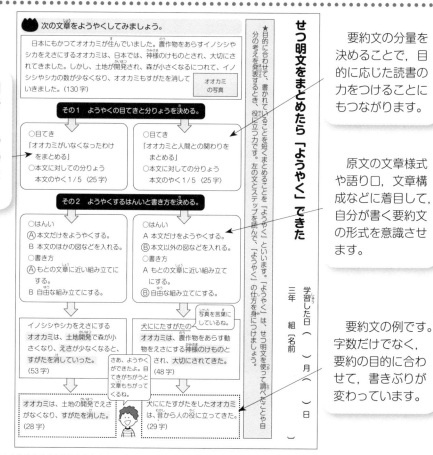

説明文を要約する力をつけることを目指しています。自分の考えについて根拠を明確にして伝え合うために，読書した原文を引用したり，要約した文章を活用したりすることは大変重要です。

要約はその目的によって書く分量，原本の扱いやまとめ方が変わります。要約することの目的を明確にし，その目的に応じた要約の方法を選択できる力の育成を目指しましょう。

ワークシートの使い方

(1)　書く目的と書く分量を決めます。本文に対する割合によって書き方が変わります。

(2)　もとにする文章の範囲と書き方を決めます。話題の中心となる主語と述語をおさえ，字数に合わせてキーワードとなる言葉を残していきます。

(3)　目的と要約文を読み比べて，要約のポイントを整理します。

14

せつ明文をまとめたら「ようやく」できた

学習した日（　）月（　）日

三年　組〔名前　〕

★目的に合わせて、書かれていることを短くまとめることを「ようやく」といいます。「ようやく」は、せつ明文を使って調べたことや自分の考えを発表するとき、役に立つ力です。左の文とステップを読んで、「ようやく」の仕方を身につけましょう。

次の文章をようやくしてみましょう。

日本にもかつてオオカミが住んでいました。農作物をあらすイノシシやシカをえさにするオオカミは、日本では、神様のけものとされ、大切にされてきました。しかし、土地が開発され、森が小さくなるにつれて、イノシシやシカの数が少なくなり、オオカミもすがたを消していきました。(130字)

オオカミの写真

その1　ようやくの目てきと分りょうを決める。

○目てき
「オオカミがいなくなったわけをまとめる」
○本文に対しての分りょう
本文のやく1/5〈25字〉

○目てき
「オオカミと人間との関わりをまとめる」
○本文に対しての分りょう
本文のやく1/5〈25字〉

その2　ようやくするはんいと書き方を決める。

○はんい
Ⓐ本文だけをようやくする。
B 本文のほかの図などを入れる。
○書き方
Ⓐもとの文章に近い組み立てにする。
B 自由な組み立てにする。

○はんい
A 本文だけをようやくする。
Ⓑ本文以外の図などを入れる。
○書き方
A もとの文章に近い組み立てにする。
Ⓑ自由な組み立てにする。

イノシシやシカをえさにするオオカミは、土地開発で森が小さくなり、えさが少なくなると、すがたを消していった。(53字)

写真を言葉にしているね。

犬ににたすがたのオオカミは、農作物をあらす動物をえさにする神様のけものとされ、大切にされてきた。(48字)

さあ、ようやくができたよ。目てきがちがうと文章もちがってくるね。

オオカミは、土地の開発でえさがなくなり、すがたを消した。(28字)

犬ににたすがたをしたオオカミは、昔から人の役に立ってきた。(29字)

1 役わりを意しきして，話し合いをもり上げよう（協議）

〔話すこと・聞くこと，指導事項オ〕　言語活動イ

話し合いには，どんな役割があるかのおさらいをします。このとき，普段の話し合いの中で，役割を考え，話し合っているのかを振り返ることが大切です。

次に，それぞれの役割に応じて，どんな指示を出せばよいかを考えます。友達が話しているのを聞いて，どんなことが足りないかも考えていけるとよいです。

ここで話し合ったことは，基本の型としてさまざまな話し合いの場面で生かしていくことができるでしょう。

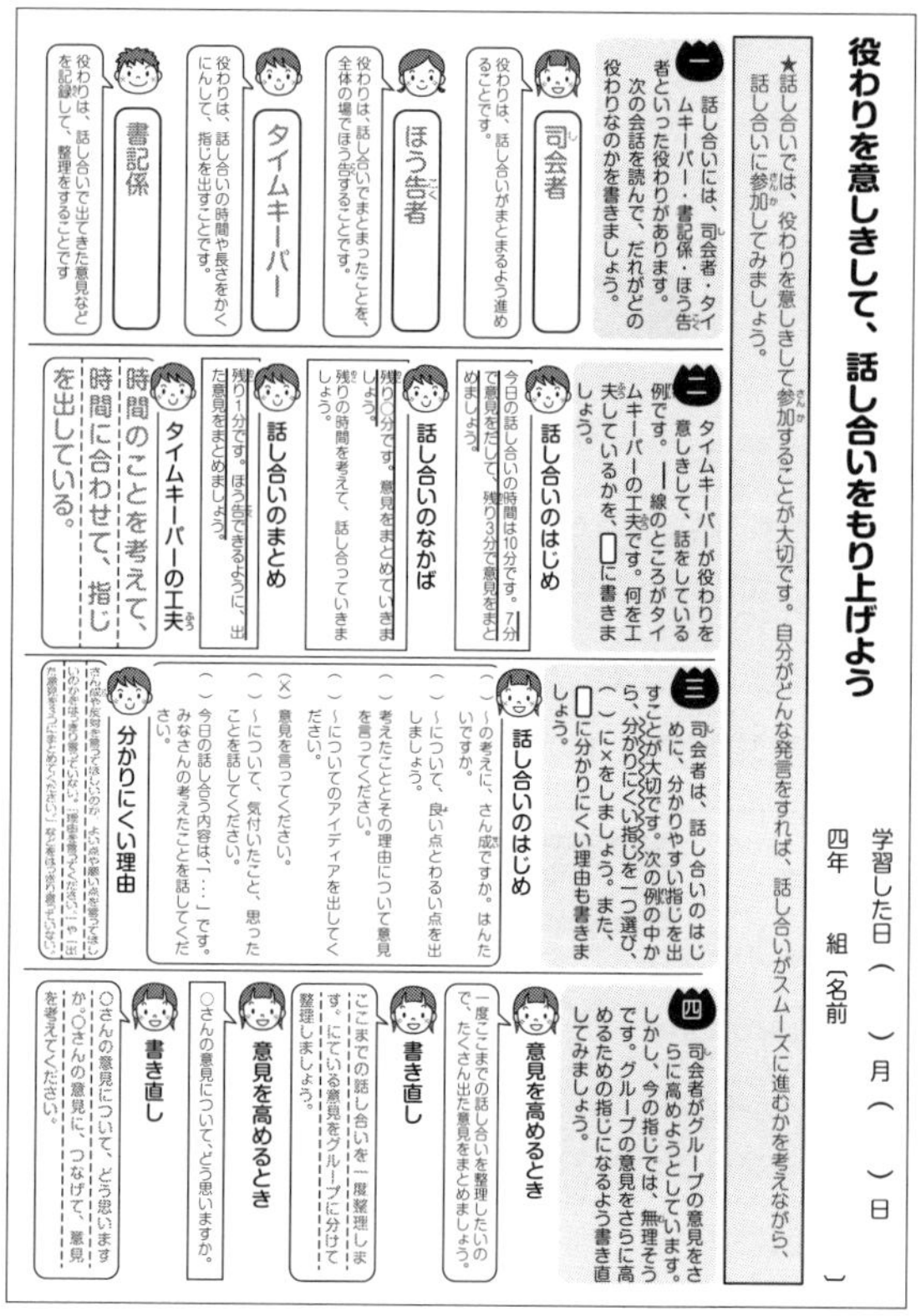

役わりを意しきして、話し合いをもり上げよう

学習した日（　）月（　）日　四年　組〔名前　〕

★話し合いでは、役わりを意しきして参加することが大切です。自分がどんな発言をすれば、話し合いがスムーズに進むかを考えながら、話し合いに参加してみましょう。

一　話し合いには、司会者・タイムキーパー・書記係・ほう告者といった役わりがあります。次の会話を読んで、だれがどの役わりなのかを書きましょう。

司会者　役わりは、話し合いがまとまるよう進めることです。

ほう告者　役わりは、話し合いでまとまったことを、全体の場でほう告することです。

タイムキーパー　役わりは、話し合いの時間や長さをかくにんして、指じを出すことです。

書記係　役わりは、話し合いで出てきた意見などを記録して、整理をすることです

二　タイムキーパーが役わりを意しきして、話をしている例です。――線のところがタイムキーパーの工夫です。何を工夫しているかを、□に書きましょう。

話し合いのはじめ　今日の話し合いの時間は10分です。7分で意見をだして、残り3分で意見をまとめましょう。

話し合いのなかば　残り○分です。意見をまとめていきましょう。残りの時間を考えて、話し合っていきましょう。

話し合いのまとめ　残り1分です。ほう告できるように、出た意見をまとめましょう。

タイムキーパーの工夫　時間のことを考えて、時間に合わせて、指じを出している。

三　司会者は、話し合いのはじめに、分かりやすい指じを出すことが大切です。次の例の中から、分かりにくい指じを一つ選び、（　）に×をしましょう。また、□に分かりにくい理由も書きましょう。

話し合いのはじめ
（　）～の考えに、さん成ですか。はんたいですか。
（　）～について、良い点とわるい点を出しましょう。
（　）考えたこととその理由について意見を言ってください。
（　）～についてのアイディアを出してください。
（×）意見を言ってください。
（　）～について、気付いたこと、思ったことを話してください。
（　）今日の話し合う内容は、「…」です。みなさんの考えたことを話してください。

分かりにくい理由

四　司会者がグループの意見をさらに高めようとしています。しかし、今の指じでは、無理そうです。グループの意見をさらに高めるための指じになるよう書き直してみましょう。

意見を高めるとき　一度ここまでの話し合いを整理したいので、たくさん出た意見をまとめましょう。

書き直し　ここまでの話し合いを一度整理します。にている意見をグループに分けて整理しましょう。

意見を高めるとき　○さんの意見について、どう思いますか。

書き直し　○さんの意見について、どう思いますか。○さんの意見に、つなげて、意見を考えてください。

指導のねらいと説明

中学年では，互いの考えの共通点や相違点を考え，司会などの役割を果たしながら，進行に沿って話し合うことが求められています。それぞれの役割を考え，さまざまな場面で要領よく話し合うことを学ぶためのワークシートを編集しています。

ワークシートの使い方

(1)　話し合いにはどんな役割が必要なのかを考えます。

(2)　タイムキーパーの役割を意識して話しているところを読みます。線を引いているところから，タイムキーパーがどんなことを意識して話しているのかを考えます。

(3)　司会者の役割では「話し合いのはじめ」に具体的な指示を出すことが大切です。具体的な指示ではないものを1つ選び，分かりにくい理由も書くことで，分かりやすい指示について考えます。

(4)　意見をつなげて考えるとき，意見を整理するときについて，分かりやすい指示になるよう書き直します。書き直すことで，具体的な指示について考えます。

1

役わりを意しきして、話し合いをもり上げよう

学習した日（　　）月（　　）日

四年　　組〔名前　　　　〕

★話し合いでは、役わりを意しきして参加することが大切です。自分がどんな発言をすれば、話し合いがスムーズに進むかを考えながら、話し合いに参加してみましょう。

一

話し合いには、司会者・タイムキーパー・書記係・ほう告者といった役わりがあります。
次の会話を読んで、だれがどの役わりなのかを書きましょう。

［　　　　］役わりは、話し合いがまとまるよう進めることです。

［　　　　］役わりは、話し合いでまとまったことを、全体の場でほう告することです。

［　　　　］役わりは、話し合いの時間や長さをかくにんして、指じを出すことです。

［　　　　］役わりは、話し合いで出てきた意見などを記録して、整理をすることです

二

タイムキーパーが役わりを意しきして、話をしている例です。――線のところがタイムキーパーの工夫です。何を工夫しているかを、□に書きましょう。

話し合いのはじめ

今日の話し合いの時間は10分です。7分で意見をだして、残り3分で意見をまとめましょう。

話し合いのなかば

残り○分です。意見をまとめていきましょう。
残りの時間を考えて、話し合っていきましょう。

話し合いのまとめ

残り1分です。ほう告できるように、出た意見をまとめましょう。

タイムキーパーの工夫

［　　　　］

三

司会者は、話し合いのはじめに、分かりやすい指じを出すことが大切です。次の例の中から、分かりにくい指じを一つ選び、（　）に×をしましょう。また、□に分かりにくい理由も書きましょう。

話し合いのはじめ

（　）～の考えに、さん成ですか。はんたいですか。
（　）～について、良い点とわるい点を出しましょう。
（　）考えたこととその理由について意見を言ってください。
（　）～についてのアイディアを出してください。
（　）意見を言ってください。
（　）～について、気付いたこと、思ったことを話してください。
（　）今日の話し合う内容は、「…」です。みなさんの考えたことを話してください。

分かりにくい理由

［　　　　］

四

司会者がグループの意見をさらに高めようとしています。しかし、今の指じでは、無理そうです。グループの意見をさらに高めるための指じになるよう書き直してみましょう。

意見を高めるとき

一度ここまでの話し合いを整理したいので、たくさん出た意見をまとめましょう。

書き直し

［　　　　］

意見を高めるとき

○さんの意見について、どう思いますか。

書き直し

［　　　　］

2 かっこうよくしょうかいしよう（紹介）

〔話すこと・聞くこと，指導事項イ〕　言語活動ア

かっこうよく　しょうかいしよう

★出来事をしょうかいするとき、次のような手順でじゅんびをしてみましょう。

学習した日（　）月（　）日

四年　組〔名前　〕

一　聞き手であるクラスメイトについて想ぞうしてみましょう。

聞き手は、今から話すことについて知っている人ですか。よ想して書きましょう。

- □聞き手は全員で何人くらいですか。［　　］人
- □内容を知っている人は、どのくらいの人数でしょうか。［　　］人
- □内容を知らない人は、どのくらいの人数でしょうか。［　　］人

【アドバイス】知っている人の中にも、言葉を聞いたことがあるだけの人から、行事などに自分も参加している人もいるかもしれません。そのときそのときの 聞き手に合わせて話し方や話す内容を考えることができるといいですね。

二　しょうかいを話すときは、次のア・イ・ウのことを組み合わせて話し始めるように考えましょう。

ア　何についてしょうかいするかを伝える。
イ　呼びかけや問いかけで、相手を話にさそう。
ウ　しょうかいしたい理由や、しょうかいすることの良さをおおまかに伝える。

【発表原こう（話し始めの例）】

本文	○○○という地いきに、○○○○○というお祭りがあります。
ねらい	ア（説明からはじめて、相手に知識を得てもらう。）
本文	○○祭りの名前を聞いたことがある人は、手をあげてください。
ねらい	イ（聞き手のどのくらいの人が知っているかをたしかめる。）
本文	地いきのみんなが心待ちにしている行事です。

【アドバイス】おおまかに伝えるときに、下のような言葉を使ってみよう。
自まんの～　エネルギーあふれる～　こころをうばわれる～　ゆめがある～
わくわくする～　まねできない～　むちゅうになる～

三　話の「はじめ」・「中」「終わり」を考えて、発表原こうを書こう。

「はじめ」　二で学習したことを使って書くといいですね。
「中」　○調べたことの中から伝えたいことを３つぐらいにしぼりましょう。
　○エピソードを入れたり、大切な言葉はくり返し話したりするといいですね。
「終わり」　○調べた内容について自分がどう思ったか。思っているか。
　○調べた感想やこれから自分がどのようにかかわっていくか。など

四　話す前に、下のチェックポイントを確認しながら練習しましょう。

【２年生までの確かめ】
- □話すときの立ち方は。
- □声の大きさと話す速さは。
- □口の開け方とはっきりした発音は。

【４年生の間に自分のものにしよう】
- □相手と発表原こうを上手に見ながら。
- □ていねいな言葉づかいで間をとりながら。
- □内容に合わせて言葉に強弱をつけて。

二で示した要領で，実際に発表原稿（スピーチ原稿）を書きながら，学習を進めましょう。

指導のねらいと説明

紹介する能力を低学年から中学年へ，さらに高学年へと発展させ，推薦できるようにするワークシートです。題材を変えながら紹介や推薦を話したり聞いたりする活動に繰り返し取り組ませたいものです。

ワークシートの使い方

(1)　話す内容を決定するために，聞き手がどんな相手か確認します。
(2)　紹介する物事に，興味をもってもらう話し始めを，ポイントを活用して考えます。
(3)　よさがよく伝わるように話の組み立てを工夫して，実際にスピーチ原稿を書き，紹介スピーチをしましょう。

2

かっこうよく　しょうかいしよう

学習した日（　　）月（　　）日

四年　　組〔名前　　　　　〕

★出来事をしょうかいするとき、次のような手順でじゅんびをしてみましょう。

一　聞き手であるクラスメイトについて想ぞうしてみましょう。

聞き手は、今から話すことについて知っている人ですか。よ想して書きましょう。

□聞き手は全員で何人くらいですか。　［　　　］人

□内容を知っている人は、どのくらいの人数でしょうか。　［　　　］人

□内容を知らない人は、どのくらいの人数でしょうか。　［　　　］人

【アドバイス】知っている人の中にも、言葉を聞いたことがあるだけの人から、行事などに自分も参加している人もいるかもしれません。そのときそのときの 聞き手に合わせて話し方や話す内容を考えることができるといいですね。

二　しょうかいを話すときは、次のア・イ・ウのことを組み合わせて話し始めるように考えましょう。

ア　何についてしょうかいするかを伝える。

イ　呼びかけや問いかけで、相手を話にさそう。

ウ　しょうかいしたい理由や、しょうかいすることの良さをおおまかに伝える。

【発表原こう（話し始めの例）】

本文	○○○という地いきに、○○○○○というお祭りがあります。
ねらい	ア（説明からはじめて、相手に知識を得てもらう。）
本文	○○祭りの名前を聞いたことがある人は、手をあげてください。
ねらい	イ（聞き手のどのくらいの人が知っているかをたしかめる。）
本文	地いきのみんなが心待ちにしている行事です。

【アドバイス】　おおまかに伝えるときに、下のような言葉を使ってみよう。
自まんの～　エネルギーあふれる～　こころをうばわれる～　ゆめがある～
わくわくする～　まねできない～　むちゅうになる～

三　話の「はじめ」・「中」「終わり」を考えて、発表原こうを書こう。

「はじめ」　二で学習したことを使って書くといいですね。

「中」　○調べたことの中から伝えたいことを3つぐらいにしぼりましょう。
○エピソードを入れたり、大切な言葉はくり返し話したりするといいですね。

「終わり」　○調べた内容について自分がどう思ったか。思っているか。
○調べた感想やこれから自分がどのようにかかわっていくか。など

四　話す前に、下のチェックポイントを確認しながら練習しましょう。

【2年生までの確かめ】

□話すときの立ち方は。

□声の大きさと話す速さは。

□口の開け方とはっきりした発音は。

【4年生の間に自分のものにしよう】

□相手と発表原こうを上手に見ながら。

□ていねいな言葉づかいで間をとりながら。

□内容に合わせて言葉に強弱をつけて。

3 1分間のスピーチ原こうを書こう（スピーチ）

〔話すこと・聞くこと，指導事項イ〕　言語活動ア

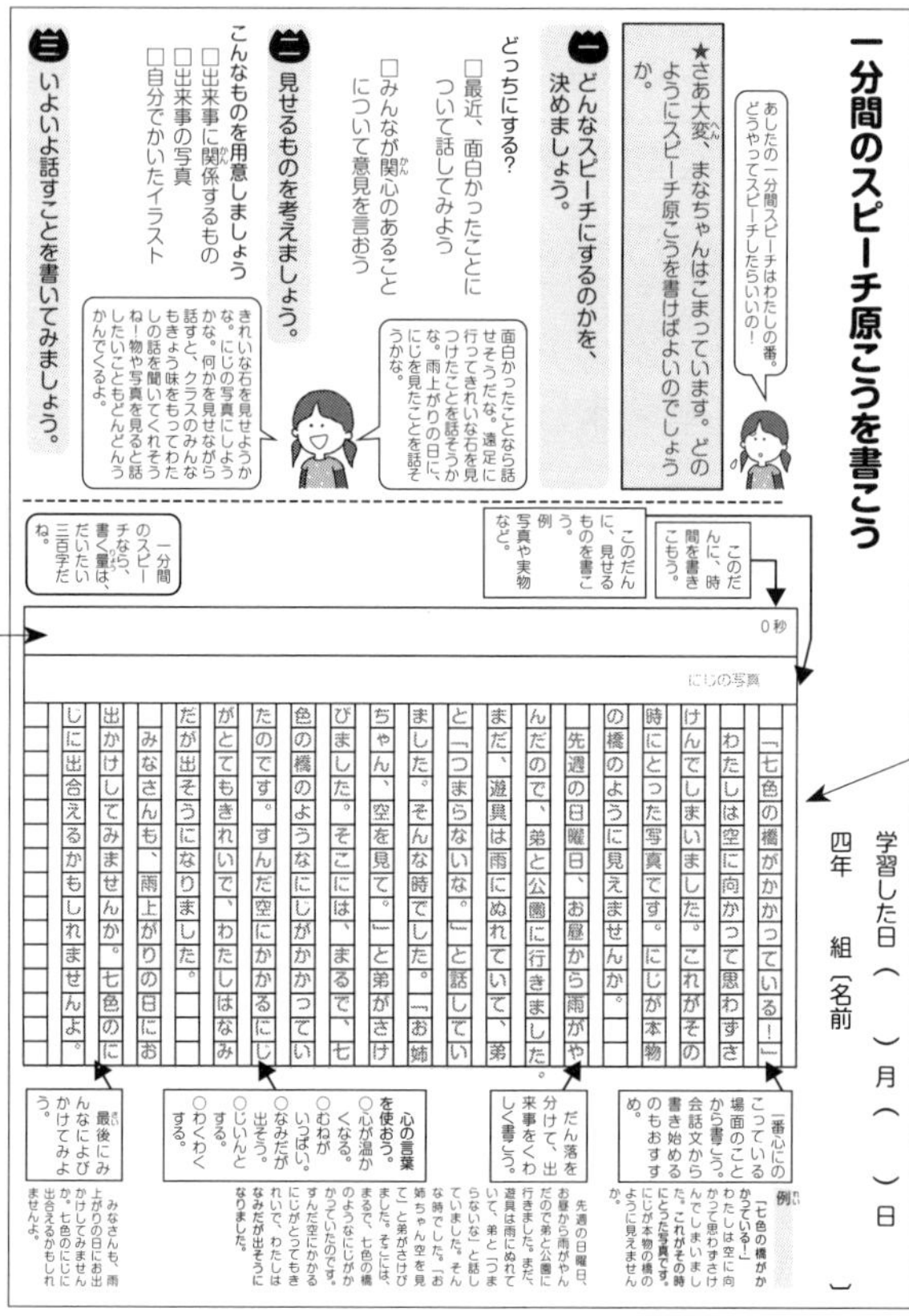

一分間のスピーチ原こうを書こう

あしたの一分間スピーチはわたしの番。どうやってスピーチしたらいいの！

★さあ大変、まなちゃんはこまっています。どのようにスピーチ原こうを書けばよいのでしょうか。

一　どんなスピーチにするのかを、決めましょう。

どっちにする？

□最近、面白かったことについて話してみよう

□みんなが関心のあることについて意見を言おう

面白かったことなら話せそうだな。遠足に行ってきれいな石を見つけたことを話そうかな。雨上がりの日に、にじを見たことを話そうかな。

二　見せるものを考えましょう。

こんなものを用意しましょう

□出来事に関係するもの

□出来事の写真

□自分でかいたイラスト

きれいな石を見せようかな。にじの写真にしようかな。何かを見せながら話すと、クラスのみんなもきょう味をもってわたしの話を聞いてくれそうね！物や写真を見ると話したいこともどんどんうかんでくるよ。

三　いよいよ話すことを書いてみましょう。

このだんに、時間を書きこもう。

このだんに、見せるものを書こう。例　写真や実物など。

一分間のスピーチなら、書く量は、だいたい三百字だね。

0秒

にじの写真

「七色の橋がかかっている！」

わたしは空に向かって思わずさけんでしまいました。これがその時にとった写真です。にじが本物の橋のように見えませんか。

先週の日曜日、お昼から雨がやんだので、弟と公園に行きました。まだ、遊具は雨にぬれていて、弟と「つまらないな。」と話していました。そんな時でした。「お姉ちゃん、空を見て。」と弟がさけびました。そこには、まるで、七色の橋のようなにじがかかっていたのです。すんだ空にかかるにじがとてもきれいで、わたしはなみだが出そうになりました。

みなさんも、雨上がりの日にお出かけしてみませんか。七色のにじに出合えるかもしれませんよ。

一番心にのこっている場面のことから書こう。会話文から書き始めるのもおすすめ。

だん落を分けて、出来事をくわしく書こう。

心の言葉を使おう。
○心が温かくなる。
○むねがいっぱい。
○なみだが出そう。
○じいんとする。
○わくわくする。

最後にみんなによびかけてみよう。

学習した日（　）月（　）日

四年　組〔名前　〕

例

「七色の橋がかかっている！」わたしは空に向かって思わずさけんでしまいました。これがその時にとった写真です。にじが本物の橋のように見えませんか。

先週の日曜日、お昼から雨がやんだので弟と公園に行きました。まだ、遊具は雨にぬれていて、弟と「つまらないな」と話していました。そんな時でした。「お姉ちゃん空を見て」と弟がさけびました。そこには、まるで、七色の橋のようなにじがかかっていたのです。すんだ空にかかるにじがとってもきれいで、わたしはなみだが出そうになりました。

みなさんも、雨上がりの日にお出かけしてみませんか。七色のにじに出合えるかもしれませんよ。

スピーチに要する時間や書く分量を意識して指導することが大切です。

まなちゃんのガイドや，下段の例を参考にして，話すことを書き進めていきます。

指導のねらいと説明

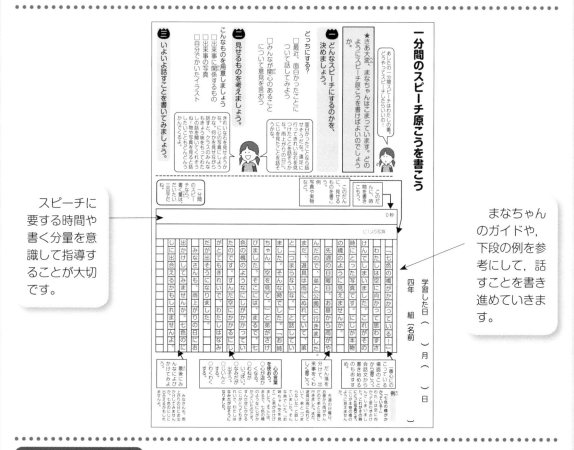

1分間スピーチ原稿の作成を目的としたワークシートです。何を，どのように話したらよいのかが分からないことが理由で，スピーチを苦手とする児童が多くいます。今回は，そのような児童を想定し，比較的話題を考えやすい体験報告型のスピーチを題材として取り上げました。中学年では，理由や事例などを挙げながら筋道を立てて話すことが大切です。このワークシートは，提示物を効果的に使用したり，構成にも気を向けさせたりするなど，中学年の指導事項にも生かせるように配慮しています。また，スピーチ原稿を完成させるためのガイドをのせることにより，児童は見通しをもって学習できるように工夫しています。

ワークシートの使い方

(1)　まなちゃんのガイドに従って，話題や提示する資料を考えます。

(2)　例を参考にして，自分の考えの理由や体験を考えます。

(3)　ワークシート中段にあるのが，スピーチを構成するガイドになっています。

3

一分間のスピーチ原こうを書こう

学習した日（　）月（　）日

四年　組〔名前　〕

★さあ大変、まなちゃんはこまっています。どのようにスピーチ原こうを書けばよいのでしょうか。

一 どんなスピーチにするのかを、決めましょう。

どっちにする？

□最近、面白かったことについて話してみよう

□みんなが関心のあることについて意見を言おう

二 見せるものを考えましょう。

こんなものを用意しましょう

□出来事に関係するもの

□出来事の写真

□自分でかいたイラスト

三 いよいよ話すことを書いてみましょう。

このだんに、時間を書きこもう。

このだんに、見せるものを書こう。例 写真や実物など。

一分間のスピーチなら、書く量は、だいたい三百字だね。

0秒

一番心にのこっている場面のことから書こう。会話文から書き始めるのもおすすめ。

だん落を分けて、出来事をくわしく書こう。

心の言葉を使おう。
○心が温かくなる。
○むねがいっぱい。
○なみだが出そう。
○じいんとする。
○わくわくする。

最後にみんなによびかけてみよう。

例

「七色の橋がかかっている！」

わたしは空に向かって思わずさけんでしまいました。**これがその時にとった写真です。**にじが本物の橋のように見えませんか。

先週の日曜日、お昼から雨がやんだので弟と公園に行きました。まだ、遊具は雨にぬれていて、弟と「つまらないな」と話していました。そんな時でした。「お姉ちゃん空を見て」と弟がさけびました。そこには、まるで、七色の橋のようなにじがかかっていたのです。すんだ空にかかるにじがとってもきれいで、わたしは**なみだが出そうになりました。**

みなさんも、雨上がりの日にお出かけしてみませんか。七色のにじに出合えるかもしれませんよ。

4 考えをカードに書いて話し合おう（話し合い）

〔話すこと・聞くこと，指導事項オ〕　言語活動イ

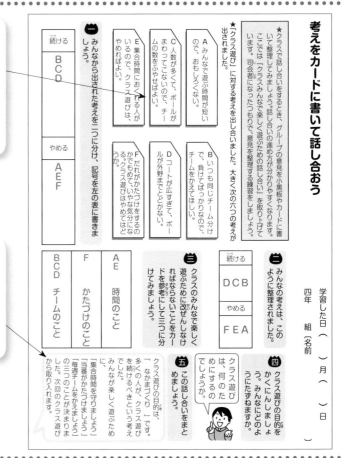

カードや付箋紙を活用することで，自由にカードを移動させて，分類を考えることができます。
司会者としてだけでなく，さまざまな話し合いの場において，付箋紙を活用することの便利さを実感させることが大切です。

ここでは，「クラス遊び」を続けるとして，話し合いをまとめています。クラス遊びの賛否を問う発問なども考えるとよいでしょう。いろいろなパターンを想定して，学習を進めていきましょう。

考えをカードに書いて話し合おう

★クラスで話し合いをするとき、グループの意見を小黒板やカードに書いて整理してみましょう。話し合いの進め方が分かりやすくなります。ここでは「クラスみんなで楽しく遊ぶための話し合い」を取り上げています。司会者になったつもりで、意見を整理する練習をしましょう。

★「クラス遊び」に対する考えを出し合いました。大きく次の六つの考えが出されました。

A みんなで遊ぶ時間が短いので、おもしろくない。

B いつも同じチーム分けで、負けてばっかりなので、チームをかえてほしい。

C 人数が多くて、ボールがまわってこないので、チームの数をふやせばよい。

D コートが広すぎて、ボールが外野までとどかない。

E 集合時間におくれる人がいるので、クラス遊びは、やめればよい。

F だれがかたづけをするのかでもめて、いやな気分になる。クラス遊びはやめてはどうか。

一 みんなから出された考えを二つに分け、記号を左の表に書きましょう。

続ける	やめる
BCD	AEF

学習した日（　）月（　）日　四年　組〔名前　　〕

二 みんなの考えは、このように整理されました。

続ける	やめる
DCB	FEA

三 クラスのみんなで楽しく遊ぶために改ぜんしなければならないことをカードを参考にして三つに分けてみましょう。

AE	時間のこと
F	かたづけのこと
BCD	チームのこと

四 クラス遊びの目的をかくにんしましょう。みんなにどのようにたずねますか。

五 この話し合いをまとめましょう。

クラス遊びの目的は、「なかまづくり」です。多くの人が、クラス遊びを続けるべきという考えでした。みんなが楽しく遊ぶために、「集合時間を守りましょう」「当番がかたづけましょう」「毎週チームをかえましょう」の三つのことが決まりました。次回のクラス遊びから取り入れます。

指導のねらいと説明

話し合いの意見を付箋紙にメモ書きし，整理，分類することを学ぶワークシートです。司会者には，話し合いがまとまるように進行していくという大切な役割があります。司会の仕事に慣れていない児童にとって，提案者や参加者の発言を整理したり，まとめたりすることは難しいことと思われがちです。しかし，付箋紙などに意見をメモし，整理，分類することで，解決策の手がかりが見つかります。他教科等の学習とも関連付けて話し合いの場を設定し，協議や討論などの司会経験を積むことが大切です。

ワークシートの使い方

(1)　メモに書いた「クラス遊びの問題点」を３つに分類します。
(2)　どのように分類したのかが分かるように，問題点を書き出します。
(3)　問題点ごとに解決策を考えます。

考えをカードに書いて話し合おう

学習した日（　　）月（　　）日

四年　　組〔名前　　　　　　　〕

★クラスで話し合いをするとき、グループの意見を小黒板やカードに書いて整理してみましょう。話し合いの進め方が分かりやすくなります。ここでは「クラスみんなで楽しく遊ぶための話し合い」を取り上げています。司会者になったつもりで、意見を整理する練習をしましょう。

★「クラス遊び」に対する考えを出し合いました。大きく次の六つの考えが出されました。

A みんなで遊ぶ時間が短いので、おもしろくない。

B いつも同じチーム分けで、負けてばっかりなので、チームをかえてほしい。

C 人数が多くて、ボールがまわってこないので、チームの数をふやせばよい。

D コートが広すぎて、ボールが外野までとどかない。

E 集合時間におくれる人がいるので、クラス遊びは、やめればよい。

F だれがかたづけをするのかでもめて、いやな気分になる。クラス遊びはやめてはどうか。

一　みんなから出された考えを二つに分け、記号を左の表に書きましょう。

続ける	
やめる	

二　みんなの考えは、このように整理されました。

続ける	
やめる	

三　クラスのみんなで楽しく遊ぶために改ぜんしなければならないことをカードを参考にして三つに分けてみましょう。

四　クラス遊びの目的をかくにんしましょう。みんなにどのようにたずねますか。

五　この話し合いをまとめましょう。

クラス遊びの目的は、「　　　　」です。多くの人が、クラス遊びを続けるべきという考えでした。みんなが楽しく遊ぶために、「　　　　」「　　　　」「　　　　」の三つのことが決まりました。次回のクラス遊びから取り入れます。

5 調べたことをはっきりさせてほう告しよう（調査報告）

〔書くこと，指導事項ア〕　言語活動イ

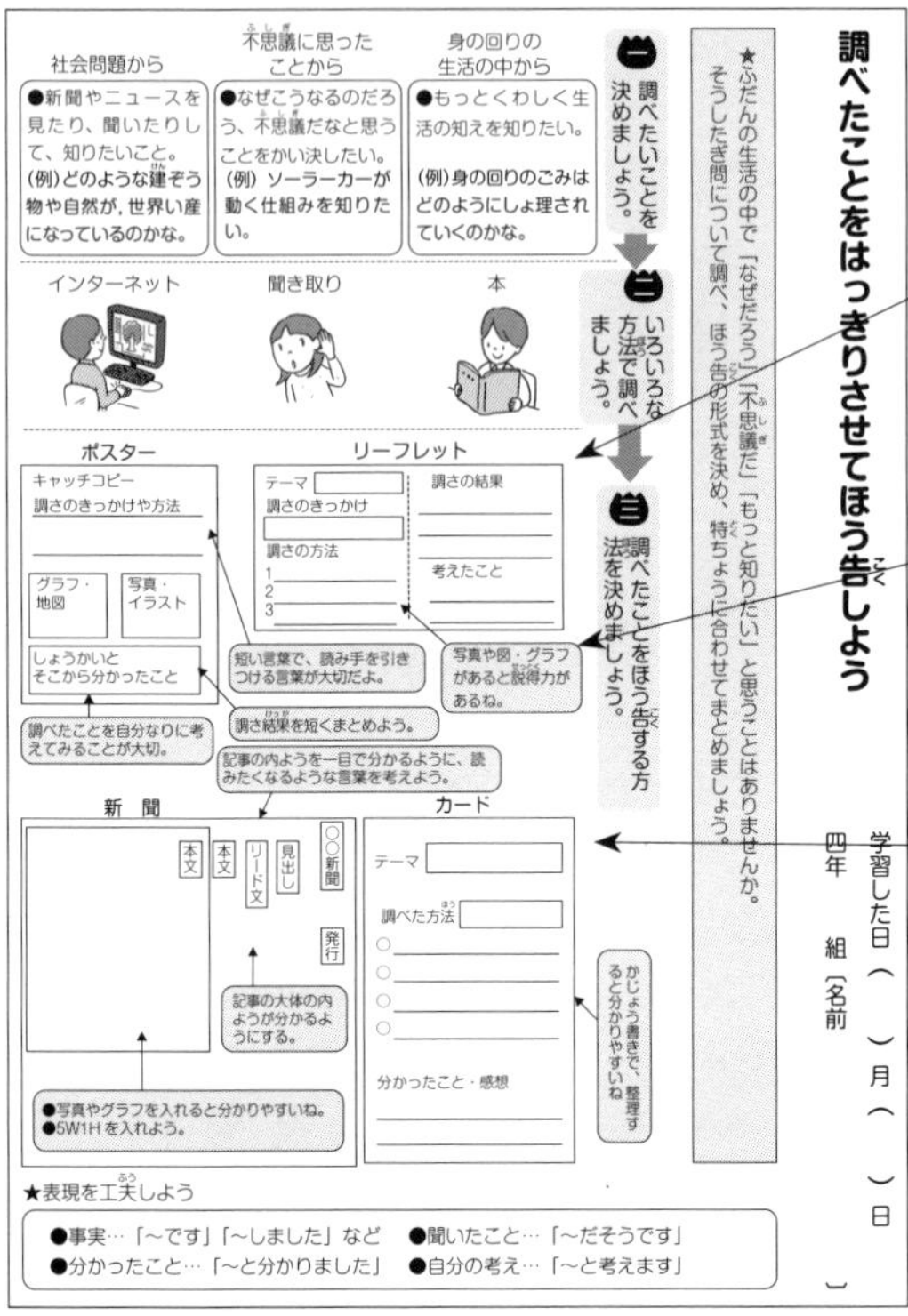

調査する目的，内容，伝え方，掲示する場所によって表現様式を選びます。

本や資料に書いてあることを引用するときは，出典をはっきり書きましょう。

伝える相手によって使用する漢字や文章の書きぶりなどが変わってきます。

指導のねらいと説明

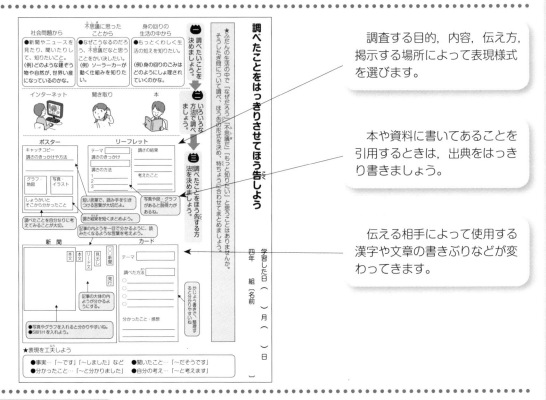

自分が不思議に思ったり，知りたい，解決したいと思ったりしていることがらの中から，調べたいことを決め，実際に調べて報告する文章を書くときの手順や方法を示しています。報告の形式として，新聞・ポスター・リーフレット・カードを取り上げました。調べた内容に合う様式を選び，その様式の特徴を生かし，読んでもらいたい相手や目的を明確にして文章を書くことが大切です。

ワークシートの使い方

(1) 日常生活や，自然現象，社会問題などから，もっと知りたい，不思議だ，解決したい，調べたいと思うことを決めます。聞き取り，本や資料，インターネットなどで，実際に調べていきます。

(2) ワークシートをヒントにして，調べたことを報告する文章様式を何にするかを考えます。その形式や読んでもらいたい相手によって，文章量や記述の仕方も変わります。

(3) 割り付けやレイアウトを考え，メモや記録，原稿をもとに調べたことを記述します。

5

調べたことをはっきりさせてほう告しよう

学習した日（　）月（　）日

四年　組〔名前　〕

★ふだんの生活の中で「なぜだろう」「不思議だ」「もっと知りたい」と思うことはありませんか。そうしたぎ問について調べ、ほう告の形式を決め、特ちょうに合わせてまとめましょう。

一　調べたいことを決めましょう。

社会問題から

●新聞やニュースを見たり、聞いたりして、知りたいこと。
(例)どのような建ぞう物や自然が，世界い産になっているのかな。

不思議に思ったことから

●なぜこうなるのだろう、不思議だなと思うことをかい決したい。
(例) ソーラーカーが動く仕組みを知りたい。

身の回りの生活の中から

●もっとくわしく生活の知えを知りたい。
(例)身の回りのごみはどのようにしょ理されていくのかな。

二　いろいろな方法で調べましょう。

インターネット

聞き取り

本

三　調べたことをほう告する方法を決めましょう。

ポスター

キャッチコピー

調さのきっかけや方法

グラフ・地図

写真・イラスト

しょうかいと
そこから分かったこと

- 短い言葉で、読み手を引きつける言葉が大切だよ。
- 調さ結果を短くまとめよう。
- 調べたことを自分なりに考えてみることが大切。

リーフレット

テーマ

調さのきっかけ

調さの方法
1
2
3

調さの結果

考えたこと

- 写真や図・グラフがあると説得力があるね。

新聞

○○新聞

発行

見出し

リード文

本文

本文

- 記事の内ようを一目で分かるように、読みたくなるような言葉を考えよう。
- 記事の大体の内ようが分かるようにする。
- ●写真やグラフを入れると分かりやすいね。
  ●5W1H を入れよう。

カード

テーマ

調べた方法

○
○
○
○

分かったこと・感想

- かじょう書きで、整理すると分かりやすいね

★表現を工夫しよう

●事実…「～です」「～しました」など　●聞いたこと…「～だそうです」
●分かったこと…「～と分かりました」　●自分の考え…「～と考えます」

6 ふしぎな世界へ旅に出かけよう（物語）

〔書くこと，指導事項イ・ウ〕　言語活動ア

物語の展開を考えます。起承転結を意識して，物語の展開を決めるとよいでしょう。そこで，起こる事件，失敗の仕方，解決の方法，そうして最後どのように終わらせるか。今までに自分が読んだ本の展開を想起することにより，物語のおもしろさを実感しながら考えるようにするとよいでしょう。

状況（場面）を設定します。お話の舞台をどこにするか，考えるようにしましょう。時間や場所の移動をどうするか決めましょう。

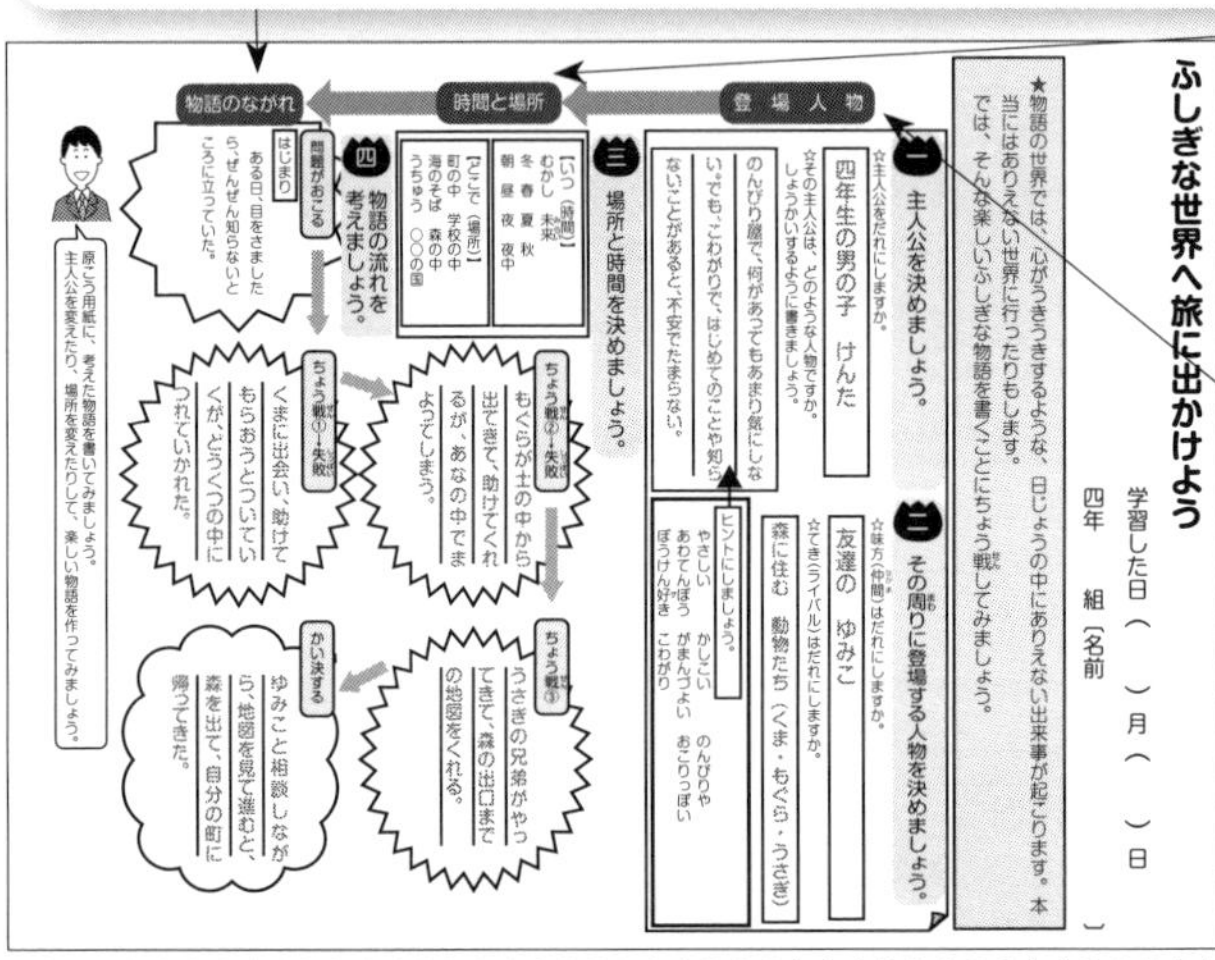
ふしぎな世界へ旅に出かけよう

学習した日（　）月（　）日

四年　組〔名前　〕

★物語の世界では，心がうきうきするような，日じょうの中にありえない出来事が起こります。本当にはありえない世界に行ったりもします。では，そんな楽しいふしぎな物語を書くことにちょう戦してみましょう。

登場人物

一 主人公を決めましょう。

☆主人公をだれにしますか。

四年生の男の子　けんた

☆その主人公は，どのような人物ですか。しょうかいするように書きましょう。

のんびり屋で，何があってもあまり気にしない。でも，こわがりで，はじめてのことや知らないことがあると，不安でたまらない。

二 その周りに登場する人物を決めましょう。

☆味方（仲間）はだれにしますか。

友達の　ゆみこ

☆てき（ライバル）はだれにしますか。

森に住む　動物たち（くま・もぐら・うさぎ）

ヒントにしましょう。

やさしい　かしこい　のんびりや

あわてんぼう　がまんづよい　おこりっぽい

ぼうけん好き　こわがり

時間と場所

三 場所と時間を決めましょう。

【いつ（時間）】むかし　未来　冬　春　夏　秋　朝　昼　夜　夜中

【どこで（場所）】町の中　学校の中　海のそば　森の中　うちゅう　○○の国

物語のながれ

四 物語の流れを考えましょう。

問題がおこる　はじまり　ある日，目をさましたら，ぜんぜん知らないところに立っていた。

ちょう戦①→失敗　くまに出会い，助けてもらおうとついていくが，どうくつの中につれていかれた。

ちょう戦②→失敗　もぐらが土の中から出てきて，助けてくれるが，あなの中でまよってしまう。

ちょう戦③　うさぎの兄弟がやってきて，森の出口までの地図をくれる。

かい決する　ゆみこと相談しながら，地図を見て進むと，森を出て，自分の町に帰ってきた。

原こう用紙に，考えた物語を書いてみましょう。主人公を変えたり，場所を変えたりして，楽しい物語を作ってみましょう。

人物を設定します。主人公が，「だれ」で「どんな性格か」によって，お話のおもしろさが変わってきます。また，いっしょに行動する人物や出会う人物も考えるとよいでしょう。

指導のねらいと説明

物語を読む経験を生かし，作者になって物語を書くことにより，物語の世界をより楽しむものです。物語や詩を読み，感想を述べ合うこととの関連を図り，物語の基本的な特徴を理解し，書くことを楽しむようにすることが大切です。これまでに読んできた物語から，登場人物の特徴や役割の設定，構成の特徴を見つけ，それらを生かして冒険物語を書こうとすることをねらいます。

また，物語の「冒頭部（状況設定）－展開部（事件と展開）－終結部（事件の解決）」の役割を理解し，事件と解決が繰り返され，発端から結末へと至る話の展開を構成して物語を書くことができるようにします。

ワークシートの使い方

(1)　主人公やその他の登場人物がそれぞれ役割をもっていることを考えながら，物語に登場する主人公とその周りに登場する人物の設定をします。

(2)　物語が展開する場面の時間（いつ）と場所（どこで）を設定します。

(3)　物語の展開を考え，どのような事件を起こし，解決していくかを考え，メモします。

(4)　設定したメモをもとに，物語を書いていきます。

ふしぎな世界へ旅に出かけよう

学習した日（　　）月（　　）日

四年　　組（名前　　　　　　　）

★物語の世界では、心がうきうきするような、日じょうの中にありえない出来事が起こります。本当にはありえない世界に行ったりもします。
では、そんな楽しいふしぎな物語を書くことにちょう戦してみましょう。

登場人物

一 主人公を決めましょう。

☆主人公をだれにしますか。

☆その主人公は、どのような人物ですか。
しょうかいするように書きましょう。

二 その周りに登場する人物を決めましょう。

☆味方（仲間）はだれにしますか。

☆てき（ライバル）はだれにしますか。

ヒントにしましょう。
やさしい　かしこい　のんびりや
あわてんぼう　がまんづよい　おこりっぽい
ぼうけん好き　こわがり

時間と場所

三 場所と時間を決めましょう。

【いつ（時間）】
むかし　未来
冬　春　夏　秋
朝　昼　夜　夜中

【どこで（場所）】
町の中　学校の中
海のそば　森の中
うちゅう　○○の国

物語のながれ

四 物語の流れを考えましょう。

問題がおこる

はじまり
ある日、目をさましたら、ぜんぜん知らないところに立っていた。

ちょう戦①→失敗

ちょう戦②→失敗

ちょう戦③

かい決する

原こう用紙に、考えた物語を書いてみましょう。
主人公を変えたり、場所を変えたりして、楽しい物語を作ってみましょう。

7 調べたことを新聞記事にしよう（新聞記事）

〔書くこと，指導事項ウ〕　言語活動イ

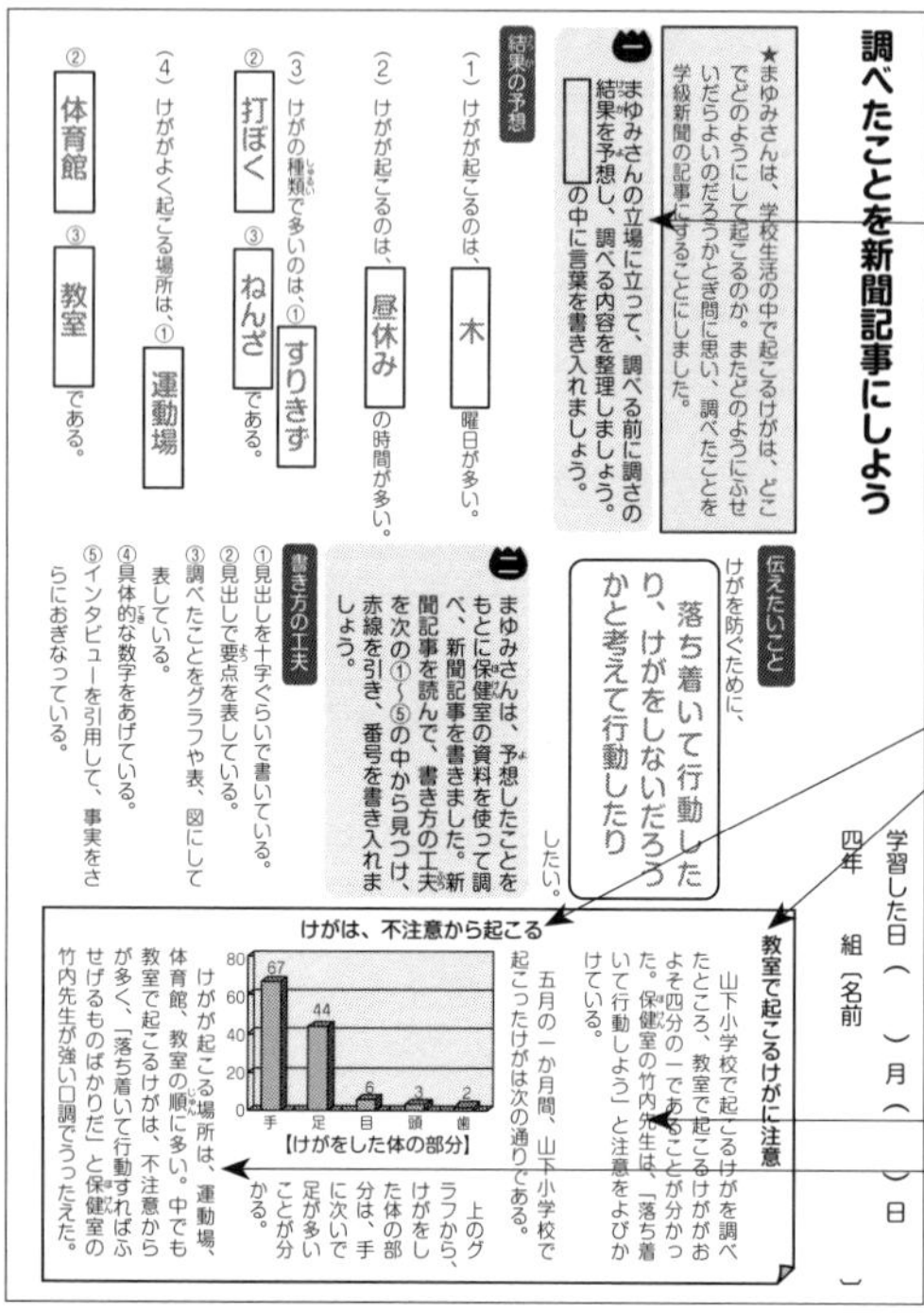

調べたことを新聞記事にしよう

学習した日（　）月（　）日

四年　組〔名前　〕

★まゆみさんは、学校生活の中で起こるけがは、どこでどのようにして起こるのか。またどのようにふせいだらよいのだろうかとぎ問に思い、調べたことを学級新聞の記事にすることにしました。

一　まゆみさんの立場に立って、調べる前に調さの結果を予想し、調べる内容を整理しましょう。□の中に言葉を書き入れましょう。

結果の予想

(1) けがが起こるのは、［木］曜日が多い。

(2) けがが起こるのは、［昼休み］の時間が多い。

(3) けがの種類で多いのは、①［すりきず］②［打ぼく］③［ねんざ］である。

(4) けががよく起こる場所は、①［運動場］②［体育館］③［教室］である。

伝えたいこと

けがを防ぐために、［落ち着いて行動したり、けがをしないだろうかと考えて行動したり］したい。

二　まゆみさんは、予想したことをもとに保健室の資料を使って調べ、新聞記事を書きました。新聞記事を読んで、書き方の工夫を次の①～⑤の中から見つけ、赤線を引き、番号を書き入れましょう。

書き方の工夫

①見出しを十字ぐらいで書いている。
②見出しで要点を表している。
③調べたことをグラフや表、図にして表している。
④具体的な数字をあげている。
⑤インタビューを引用して、事実をさらにおぎなっている。

教室で起こるけがに注意

山下小学校で起こるけがを調べたところ、教室で起こるけががおよそ四分の一であることが分かった。保健室の竹内先生は、「落ち着いて行動しよう」と注意をよびかけている。

五月の一か月間、山下小学校で起こったけがは次の通りである。

けがは、不注意から起こる

【けがをした体の部分】	手	足	目	頭	歯
	67	44	6	3	2

上のグラフから、けがをした体の部分は、手に次いで足が多いことが分かる。

けがが起こる場所は、運動場、体育館、教室の順に多い。中でも教室で起こるけがは、不注意からが多く、「落ち着いて行動すればふせげるものばかりだ」と保健室の竹内先生が強い口調でうったえた。

取材前の準備の１つとして，調査結果の予想と伝えたいことを整理させます。この準備は，①見通しをもった調査のため，②主張したい内容を決めるために必要です。

見出しは，数種類カードに書かせ，適切な見出しを選ばせましょう。

インタビューした内容を引用して伝えたいことを補強させます。新聞記事では，どのような言葉で締めくくっているか調べて表現に生かしましょう。

指導のねらいと説明

関心のあることについて調査をし，その結果を表やグラフにして報告する記事を書きます。新聞に表す言語活動を通して考えを交流します。調査事項を資料やアンケートから調べる前に，結果の予想を立て，相手に何を伝えたいのかを整理しておきます。調査期間中，進捗状況を確かめたり，表し方について子どもたちの相談に乗ったりすることが必要です。記事を書くときには，見出しや終結部に自分の考えを入れて書かせます。インタビューで得た情報を使って伝えたいことを補強させるのも１つの方法です。どのような言葉で表記するのか，読み合って推敲させましょう。

ワークシートの使い方

(1)　子どもたちに関心のあることから調べる事柄を決定します。

(2)　結果を予想させる問１の文を参考にして，調べる観点を決定します。

(3)　伝えたいことを書いて，新聞記事には，記者の主張が盛り込まれていることをつかみます。

(4)　新聞記事を読んで，表現の工夫を学習します。グラフでの表し方も参考にします。

(5)　自分で書いた新聞記事をグループの人たちと読み合う場を設定するとよいでしょう。

調べたことを新聞記事にしよう

学習した日（　　）月（　　）日
四年　　組〔名前　　　　　　　〕

★まゆみさんは、学校生活の中で起こるけがは、どこでどのようにして起こるのか。またどのようにふせいだらよいのだろうかとぎ問に思い、調べたことを学級新聞の記事にすることにしました。

一　まゆみさんの立場に立って、調べる前に調さの結果を予想し、調べる内容を整理しましょう。□の中に言葉を書き入れましょう。

結果の予想

（1）けがが起こるのは、□曜日が多い。

（2）けがが起こるのは、□の時間が多い。

（3）けがの種類で多いのは、①□②□③□である。

（4）けががよく起こる場所は、①□②□③□である。

伝えたいこと

けがを防ぐために、□したい。

二　まゆみさんは、予想したことをもとに保健室の資料を使って調べ、新聞記事を書きました。新聞記事を読んで、書き方の工夫を次の①～⑤の中から見つけ、赤線を引き、番号を書き入れましょう。

書き方の工夫

①見出しを十字ぐらいで書いている。
②見出しで要点を表している。
③調べたことをグラフや表、図にして表している。
④具体的な数字をあげている。
⑤インタビューを引用して、事実をさらにおぎなっている。

教室で起こるけがに注意

山下小学校で起こるけがを調べたところ、教室で起こるけががおよそ四分の一であることが分かった。保健室の竹内先生は、「落ち着いて行動しよう」と注意をよびかけている。

五月の一か月間、山下小学校で起こったけがは次の通りである。

けがは、不注意から起こる

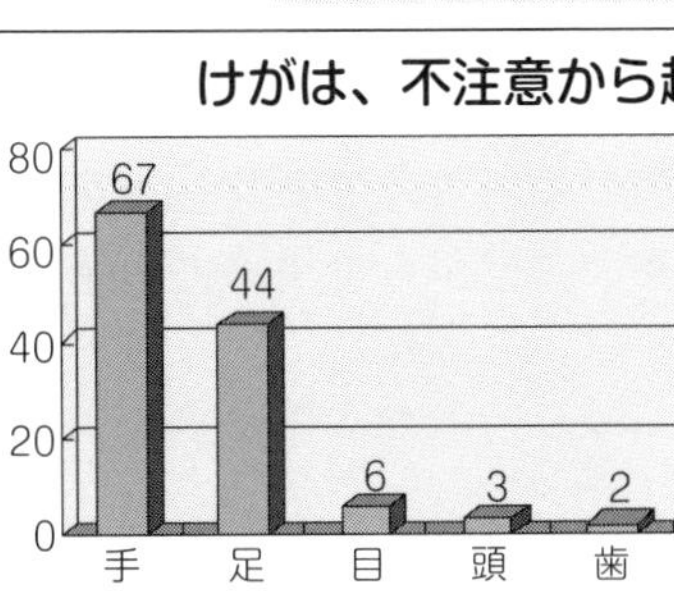

【けがをした体の部分】

上のグラフから、けがをした体の部分は、手に次いで足が多いことが分かる。

けがが起こる場所は、運動場、体育館、教室の順に多い。中でも教室で起こるけがは、不注意からが多く、「落ち着いて行動すればふせげるものばかりだ」と保健室の竹内先生が強い口調でうったえた。

8 使いやすいガイドブックを作ろう（広告・宣伝）

〔書くこと，指導事項ア〕　言語活動ウ

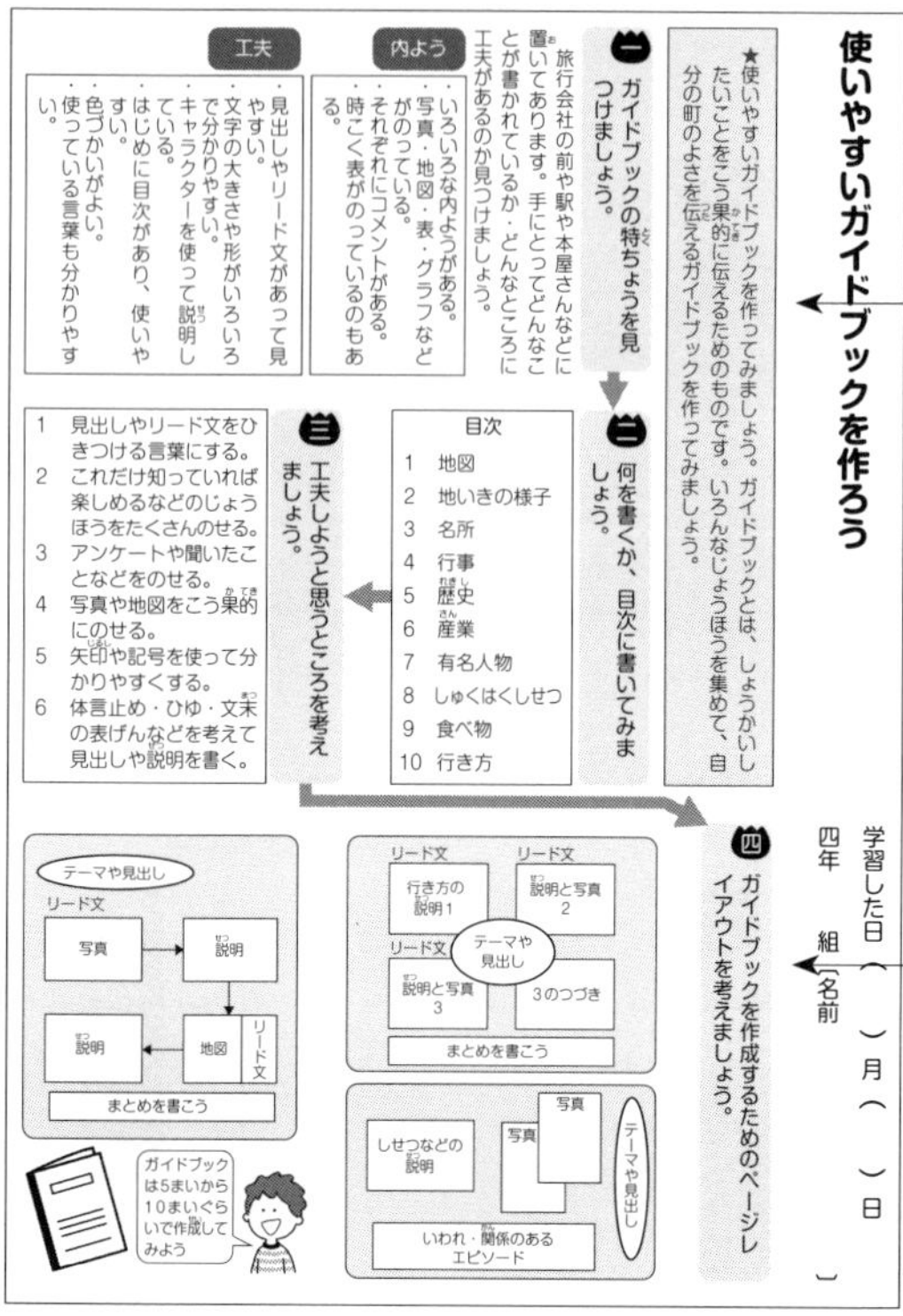

使いやすいガイドブックを作ろう

学習した日（　）月（　）日
四年　組〔名前　〕

★使いやすいガイドブックを作ってみましょう。ガイドブックとは、しょうかいしたいことをこう果的に伝えるためのものです。いろんなじょうほうを集めて、自分の町のよさを伝えるガイドブックを作ってみましょう。

一　ガイドブックの特ちょうを見つけましょう。

旅行会社の前や駅や本屋さんなどに置いてあります。手にとってどんなことが書かれているか・どんなところに工夫があるのか見つけましょう。

内よう
・いろいろな内ようがある。
・写真・地図・表・グラフなどがのっている。
・それぞれにコメントがある。
・時こく表がのっているのもある。

工夫
・見出しやリード文があって見やすい。
・文字の大きさや形がいろいろで分かりやすい。
・キャラクターを使って説明している。
・はじめに目次があり、使いやすい。
・色づかいがよい。
・使っている言葉も分かりやすい。

二　何を書くか、目次に書いてみましょう。

目次
1　地図
2　地いきの様子
3　名所
4　行事
5　歴史
6　産業
7　有名人物
8　しゅくはくしせつ
9　食べ物
10　行き方

三　工夫しようと思うところを考えましょう。

1　見出しやリード文をひきつける言葉にする。
2　これだけ知っていれば楽しめるなどのじょうほうをたくさんのせる。
3　アンケートや聞いたことなどをのせる。
4　写真や地図をこう果的にのせる。
5　矢印や記号を使って分かりやすくする。
6　体言止め・ひゆ・文末の表げんなどを考えて見出しや説明を書く。

四　ガイドブックを作成するためのページレイアウトを考えましょう。

たくさんの資料の中から，自分の思いを伝えるためにはどんなものを選んだらよいのか考えます。風景だけでなく，人物の写真や，活動している様子が分かるようなものを選びます。

説明を書くときは，そのときの様子が伝わるようにエピソードも書き加えたり，違う行程で過ごすことができたりすることなどを入れると楽しいガイドブックになります。

指導のねらいと説明

関心のあることなどから書くことを決め，目的に沿って集めた情報を分類しガイドブックを作ることをねらいにしています。

日常的に興味や関心をもっていること，経験した人に聞いたこと，本や資料で調べたことなどから，ガイドブックとしてみんなに紹介し伝えたいことが書けるようにします。レイアウトの仕方にも工夫ができるように市販のガイドブックを参考にするようにします。

写真や地図，説明などを効果的に使い，書くことがらを決めて明確に書くように指導しましょう。

ワークシートの使い方

(1)　興味や関心，経験したことや聞いたこと，本で読んだことなどから，ガイドブックを作成するために，どのような情報を収集したらよいのか考えます。

(2)　地域の人々へのインタビューやアンケートをしたことなどから，収集した資料や写真を効果的に使います。

(3)　資料を載せるだけでなく，相手や目的を考え，自分の意見も入れて作成します。

8

使いやすいガイドブックを作ろう

学習した日（　　）月（　　）日

四年　　組〔名前　　　　　　〕

★使いやすいガイドブックを作ってみましょう。ガイドブックとは、しょうかいしたいことをこう果的に伝えるためのものです。いろんなじょうほうを集めて、自分の町のよさを伝えるガイドブックを作ってみましょう。

一　ガイドブックの特ちょうを見つけましょう。

旅行会社の前や駅や本屋さんなどに置いてあります。手にとってどんなことが書かれているか・どんなところに工夫があるのか見つけましょう。

内よう

・いろいろな内ようがある。
・写真・地図・表・グラフなどがのっている。
・それぞれにコメントがある。
・時こく表がのっているのもある。

工夫

・見出しやリード文があって見やすい。
・文字の大きさや形がいろいろで分かりやすい。
・キャラクターを使って説明している。
・はじめに目次があり、使いやすい。
・色づかいがよい。
・使っている言葉も分かりやすい。

二　何を書くか、目次に書いてみましょう。

目次

1　地図
2　地いきの様子
3　名所
4　行事
5　歴史
6　産業
7　有名人物
8　しゅくはくしせつ
9　食べ物
10　行き方

三　工夫しようと思うところを考えましょう。

1　見出しやリード文をひきつける言葉にする。
2　これだけ知っていれば楽しめるなどのじょうほうをたくさんのせる。
3　アンケートや聞いたことなどをのせる。
4　写真や地図をこう果的にのせる。
5　矢印や記号を使って分かりやすくする。
6　体言止め・ひゆ・文末の表げんなどを考えて見出しや説明を書く。

四　ガイドブックを作成するためのページレイアウトを考えましょう。

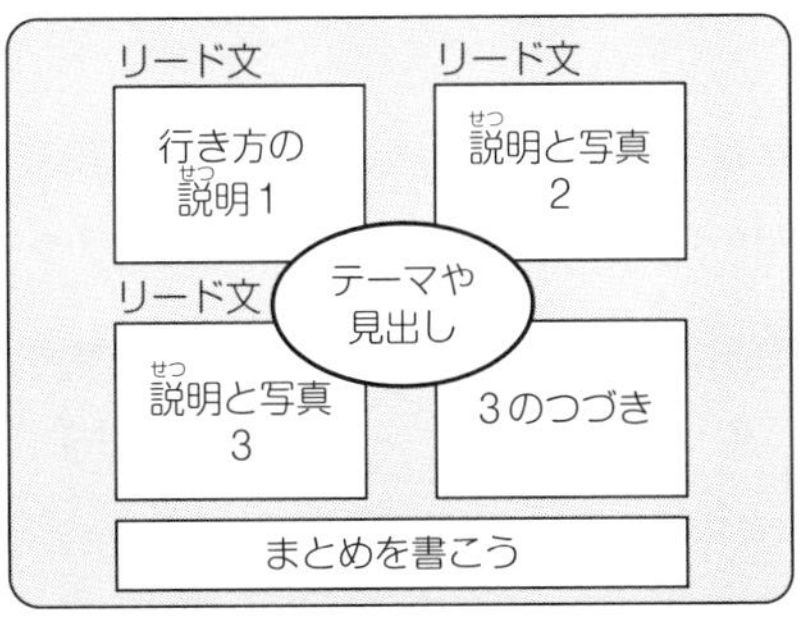

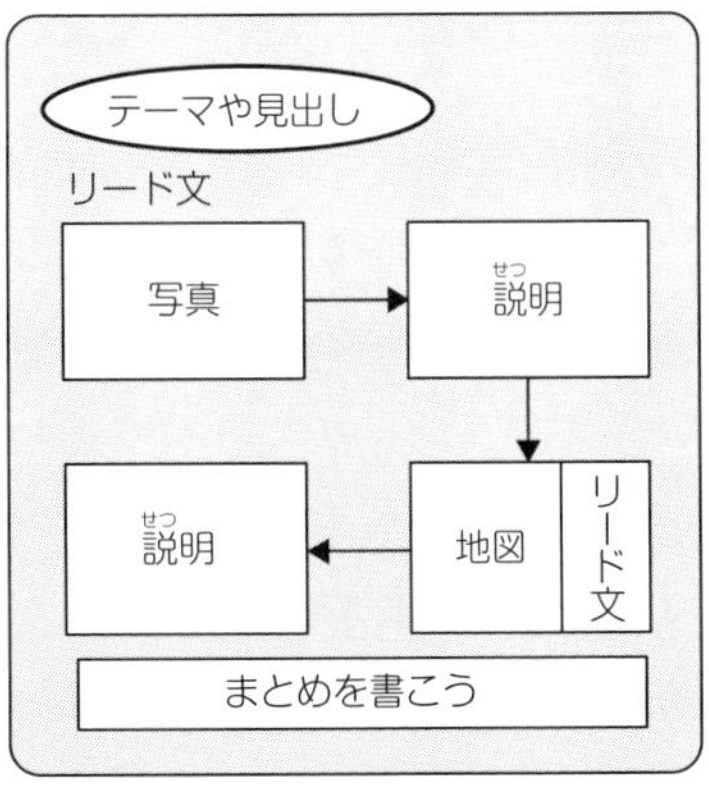

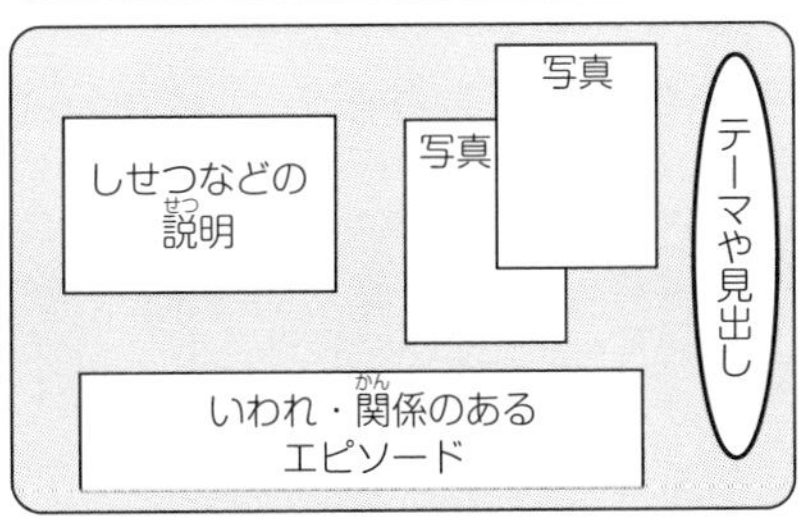

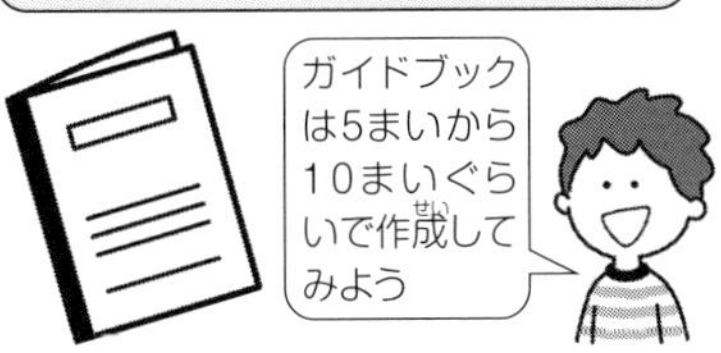

9 説明文はだん落にもとづいてこう成しよう（説明）

〔書くこと，指導事項イ〕　言語活動イ

説明文の構成には，いろいろなパターンがあることを示しています。
説明文を書くときに，構成を明確にすることができるようにしています。

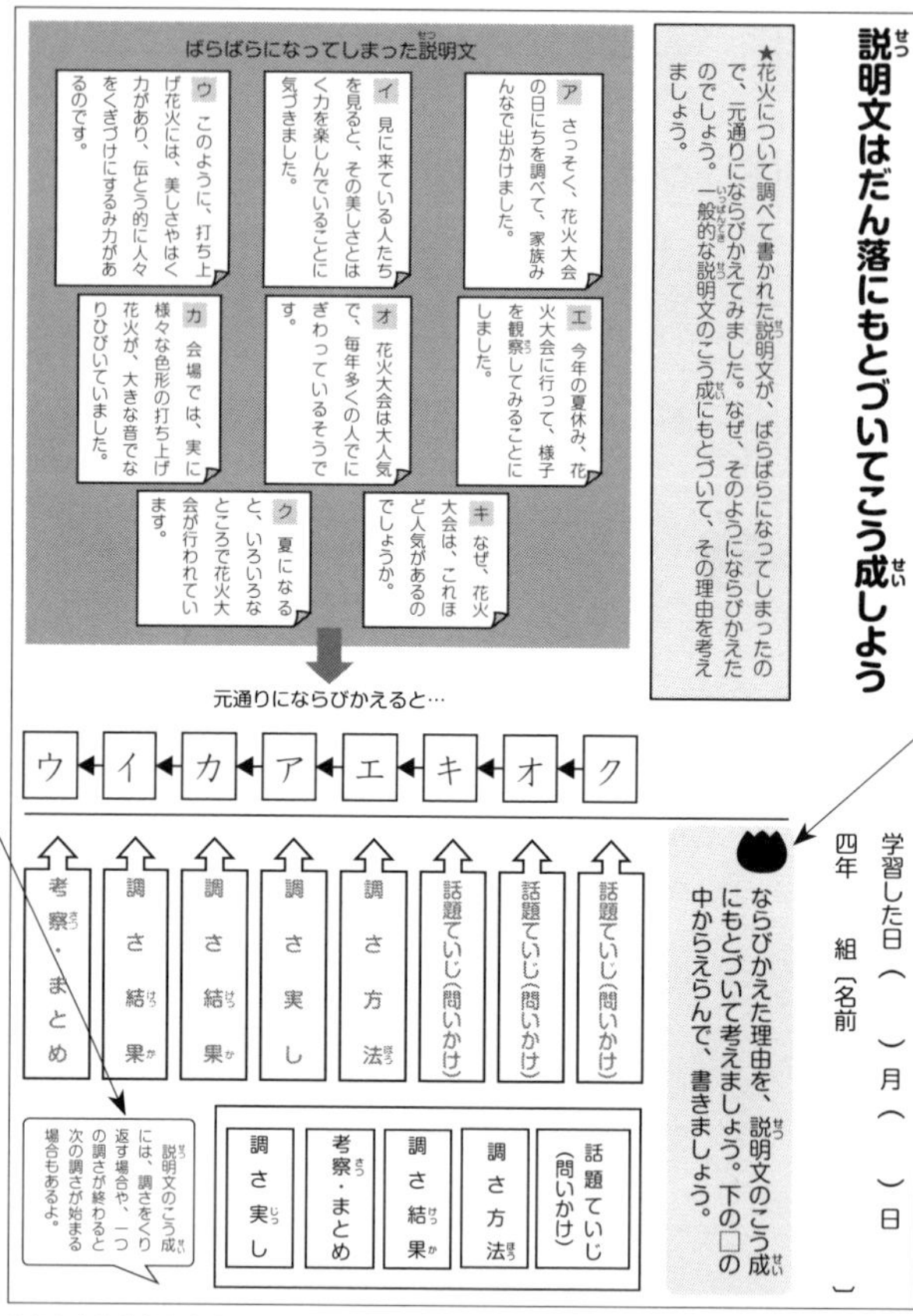

説明文はだん落にもとづいてこう成しよう

学習した日（　）月（　）日
四年　組〔名前　〕

★花火について調べて書かれた説明文が，ばらばらになってしまったので，元通りにならびかえてみました。なぜ，そのようにならびかえたのでしょう。一般的な説明文のこう成にもとづいて，その理由を考えましょう。

ばらばらになってしまった説明文

ア　さっそく，花火大会の日にちを調べて，家族みんなで出かけました。

イ　見に来ている人たちを見ると，その美しさとはく力を楽しんでいることに気づきました。

ウ　このように，打ち上げ花火には，美しさやはく力があり，伝とう的に人々をくぎづけにするみ力があるのです。

エ　今年の夏休み，花火大会に行って，様子を観察してみることにしました。

オ　花火大会は大人気で，毎年多くの人でにぎわっているそうです。

カ　会場では，実に様々な色形の打ち上げ花火が，大きな音でなりひびいていました。

キ　なぜ，花火大会は，これほど人気があるのでしょうか。

ク　夏になると，いろいろなところで花火大会が行われています。

元通りにならびかえると…

ク→オ→キ→エ→ア→カ→イ→ウ

話題ていじ（問いかけ）／話題ていじ（問いかけ）／話題ていじ（問いかけ）／調さ方法／調さ実し／調さ結果／調さ結果／考察・まとめ

ならびかえた理由を，説明文のこう成にもとづいて考えましょう。下の□の中からえらんで，書きましょう。

話題ていじ（問いかけ）／調さ方法／調さ結果／考察・まとめ／調さ実し

説明文のこう成には，調さをくり返す場合や，一つの調さが終わると次の調さが始まる場合もあるよ。

切り取られた簡単な説明文を，元通りに並び替えた理由を考える活動を通して，調査報告を基盤にした一般的な説明文の構成パターンを身に付けます。

指導のねらいと説明

調査報告を基盤にした説明文の構成パターンを確認することを目的としたワークシートです。そこから，他の説明的な文章へ当てはめて構成図を考えたり，実際に簡単な説明文を書いたりする活動へ広げることができます。指導のねらいは，説明文の構成要素にもとづいて段落のつながりを考え，文章の構成をとらえることです。

ワークシートの使い方

(1)　段落ごとに切り取られた簡単な説明文を，正しい順序に並び替えた理由を考えます。示された説明文の構成要素を参考にしながら，一般的な説明文の構成パターンにもとづいて理由を考えられるようにしています。

(2)　説明文には，他の構成パターンがあることも知らせています。これからいろいろな説明文を読んだり書いたりするときに生かすようにします。また，読んだことのある説明文で確かめてみるとよいでしょう。

9

説明文はだん落にもとづいてこう成しよう

★花火について調べて書かれた説明文が、ばらばらになってしまったので、元通りにならびかえてみました。なぜ、そのようにならびかえたのでしょう。一般的な説明文のこう成にもとづいて、その理由を考えましょう。

学習した日（　　）月（　　）日

四年　　組〔名前　　　　〕

ばらばらになってしまった説明文

ア　さっそく、花火大会の日にちを調べて、家族みんなで出かけました。

イ　見に来ている人たちを見ると、その美しさとはく力を楽しんでいることに気づきました。

ウ　このように、打ち上げ花火には、美しさやはく力があり、伝とう的に人々をくぎづけにするみ力があるのです。

エ　今年の夏休み、花火大会に行って、様子を観察してみることにしました。

オ　花火大会は大人気で、毎年多くの人でにぎわっているそうです。

カ　会場では、実に様々な色形の打ち上げ花火が、大きな音でなりひびいていました。

キ　なぜ、花火大会は、これほど人気があるのでしょうか。

ク　夏になると、いろいろなところで花火大会が行われています。

元通りにならびかえると…

ク → オ → キ → エ → ア → カ → イ → ウ

ならびかえた理由を、説明文のこう成にもとづいて考えましょう。下の□の中からえらんで、書きましょう。

話題ていじ（問いかけ）	調さ方法	調さ結果	考察・まとめ	調さ実し

説明文のこう成には、調さをくり返す場合や、一つの調さが終わると次の調さが始まる場合もあるよ。

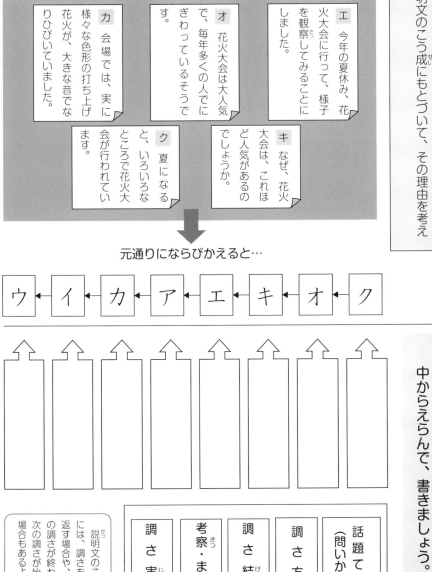

10 こまった！感想文が書けない（感想）

〔読むこと，指導事項イ・エ〕　言語活動ウ

こまった！　感想文が書けない

学習した日（　　）月（　　）日

四年　　組〔名前　　　　〕

★科学読み物を読んで感想文を書いたら、本の内ようばかりを写していた。こんなけい験をしたことはありませんか？　感想文をふくらませるためには、ふせんに思ったことをどんどんメモして活用するとこう果的です。科学読み物を読んで感想文を書いてみましょう。

一　本（科学読み物）を読みましょう。

二　ふせん紙にメモしましょう。

左下のまき物「科学読み物の感想文に書くとよいこと」を参考に、思いついたことをメモする。

三　ふせん紙を集めて、感想の言葉を決めましょう。

本を読んだ感想の中から、何を一番伝えたいのか決める。

四　ふせん紙をならびかえて、文章こう成を考えましょう。

大事にしたい感想の言葉が読む人に分かるように、文章こう成を考える。「はじめ・中・終わり」を考え、ふせん紙にメモした「科学読み物の感想文に書くとよいこと」の中から、何をどのような順番で書くかを決める。

五　原こう用紙に読書感想文を書いてみましょう。

（例）

題名　ウミガメといっしょに泳げる日まで

	観点	内容	記号
はじめ	自分の体験	ぼくは、今スイミングを習っている。去年の夏十メートルしか泳げなかった。「早くプールで二十五メートル泳げるようになりたい」と思い、今年の四月から習い始めた。	サ
中	本との出合い	そんな時、図書館で『ウミガメの海岸』という本を見つけて、思わず手に取った。	ア
	友達の話	夏休みに屋久島に行った友達から「ウミガメの産らんを見て感動した」という話を聞いて、「ぼくも見てみたいなぁ」と思っていたからだ。	シ
	本の作られ方	見開きいっぱいの大きな写真。今にも話しかけてきそうなウミガメの目。この本は、美しい写真がいっぱいだ。ページをめくる度に、広い海の世界が広がり、その中をウミガメといっしょに泳いでいる気分になっていった。……	ク
	自分の考え	この本を読めば、今自分が海の中を泳いでいるようなワクワクした気分になる。読み進めているうちに、「ぼくも海にもぐって、ウミガメといっしょに泳いでみたい」と強く思うようになった。	コ
終わり	今後どうするか	この本と出合って、新しい目標ができた。いつか、ぼくが大人になったら、きれいな海の中をウミガメといっしょに泳ぎたい。だから、これからもスイミングをがんばる。そして、本物のウミガメに会えるその日まで、ぼくはこの本の中で、ウミガメといっしょに泳ごうと思う。	ソ

科学読み物の感想文に書くとよいこと

ア　本との出合い
イ　題名から思ったこと
ウ　知っていたこと
エ　初めて知ったこと
オ　不思議に思ったこと
カ　筆者が強く言いたいこと
キ　筆者の書き方の工夫
ク　本の作られ方
ケ　引用したい言葉
コ　自分の考え
サ　自分の体験
シ　人から聞いた話
ス　テレビなどでみたこと
セ　今までに読んだ本
ソ　今後どうするか

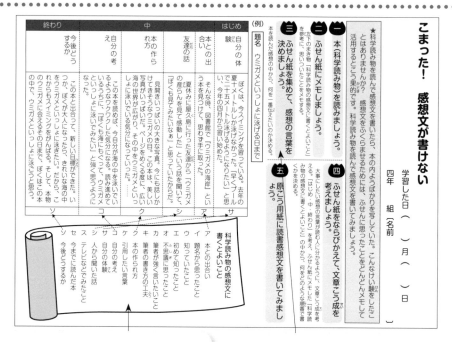

感想を膨らませるために15の観点を挙げています。自分がよく使っている観点や全然使っていない観点など，チェックしてみるとよいでしょう。

感想の言葉は一度だけでなく，ア～ソと結び付けながら，言葉を変えて何度も書くと，強く気持ちを伝えることができます。

指導のねらいと説明

感想を膨らませて科学読み物の読書感想文を書くことができるようにすることがねらいです。本の内容だけではなく，自分の考えや体験，見たり聞いたりしたことなどと結び付けながら，自分の感想を伝えることが大切です。

ワークシートの使い方

(1)　ワークシートを読んで，科学読み物の読書感想文の書き方を学びます。

(2)　実際に科学読み物を読み，「科学読み物の感想文に書くとよいこと」を参考にして，思ったことなどを付箋紙に書いていきます。

(3)　書いた付箋紙を集めて感想の言葉を決め，その感想の言葉が読む人に伝わるように，付箋紙を並べ替えながら文章構成を考えます。

(4)　実際に，原稿用紙に感想文を書きます。

こまった！ 感想文が書けない

学習した日（　　）月（　　）日

四年　　組〔名前　　　　〕

★科学読み物を読んで感想文を書いたら、本の内ようばかりを写していた。こんなけい験をしたことはありませんか？　感想文をふくらませるためには、ふせんに思ったことをどんどんメモして活用するとこう果的です。科学読み物を読んで感想文を書いてみましょう。

一　本（科学読み物）を読みましょう。

二　ふせん紙にメモしましょう。

左下のまき物「科学読み物の感想文に書くとよいこと」を参考に、思いついたことをメモする。

三　ふせん紙を集めて、感想の言葉を決めましょう。

本を読んだ感想の中から、何を一番伝えたいのか決める。

四　ふせん紙をならびかえて、文章こう成を考えましょう。

大事にしたい感想の言葉が読む人に分かるように、文章こう成を考える。「はじめ・中・終わり」を考え、ふせん紙にメモした「科学読み物の感想文に書くとよいこと」の中から、何をどのような順番で書くかを決める。

五　原こう用紙に読書感想文を書いてみましょう。

（例）

題名　ウミガメといっしょに泳げる日まで

はじめ	自分の体験	ぼくは、今スイミングを習っている。去年の夏十メートルしか泳げなかった。「早くプールで二十五メートル泳げるようになりたい」と思い、今年の四月から習い始めた。	サ
中	本との出合い	そんな時、図書館で『ウミガメの海岸』という本を見つけて、思わず手に取った。	ア
	友達の話	夏休みに屋久島に行った友達から「ウミガメの産らんを見て感動した」という話を聞いて、「ぼくも見てみたいなぁ」と思っていたからだ。	シ
	本の作られ方	見開きいっぱいの大きな写真。今にも話しかけてきそうなウミガメの目。この本は、美しい写真がいっぱいだ。ページをめくる度に、広い海の世界が広がり、その中をウミガメといっしょに泳いでいる気分になっていった。……	ク
	自分の考え	この本を読めば、今自分が海の中を泳いでいるようなワクワクした気分になる。読み進めているうちに、「ぼくも海にもぐって、ウミガメといっしょに泳いでみたい」と強く思うようになった。	コ
終わり	今後どうするか	この本と出合って、新しい目標ができた。いつか、ぼくが大人になったら、きれいな海の中をウミガメといっしょに泳ぎたい。だから、これからもスイミングをがんばる。そして、本物のウミガメに会えるその日まで、ぼくはこの本の中で、ウミガメといっしょに泳ごうと思う。	ソ

科学読み物の感想文に書くとよいこと

ア　本との出合い
イ　題名から思ったこと
ウ　知っていたこと
エ　初めて知ったこと
オ　不思議に思ったこと
カ　筆者が強く言いたいこと
キ　筆者の書き方の工夫
ク　本の作られ方
ケ　引用したい言葉
コ　自分の考え
サ　自分の体験
シ　人から聞いた話
ス　テレビなどでみたこと
セ　今までに読んだ本
ソ　今後どうするか

11 登場人物と友達になろう（物語）

〔読むこと，指導事項ウ〕 言語活動オ

好きな物語を読むだけでなく、お気に入りの登場人物は誰で、どのようなところが気に入っているのかを考えながら読むことは大切です。

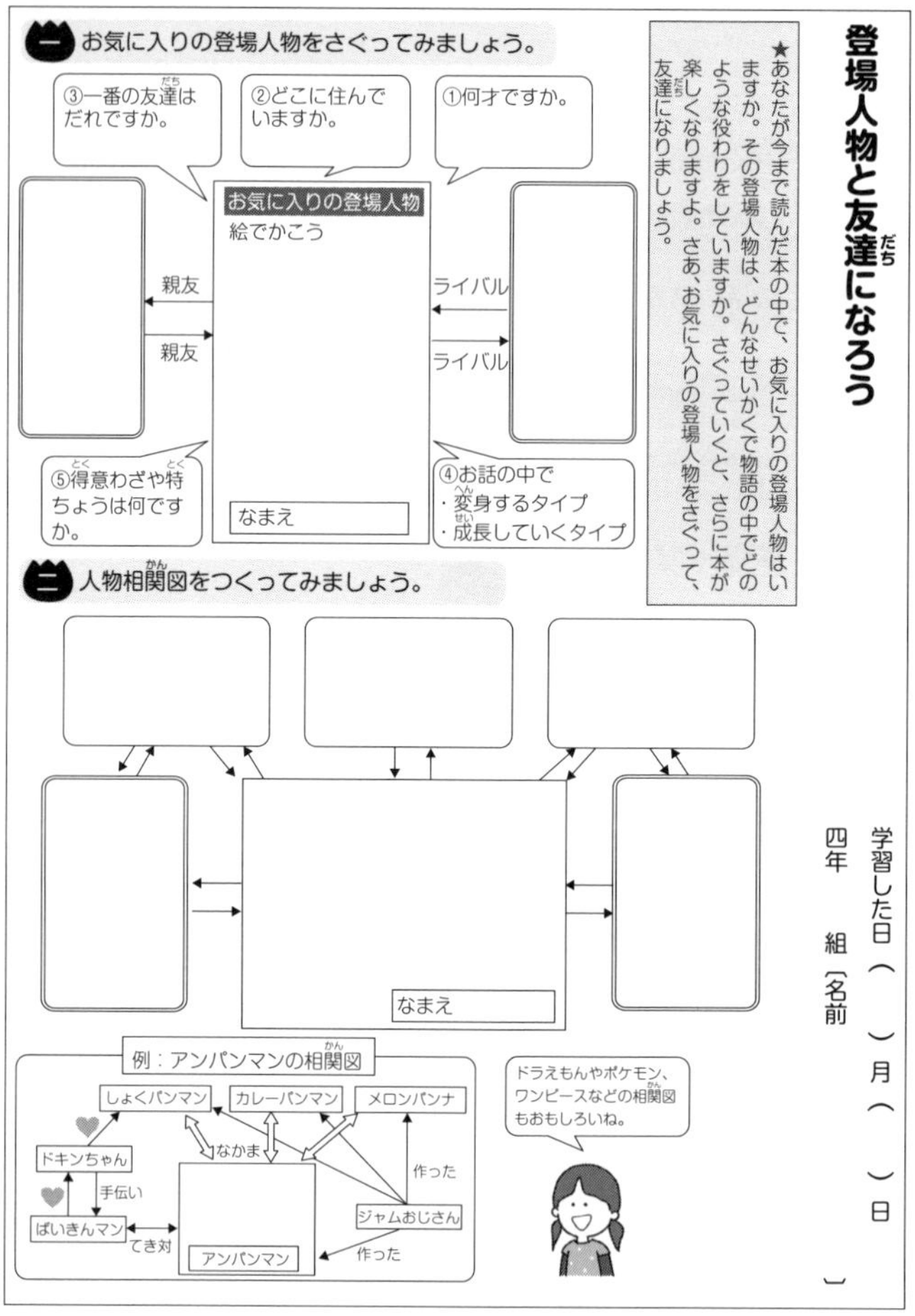
登場人物と友達になろう

★あなたが今まで読んだ本の中で、お気に入りの登場人物はいますか。その登場人物は、どんなせいかくで物語の中でどのような役わりをしていますか。さぐっていくと、さらに本が楽しくなりますよ。さあ、お気に入りの登場人物をさぐって、友達になりましょう。

学習した日（　）月（　）日

四年　組〔名前　　〕

一 お気に入りの登場人物をさぐってみましょう。

二 人物相関図をつくってみましょう。

お友達や、おうちの人と自分の好きな本を中心に会話が広がることで、本を読む楽しさが広がっていきます。

指導のねらいと説明

物語の中からお気に入りの登場人物を書くためのワークシートです。指導事項ウに関連して，登場人物の性格などを，叙述をもとに想像して読むことをねらっています。自分のお気に入りの登場人物について友達と交流することで，一人一人の感じ方の違いに気付くこともねらっています。

ワークシートの使い方

(1) お気に入りの登場人物を選びます。

(2) その登場人物について叙述をもとに想像して性格などを書きます。

(3) どうしてその登場人物が気に入ったのかを書きます。

11

登場人物と友達になろう

★あなたが今まで読んだ本の中で、お気に入りの登場人物はいますか。その登場人物は、どんなせいかくで物語の中でどのような役わりをしていますか。さぐっていくと、さらに本が楽しくなりますよ。さあ、お気に入りの登場人物をさぐって、友達になりましょう。

一 お気に入りの登場人物をさぐってみましょう。

①何才ですか。

②どこに住んでいますか。

③一番の友達はだれですか。

お気に入りの登場人物
絵でかこう

親友

親友

ライバル

ライバル

なまえ

④お話の中で
・変身するタイプ
・成長していくタイプ

⑤得意わざや特ちょうは何ですか。

二 人物相関図をつくってみましょう。

なまえ

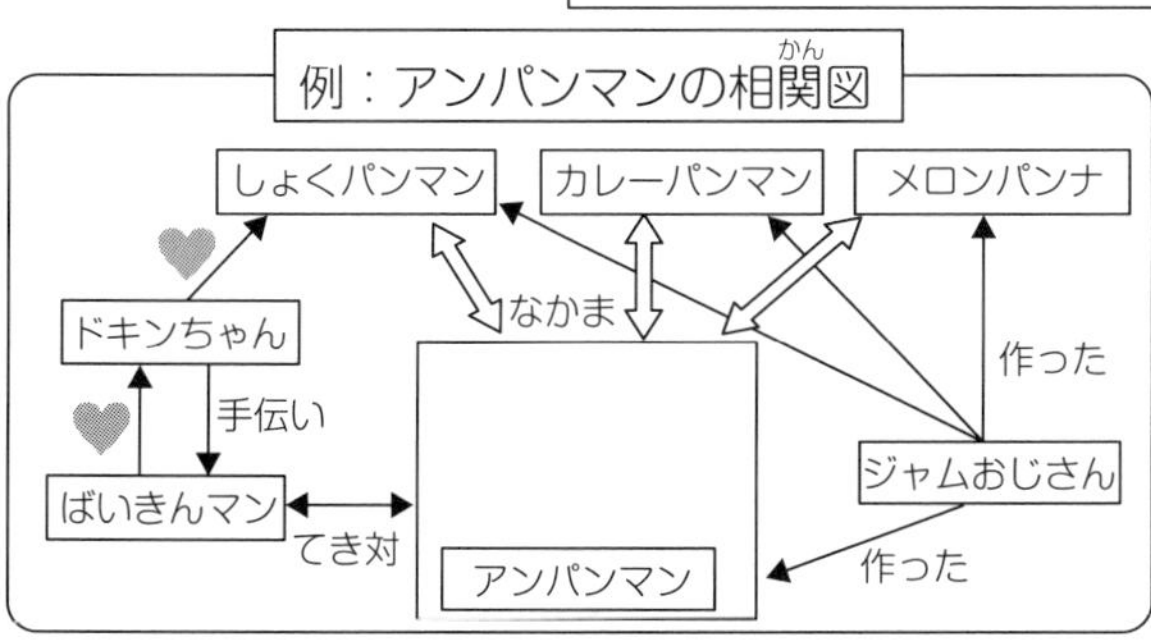

ドラえもんやポケモン、ワンピースなどの相関図もおもしろいね。

学習した日（　　）月（　　）日

四年　　組〔名前　　　　〕

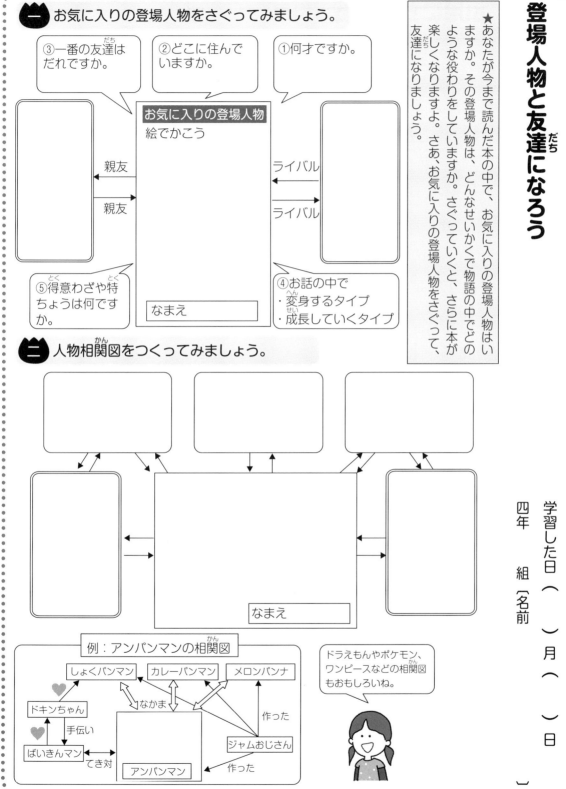

12 引用にちょう戦（引用）

〔読むこと，指導事項エ〕 言語活動ア，ウ，エ

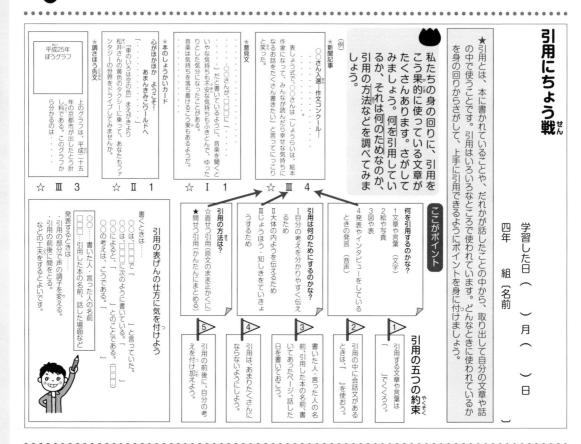

引用にちょう戦

学習した日（　　）月（　　）日

四年　　組〔名前　　　　　　　〕

★引用とは、本に書かれていることや、だれかが話したことの中から、取り出して自分の文章や話の中で使うことです。引用はいろいろなところで使われています。どんなときに使われているかを身の回りからさがして、上手に引用できるようにポイントを身に付けましょう。

私たちの身の回りに、引用をこう果的に使っている文章がたくさんあります。さがしてみましょう。何を引用しているか、それは何のためなのか、引用の方法などを調べてみましょう。

（例）

★新聞記事

○○さん入選―作文コンクール―

・・・・・・・・・・・・・・・・・。

表しょう式で、○○さんは「しょうらいは、絵本作家になって、みんなが読んだら幸せな気持ちになるお話をたくさん書きたい」と言ってにっこりと笑った。

☆　Ⅲ　4

★意見文

・・・・・・・・○○さんが、□□□に「・・・・・・・・」だと書いているように、音楽を聞くといやな気持ちも不安な気持ちもふきとんで、ゆったりとした気分になったことがある。音楽は気持ちを落ち着けるこう果もあるようだ。

・・・・・・・・・・・・・・・・・・・・

☆　Ⅰ　1

★本のしょうかいカード

心がほかほか　ようこそ！

あまんきみこワールドへ

「・・・・・・・・・・・・・」

『車のいろは空の色』まえがきより

松井さんの黄色のタクシーに乗って、あなたもファンタジーの世界をドライブしてみませんか。

☆　Ⅱ　1

★調さほう告文

平成25年

ぼうグラフ

上のグラフは、平成二十五年の京都市が出したとう計し料である。このグラフから分かるのは・・・・・

☆　Ⅲ　3

ここがポイント

何を引用するのかな？

1 文章や言葉　（文字）

2 絵や写真

3 図や表

4 発表やインタビューをしているときの発言　（音声）

引用は何のためにするのかな？

Ⅰ 自分の考えを分かりやすく伝えるため

Ⅱ 大体の内ようを伝えるため

Ⅲ じょうほう・知しきをていきょうするため

引用の方法は？

☆直せつ引用（原文のまま正かくに）

★間せつ引用（かんたんにまとめる）

引用の五つの約束

1 引用する文章や言葉は「　　」でくくろう。

2 引用の中に会話文があるときは、『　　』を使おう。

3 書いた人・言った人の名前、引用した本の名前、書いてあったページ、話した日を書いておこう。

4 引用は、あまりたくさんにならないようにしよう。

5 引用の前後に、自分の考えを付け加えよう。

引用の表げんの仕方に気を付けよう

書くときは……

○○は、□□□で「　　　　　」と言っていた。

○○は、□□□に次のように書いている。「　　　　　」

○○によると、「　　　　　」とのことである。（□□□）

○○の考えは、こうである。「　　　　　」

○○……書いた人・言った人の名前

□□□…引用した本の名前、話した場面など

発表するときは……

・引用の部分で声の調子を変える。

・引用の前後に間をとる。

などの工夫をするとよいです。

指導のねらいと説明

　身の回りにある引用が使われている資料をもとに，引用の仕方を身に付けることをねらいとしています。引用の仕方を学ぶことは，総合的な学習の時間などにおいて新聞を作ったり，意見文を書いたり，自分が学んだことを多くの人に伝える活動の際に，引用を使うことでより説得力のある説明をする上で有効です。

ワークシートの使い方

⑴　はじめに，引用について知り，ワークシートをもとに身の回りに引用が使われている資料があることに気付き，どのように引用されているかをモデル学習します。

⑵　次に，身の回りにある引用が使われている資料を探します。

⑶　それらの資料を読み取り，引用の効果・引用する材料・引用の方法を見つけます。

引用にちょう戦

学習した日（　）月（　）日

四年　組〔名前　〕

★引用とは、本に書かれていることや、だれかが話したことの中から、取り出して自分の文章や話の中で使うことです。引用はいろいろなところで使われています。どんなときに使われているかを身の回りからさがして、上手に引用できるようにポイントを身に付けましょう。

ここがポイント

何を引用するのかな？

1 文章や言葉　（文字）
2 絵や写真
3 図や表
4 発表やインタビューをしているときの発言　（音声）

引用は何のためにするのかな？

Ⅰ 自分の考えを分かりやすく伝えるため
Ⅱ 大体の内ようを伝えるため
Ⅲ じょうほう・知しきをていきょうするため

引用の方法は？

☆直せつ引用（原文のまま正かくに）
★間せつ引用（かんたんにまとめる）

引用の五つの約束

1. 引用する文章や言葉は「　」でくくろう。
2. 引用の中に会話文があるときは、『　』を使おう。
3. 書いた人・言った人の名前、引用した本の名前、書いてあったページ、話した日を書いておこう。
4. 引用は、あまりたくさんにならないようにしよう。
5. 引用の前後に、自分の考えを付け加えよう。

私たちの身の回りに、引用をこう果的に使っている文章がたくさんあります。さがしてみましょう。何を引用しているか、それは何のためなのか、引用の方法などを調べてみましょう。

（例）

★新聞記事

○○さん入選　作文コンクール
・・・・・・・・・・・・・・・・・・・・・・・・・・・。
表しょう式で、○○さんは「しょうらいは、絵本作家になって、みんなが読んだら幸せな気持ちになるお話をたくさん書きたい」と言ってにっこりと笑った。

☆　Ⅲ　4

★意見文

・・・・・・・・・・・・・・・・・・・・・・・・・・・・・・○○さんが、□□□に「・・・・・・・・・・」だと書いているように、音楽を聞くといやな気持ちも不安な気持ちもふきとんで、ゆったりとした気分になったことがある。
音楽は気持ちを落ち着けるこう果もあるようだ。

☆　Ⅰ　1

★本のしょうかいカード

心がほかほか　ようこそ！
あまんきみこワールドへ
「・・・・・・・・・・・・」
『車のいろは空の色』まえがきより
松井さんの黄色のタクシーに乗って、あなたもファンタジーの世界をドライブしてみませんか。

☆　Ⅱ　1

★調さほう告文

平成25年
ぼうグラフ

上のグラフは、平成二十五年の京都市が出したとう計し料である。このグラフから分かるのは・・・・・

☆　Ⅲ　3

引用の表げんの仕方に気を付けよう

書くときは……

○○は、□□□で「　」と言っていた。
○○は、□□□に次のように書いている。「　」
○○によると、「　」とのことである。（□□□）
○○の考えは、こうである。「　」

○○……書いた人・言った人の名前
□□□…引用した本の名前、話した場面など

発表するときは……

・引用の部分で声の調子を変える。
・引用の前後に間をとる。
などの工夫をするとよいです。

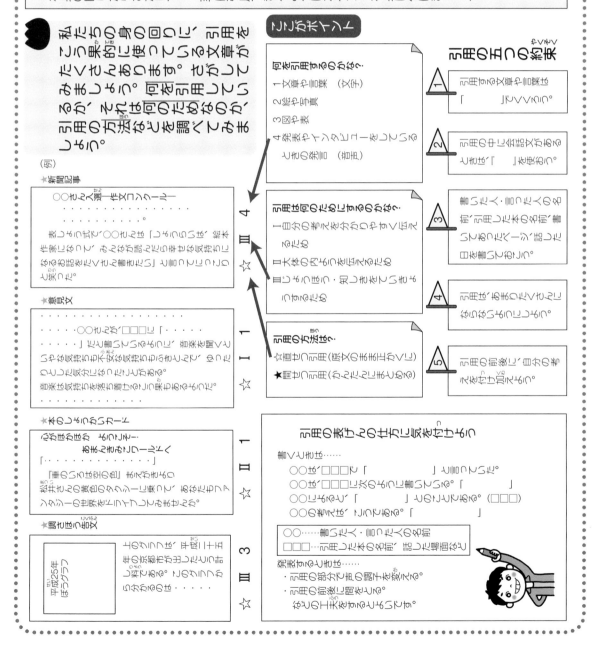

13 おすすめの本をしょうかいしよう（紹介）

〔読むこと，指導事項エ〕　言語活動エ

おすすめの本を　しょうかいしよう

学習した日（　　）月（　　）日　四年　　組〔名前　　　　　　　　　〕

★今までに読んだシリーズ作品の中で，友達にしょうかいしたい本をしょうかいしましょう。なぜしょうかいしたいのかランキングの形にしてみましょう。

一　一番お気に入りのシリーズ作品とその本の名前を書きましょう。

シリーズ名『　車のいろは空のいろ　』
作者名　あまんきみこ

二　登場人物をしょうかいするために，右のわくの中に絵をかきましょう。（1人でも2人でもかまいません）

三　おもしろかったところ，おどろいたところ，一番心に残ったところ，楽しかったところ，感動したところなど，自分の気持ちが変わったところを伝えるために，しょうかいしたい本のランキングベスト2を書きましょう。

第1位の本の名前『　星のタクシー　』

- おもしろかったところ
- おどろいたところ（〇）
- 一番心に残ったところ
- 楽しかったところ
- 感動したところ

　星まつりのよるに松井さんは、落とし物をした小さな姉妹と出会います。今日も松井さんは不思議を乗せます。

第2位の本の名前『　白いぼうし　』

- おもしろかったところ（〇）
- おどろいたところ
- 一番心に残ったところ
- 楽しかったところ
- 感動したところ

　白いぼうしの他に、くましんしなど8つの作品がのっています。「お客さん、どちらまで」の不思議な旅です。

指導のねらいと説明

「シリーズ作品を読んで相手に紹介する」ことが目的のワークシートです。中学年では，目的に応じた読書を意図的に指導することが大切です。ここでは，自分が読んだシリーズ作品の中で，文章を読んで考えたことや感じたことを相手に紹介します。シリーズ作品の登場人物やおすすめしたい話の内容を書きます。

ワークシートの使い方

(1)　おすすめのシリーズ作品を選びます。
(2)　シリーズ作品の中で，紹介したい本を２冊選びます。
(3)　なぜ，相手におすすめしたいのかを「おもしろかったところ」「おどろいたところ」「一番心に残ったところ」「楽しかったところ」「感動したところ」の５つの観点から選びます。
(4)　作品の特徴を１～２文で書きます。

ワークシート

13

おすすめの本を　しょうかいしよう

学習した日（　　）月（　　）日　四年　　組〔名前　　　　　　　　〕

★今までに読んだシリーズ作品の中で，友達にしょうかいしたい本をしょうかいしましょう。なぜしょうかいしたいのかランキングの形にしてみましょう。

一 一番お気に入りのシリーズ作品とその本の名前を書きましょう。

シリーズ名『　　　　　　　　　　　　　　　　』

作者名

二 登場人物をしょうかいするために，右のわくの中に絵をかきましょう。（1人でも2人でもかまいません）

三 おもしろかったところ，おどろいたところ，一番心に残ったところ，楽しかったところ，感動したところなど，自分の気持ちが変わったところを伝えるために，しょうかいしたい本のランキングベスト2を書きましょう。

第1位の本の名前『　　　　　　　　　　　　　　　　』

- おもしろかったところ
- おどろいたところ
- 一番心に残ったところ
- 楽しかったところ
- 感動したところ

第2位の本の名前『　　　　　　　　　　　　　　　　』

- おもしろかったところ
- おどろいたところ
- 一番心に残ったところ
- 楽しかったところ
- 感動したところ

14 説明文ってどうやって読めばいいの？（説明）

〔読むこと，指導事項イ〕　言語活動イ

説明文の冒頭部には，問いかけの文を始め，大切な情報がたくさん入っています。

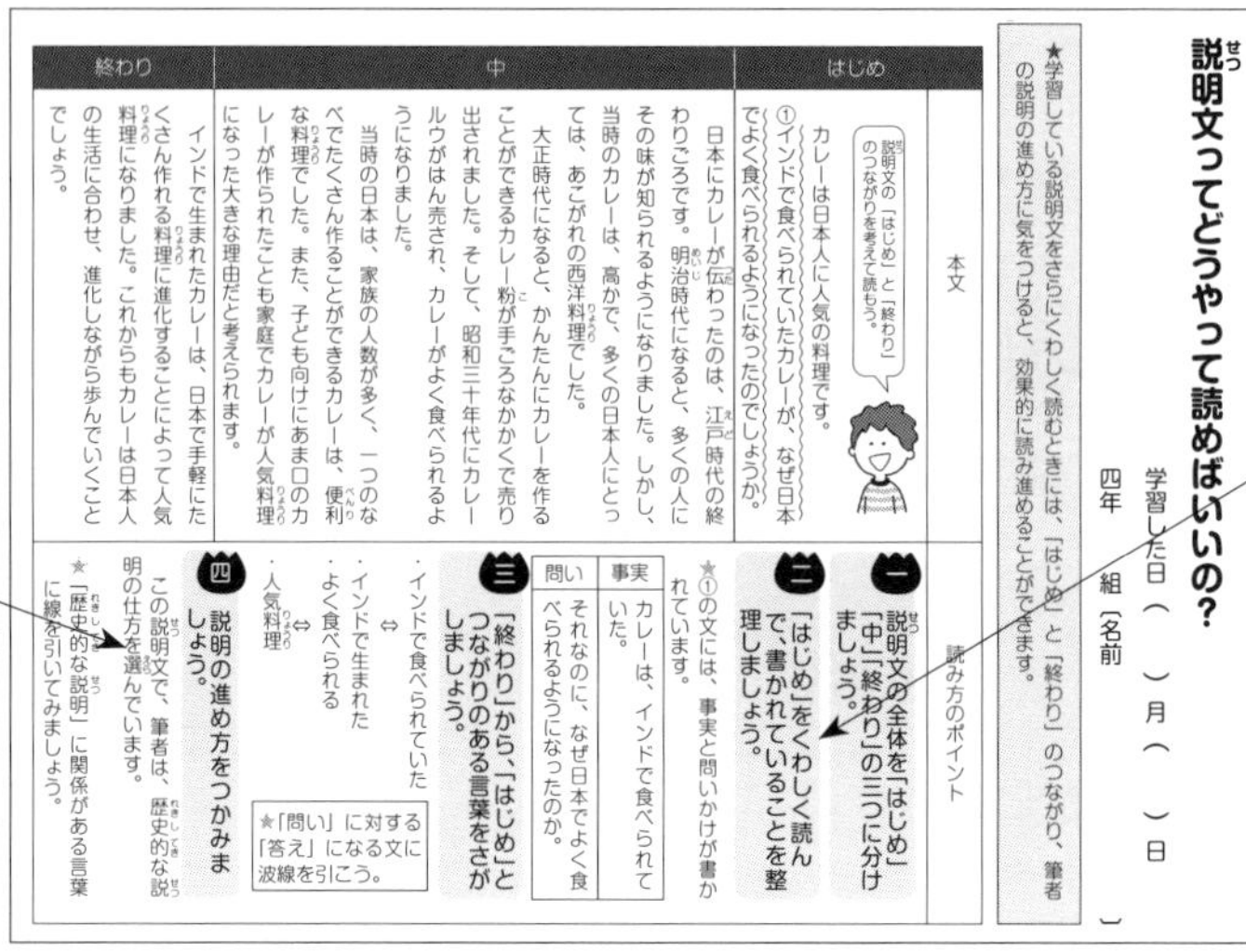
説明文ってどうやって読めばいいの？

学習した日（　）月（　）日

四年　組〔名前　　〕

★学習している説明文をさらにくわしく読むときには、「はじめ」と「終わり」のつながり、筆者の説明の進め方に気をつけると、効果的に読み進めることができます。

本文

はじめ

説明文の「はじめ」と「終わり」のつながりを考えて読もう。

カレーは日本人に人気の料理です。①インドで食べられていたカレーが、なぜ日本でよく食べられるようになったのでしょうか。

中

日本にカレーが伝わったのは、江戸時代の終わりごろです。明治時代になると、多くの人にその味が知られるようになりました。しかし、当時のカレーは、高かで、多くの日本人にとっては、あこがれの西洋料理でした。

大正時代になると、かんたんにカレーを作ることができるカレー粉が手ごろなかかくで売り出されました。そして、昭和三十年代にカレールウがはん売され、カレーがよく食べられるようになりました。

当時の日本は、家族の人数が多く、一つのなべでたくさん作ることができるカレーは、便利な料理でした。また、子ども向けにあま口のカレーが作られたことも家庭でカレーが人気料理になった大きな理由だと考えられます。

終わり

インドで生まれたカレーは、日本で手軽にたくさん作れる料理に進化することによって人気料理になりました。これからもカレーは日本人の生活に合わせ、進化しながら歩んでいくことでしょう。

読み方のポイント

一　説明文の全体を「はじめ」「中」「終わり」の三つに分けましょう。

二　「はじめ」をくわしく読んで、書かれていることを整理しましょう。

★①の文には、事実と問いかけが書かれています。

事実	問い
カレーは、インドで食べられていた。	それなのに、なぜ日本でよく食べられるようになったのか。

三　「終わり」から、「はじめ」とつながりのある言葉をさがしましょう。

・インドで食べられていた ⇔ ・インドで生まれた

・よく食べられる ⇔ ・人気料理

★「問い」に対する「答え」になる文に波線を引こう。

四　説明の進め方をつかみましょう。

この説明文で、筆者は、歴史的な説明の仕方を選んでいます。

★「歴史的な説明」に関係がある言葉に線を引いてみましょう。

説明の観点を変えると，別の考え方も浮かんできます。説明の観点は，自分ならどう考えるかということを考えるときにも役立ちます。

指導のねらいと説明

説明文を読む力の育成を目指したワークシートです。「はじめ」「中」「終わり」の構成に分けて読むこと，冒頭部を丁寧に分析すること，説明のカテゴリーに注意して読むことに気付かせることがねらいです。説明のカテゴリーには，次のようなものがあります。

①内容（それは，なにか）　②成り立ち（何でできているか）
③分け方（どんな仲間に入るか）　④形（どんな形か）
⑤作り（どんなふうになっているか）　⑥理由（どうしてそうなるのか）
⑦働き（どんな働きをしているか）　⑧目的（どんなことに使うか）
⑨方法（どう使うか）　⑩分布（どこにあるか）　⑪変化（どう変わるか）
⑫問題点（何が問題となるか）　⑬歴史（どのようにしてできたか）
⑭感じたこと（どんな感じか）　⑮関わり（どう関わるか）

ワークシートの使い方

(1)　本文を「はじめ」「中」「終わり」に分け，説明文の基本的な構成を整理します。

(2)　「はじめ」から，話題に関する事実と問いを見つけ，説明文の冒頭部の役割を確かめます。

(3)　「問い」に対する「答え」となる部分を探し，説明の展開の仕方と「はじめ」と「終わり」とのつながりをつかみます。

(4)　筆者が取り上げている説明のカテゴリーを確かめ，関連する言葉を見つけます。別のカテゴリーで説明するとどうなるかということも考えてみましょう。

説明文ってどうやって読めばいいの？

学習した日（　　）月（　　）日

四年　　組（名前　　　　　　　）

★学習している説明文をさらにくわしく読むときには、「はじめ」と「終わり」のつながり、筆者の説明の進め方に気をつけると、効果的に読み進めることができます。

	本文	読み方のポイント
はじめ	 カレーは日本人に人気の料理です。 ①インドで食べられていたカレーが、なぜ日本でよく食べられるようになったのでしょうか。	**一** 説明文の全体を「はじめ」「中」「終わり」の三つに分けましょう。 **二** 「はじめ」をくわしく読んで、書かれていることを整理しましょう。 ★①の文には、事実と問いかけが書かれています。 事実：カレーは、インドで食べられていた。 問い：それなのに、なぜ日本でよく食べられるようになったのか。
中	日本にカレーが伝わったのは、江戸時代の終わりごろです。明治時代になると、多くの人にその味が知られるようになりました。しかし、当時のカレーは、高かで、多くの日本人にとっては、あこがれの西洋料理でした。 大正時代になると、かんたんにカレーを作ることができるカレー粉が手ごろなかかくで売り出されました。そして、昭和三十年代にカレールウがはん売され、カレーがよく食べられるようになりました。 当時の日本は、家族の人数が多く、一つのなべでたくさん作ることができるカレーは、便利な料理でした。また、子ども向けにあま口のカレーが作られたことも家庭でカレーが人気料理になった大きな理由だと考えられます。	**三** 「終わり」から、「はじめ」とつながりのある言葉をさがしましょう。 ・インドで食べられていた ⇔ ・インドで生まれた ・よく食べられる ⇔ ・人気料理 ★「問い」に対する「答え」になる文に波線を引こう。
終わり	インドで生まれたカレーは、日本で手軽にたくさん作れる料理に進化することによって人気料理になりました。これからもカレーは日本人の生活に合わせ、進化しながら歩んでいくことでしょう。	**四** 説明の進め方をつかみましょう。 この説明文で、筆者は、歴史的な説明の仕方を選んでいます。 ★「歴史的な説明」に関係がある言葉に線を引いてみましょう。

1 あなたも，名プレゼンター（発表）

〔話すこと・聞くこと，指導事項イ〕　言語活動ア

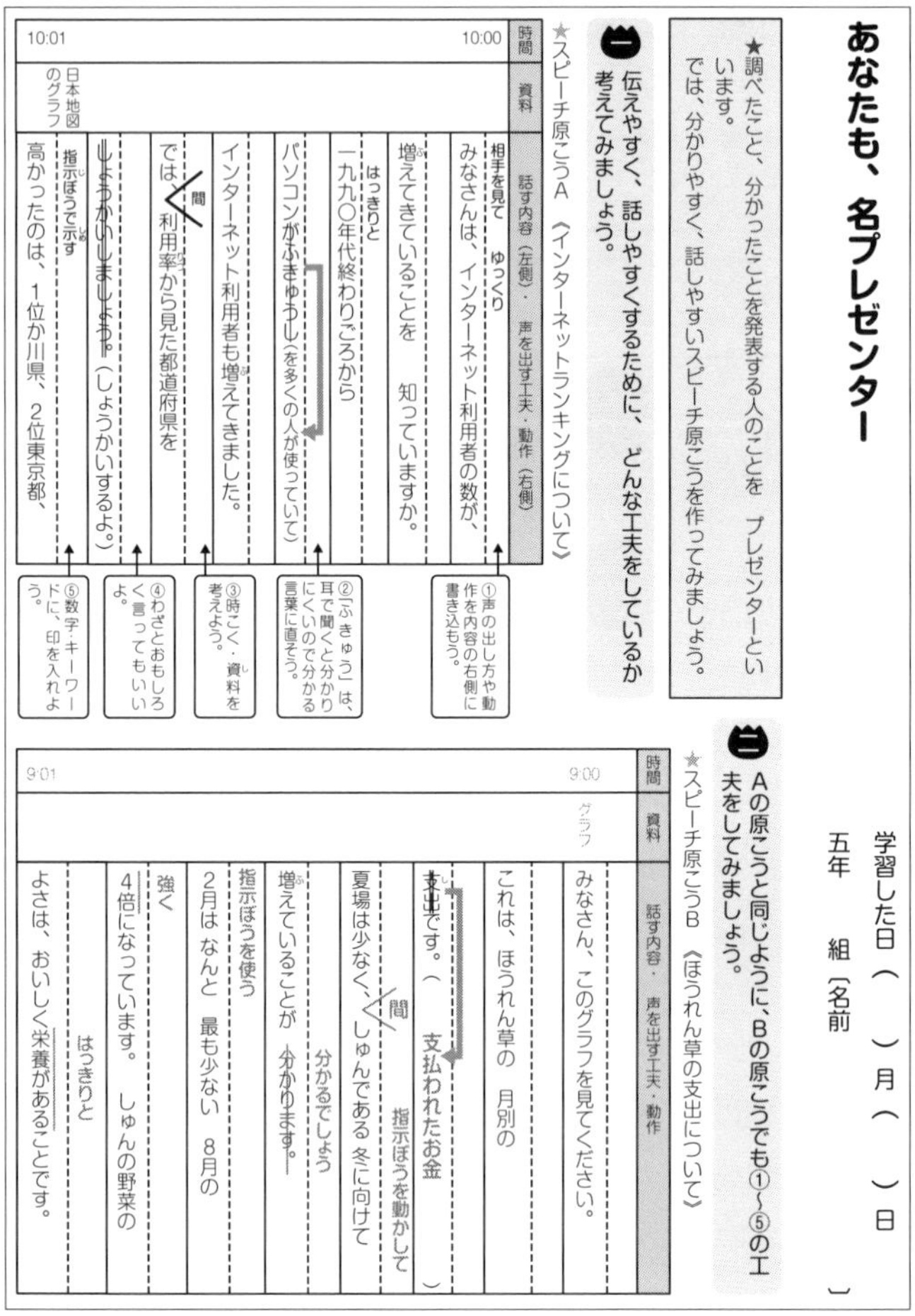
あなたも、名プレゼンター

学習した日（　）月（　）日
五年　組〔名前　〕

★調べたこと、分かったことを発表する人のことを　プレゼンターといいます。
では、分かりやすく、話しやすいスピーチ原こうを作ってみましょう。

一　伝えやすく、話しやすくするために、どんな工夫をしているか考えてみましょう。

★スピーチ原こうA《インターネットランキングについて》

時間：10:00～10:01
資料：日本地図のグラフ
話す内容（左側）・声を出す工夫・動作（右側）

相手を見て　ゆっくり
みなさんは、インターネット利用者の数が、
増えてきていることを　知っていますか。
はっきりと
一九九〇年代終わりごろから
パソコンがふきゅうし（を多くの人が使っていて）
インターネット利用者も増えてきました。
間
では、利用率から見た都道府県を
しょうかいしましょう。（しょうかいするよ。）
指示ぼうで示す
高かったのは、1位か川県、2位東京都、

①声の出し方や動作を内容の右側に書き込もう。
②「ふきゅう」は、耳で聞くと分かりにくいので分かる言葉に直そう。
③時こく・資料を考えよう。
④わざとおもしろく言ってもいいよ。
⑤数字・キーワードに、印を入れよう。

二　Aの原こうと同じように、Bの原こうでも①～⑤の工夫をしてみましょう。

★スピーチ原こうB《ほうれん草の支出について》

時間：9:00～9:01
資料：グラフ
話す内容・声を出す工夫・動作

みなさん、このグラフを見てください。
これは、ほうれん草の　月別の
支出です。（　支払われたお金　）
指示ぼうを動かして
夏場は少なく、間　しゅんである 冬に向けて
分かるでしょう
増えていることが　分かります。
指示ぼうを使う
2月は なんと　最も少ない　8月の
強く
4倍になっています。　しゅんの野菜の
はっきりと
よさは、おいしく栄養があることです。

スピーチ原稿を工夫し，演習するためのワークシートです。ワークシートの上の段には，資料を提示しています。この資料を生かしてどのようにプレゼンテーションをすればよいのかを考えさせます。

□話し言葉と書き言葉の違いに気付き，話し言葉の特性を生かした効果的な話し方を工夫させます。

〈話し言葉の特性〉
○音声や言い回しで，内容を強調
○聞き手に応じて，言葉の言い換え
○相手に考えさせる間
○非言語表現でスピーチにメリハリ

指導のねらいと説明

説明や報告をするとき，相手の理解を深められるように，資料を提示したり，場に応じて話す力が求められています。どの場面でどのような工夫をして説明するかを考え，スピーチ原稿にまとめていく力をつけるためのワークシートです。

ワークシートの使い方

(1)　上の段の資料を読み，スピーチ原稿の工夫を見つけ，理解します。
(2)　下の段では，上の資料の工夫を生かして，自分が説明するとき，どんなことに注意するかを考えて書き込んでいきます。
(3)　声に出して，練習します。

1

あなたも、名プレゼンター

学習した日（　　）月（　　）日

五年　　組〔名前　　　　　　〕

★調べたこと、分かったことを発表する人のことを　プレゼンターといいます。
では、分かりやすく、話しやすいスピーチ原こうを作ってみましょう。

一　伝えやすく、話しやすくするために、どんな工夫をしているか考えてみましょう。

★スピーチ原こうA《インターネットランキングについて》

時間	資料	話す内容（左側）	声を出す工夫・動作（右側）
10:00		みなさんは、インターネット利用者の数が、	相手を見て　ゆっくり
		増えてきていることを　知っていますか。	
		一九九〇年代終わりごろから	はっきりと
		パソコンが~~ふきゅうし~~（を多くの人が使っていて）	
		インターネット利用者も増えてきました。	
		では、＜利用率から見た都道府県を	間
		~~しょうかいしましょう。~~（しょうかいするよ。）	
10:01	日本地図のグラフ	高かったのは、1位か川県、2位東京都、	指示ぼうで示す

①声の出し方や動作を内容の右側に書き込もう。

②「ふきゅう」は、耳で聞くと分かりにくいので分かる言葉に直そう。

③時こく・資料を考えよう。

④わざとおもしろく言ってもいいよ。

⑤数字・キーワードに、印を入れよう。

二　Aの原こうと同じように、Bの原こうでも①～⑤の工夫をしてみましょう。

★スピーチ原こうB《ほうれん草の支出について》

時間	資料	話す内容・声を出す工夫・動作
		みなさん、このグラフを見てください。
		これは、ほうれん草の　月別の
		支出です。（　　　　　　）
		夏場は少なく、しゅんである冬に向けて
		増えていることが　分かります。
		2月は　なんと　最も少ない　8月の
		4倍になっています。　しゅんの野菜の
		よさは、おいしく栄養があることです。

2 アンケートで調べよう（調査報告）

〔話すこと・聞くこと，指導事項ア〕　言語活動イ

アンケートで調べよう

学習した日（　　）月（　　）日

五年　　組〔名前　　　　〕

★アンケートは、用意された答えの中から選ぶものと、短い言葉や文章で答えるものがあります。アンケートの問いの形式の種類を調べてみましょう。

一　アンケートの種類は、次の質問A～Cの三つあります。聞いたことを書きこんでみましょう。

質問A　答えを一つだけ選ぶ

あなたは、川や海、プールで泳ぐことは好きですか。次の三つから選んで、答えてください。

㋐　はい
イ　いいえ
ウ　どちらでもない

質問B　複数の答えを選ぶ

校内の新聞で特集してほしい記事は何ですか。次の中から三つ選んで、答えてください。

㋐　学校・学年の行事
イ　学級しょうかい
ウ　学習の仕方
㋓　本のしょうかい
オ　運動場での遊び
㋕　スポーツ
キ　その他（　　　）

※キを選んだときは、何か教えてください。

質問C　順位をつけて選ぶ

あなたが、消しゴムを買うとき、何をゆう先にしますか。次の中からを二つ選んで、答えてください。

ア　消しやすさ
イ　持ちやすさ
ウ　形
エ　色
オ　ねだん
カ　メーカー
キ　その他（　　　）

※キを選んだときは、何か教えてください。

第1位　ア
第2位　ウ

ここがポイント

アンケートをするときは、質問をくり返し伝えることが大切です。

二　質問Bを参考にして、アンケートを考えましょう。

①問い

あなたは何色が好きですか。次の中から三つ選んで、答えて下さい。

②答え

ア　しろ
イ　あお
ウ　あか
エ　くろ
オ　き
カ　みどり
キ　その他

> 問いは，短い文で書き表すことが大切です。30字をめどにします。
> 〈文例〉
> ・あなたが～するとき，〇〇しますか。
> ・あなたは，～ですか。次の中から〇〇を選んで，答えてください。

> 答えは，名詞の表現や体言止めにすると，答える人は分かりやすく伝わります。

指導のねらいと説明

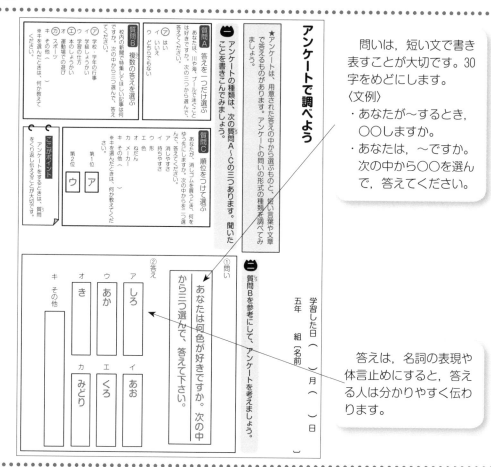

収集した情報を関係付けることをねらいとするものです。アンケートは，質問に対して用意した選択肢から選んで回答するものと自由に回答するものとがあります。ここでは，用意した問いから選んで回答するアンケートの作り方を学習します。

ワークシートの使い方

(1)　一では，回答形式を学習します。ここでは，質問A用意された選択肢から１つだけ選んで回答する，質問B用意された選択肢から複数の答えを選んで回答する，質問C用意された選択肢に順位をつけて回答するの３つです。

(2)　二では，質問Bの回答形式を使って，問いと答えを考えます。

【問いの例】あなたが好きな色を３つ教えてください。

問いは，選択肢を５つぐらい考えられる問いにするとよいでしょう。

2

アンケートで調べよう

学習した日（　　）月（　　）日

五年　　組〔名前　　　　〕

★アンケートは、用意された答えの中から選ぶものと、短い言葉や文章で答えるものがあります。アンケートの問いの形式の種類を調べてみましょう。

一 アンケートの種類は、次の質問A～Cの三つあります。聞いたことを書きこんでみましょう。

質問A 答えを一つだけ選ぶ

あなたは、川や海、プールで泳ぐことは好きですか。次の三つから選んで、答えてください。

ア　はい
イ　いいえ
ウ　どちらでもない

質問B 複数の答えを選ぶ

校内の新聞で特集してほしい記事は何ですか。次の中から三つ選んで、答えてください。

ア　学校・学年の行事
イ　学級しょうかい
ウ　学習の仕方
エ　本のしょうかい
オ　運動場での遊び
カ　スポーツ
キ　その他（　　　　）

※キを選んだときは、何か教えてください。

質問C 順位をつけて選ぶ

あなたが、消しゴムを買うとき、何をゆう先にしますか。次の中からを二つ選んで、答えてください。

ア　消しやすさ
イ　持ちやすさ
ウ　形
エ　色
オ　ねだん
カ　メーカー
キ　その他（　　　　）

※キを選んだときは、何か教えてください。

第1位 □

第2位 □

ここがポイント

アンケートをするときは、質問をくり返し伝えることが大切です。

二 質問Bを参考にして、アンケートを考えましょう。

①問い

②答え

ア

イ

ウ

エ

オ

カ

キ　その他

3 もしもあなたがパネリストになったら（パネルディスカッション）

〔話すこと・聞くこと，指導事項オ〕　言語活動イ

発電方法として，「太陽光発電」に目を向けた根拠となる資料を集め，大切なポイントをメモしておくようにします。

その際，自分の意見にとって都合がよいものと都合が悪いものとに分けておくようにするとよいでしょう。


発電方法として，「太陽光発電がいい」と主張するための根拠となる事柄を２つ以上挙げて説明できるようにします。そこで，プラス意見はもちろん，マイナス意見も取り上げて，その改善策が言えるとよいでしょう。

自分でも意見を整理する練習をしてみましょう。資料を集めて分類してメモした後，意見を原稿用紙などにまとめるとよいでしょう。

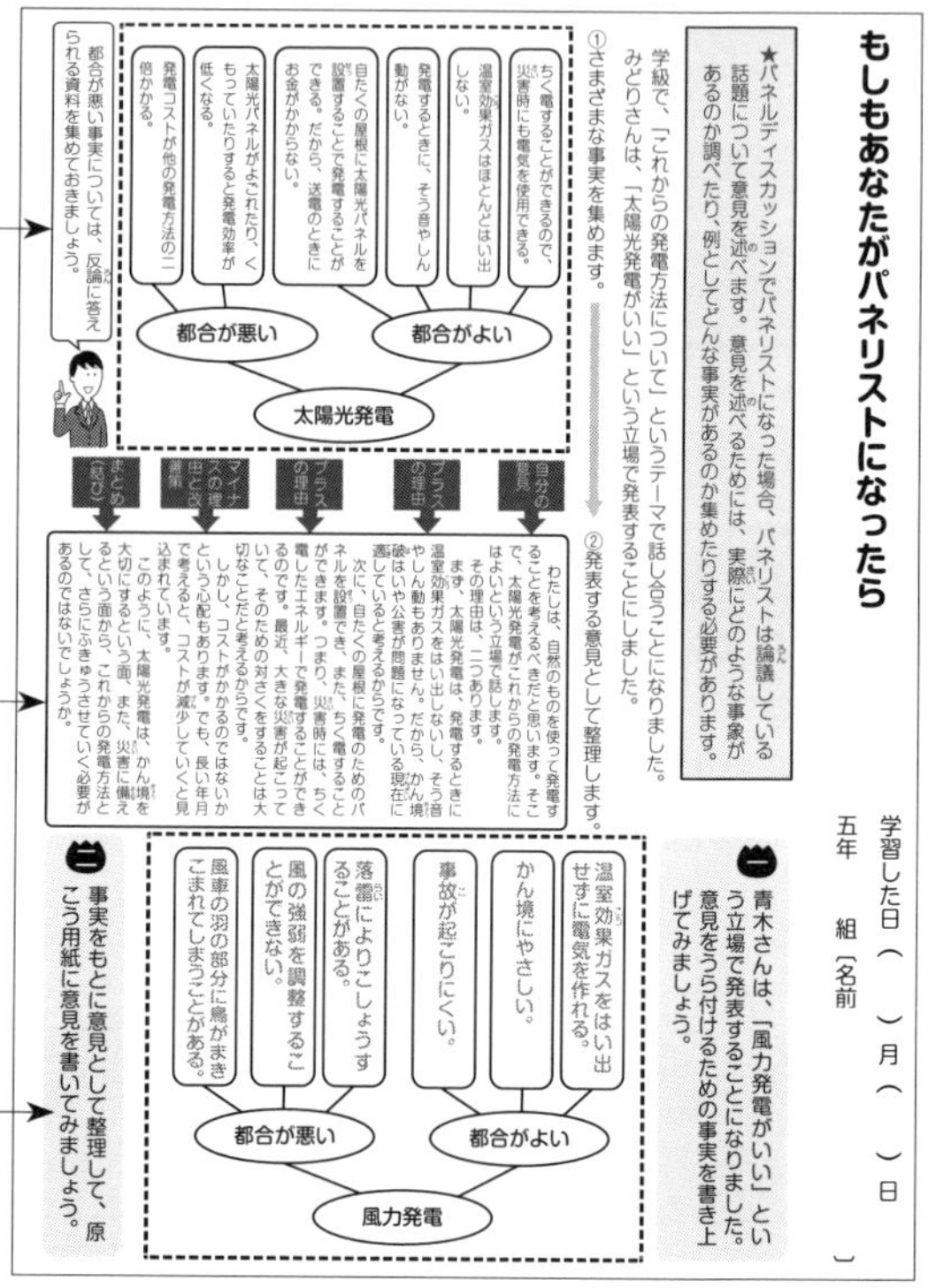

もしもあなたがパネリストになったら

学習した日（　）月（　）日
五年　組〔名前　〕

★パネルディスカッションでパネリストになった場合、パネリストは論議している話題について意見を述べます。意見を述べるためには、実際にどのような事象があるのか調べたり、例としてどんな事実があるのか集めたりする必要があります。

学級で、「これからの発電方法について」というテーマで話し合うことになりました。みどりさんは、「太陽光発電がいい」という立場で発表することにしました。

①さまざまな事実を集めます。

太陽光発電
都合がよい
- ちく電することができるので、災害時にも電気を使用できる。
- 温室効果ガスはほとんどはい出しない。
- 発電するときに、そう音やしんどうがない。
- 自たくの屋根に太陽光パネルを設置することで発電することができる。だから、送電のときにお金がかからない。

都合が悪い
- 太陽光パネルがよごれたり、くもっていたりすると発電効率が低くなる。
- 発電コストが他の発電方法の二倍かかる。

都合が悪い事実については、反論に答えられる資料を集めておきましょう。

②発表する意見として整理します。

自分の意見／プラスの理由／プラスの理由／マイナスの理由と改善策／まとめ（結び）

わたしは、自然のものを使って発電することを考えるべきだと思います。そこで、太陽光発電がこれからの発電方法にはよいという立場で話します。

その理由は、二つあります。

まず、太陽光発電は、発電するときに温室効果ガスをはい出しないし、そう音やしん動もありません。だから、かん境破壊やいや公害が問題になっている現在に適していると考えるからです。

次に、自たくの屋根に発電のためのパネルを設置でき、また、ちく電することができます。つまり、災害時には、ちく電したエネルギーで発電することができるのです。最近、大きな災害が起こっていて、そのための対さくをすることは大切なことだと考えるからです。

しかし、コストがかかるのではないかという心配もあります。でも、長い年月で考えると、コストが減少していくと見込まれています。

このように、太陽光発電は、かん境を大切にするという面、また、災害に備えるという面から、これからの発電方法として、さらにふきゅうさせていく必要があるのではないでしょうか。

一　青木さんは、「風力発電がいい」という立場で発表することになりました。意見をうら付けるための事実を書き上げてみましょう。

風力発電
都合がよい
- 温室効果ガスをはい出せずに電気を作れる。
- かん境にやさしい。
- 事故が起こりにくい。

都合が悪い
- 落雷によりこしょうすることがある。
- 風の強弱を調整することができない。
- 風車の羽の部分に鳥がまきこまれてしまうことがある。

二　事実をもとに意見として整理して、原こう用紙に意見を書いてみましょう。

指導のねらいと説明

パネルディスカッションとは，違う考えをもつ論者（パネリスト）が意見を述べ，さらにパネリスト同士で公開討論を行い，聴衆（フロア）も一緒に討論を行うという討論の１つの方法です。いろいろな意見を聞いて自由に話し合い、一人一人の考えを見直したり深めたりするのが目的です。パネリストは，調べたことをもとに根拠をはっきりさせて説得力のある話し方をする必要があります。パネリストになって意見を発表するとき，他の発表者や聴衆からの質問や反論を予想し，あらかじめ答えを考えておく必要があります。

ワークシートの使い方

(1)　自分の考えの根拠となる資料を集め，プラス意見とマイナス意見に整理します。

(2)　調べたことがらの中から，自分の考えの根拠となるものを選び，それをうまくつなげて自分の考えを発表する準備をします。

(3)　賛成・反対の両方の立場から質問されることを予想し，その答えを考えておきます。その際，自分の意見を裏付けるだけではなく，反対意見の根拠となることがらも確かめておくようにします。

もしもあなたがパネリストになったら

★パネルディスカッションでパネリストになった場合、パネリストは論議している話題について意見を述べます。意見を述べるためには、実際にどのような事象があるのか調べたり、例としてどんな事実があるのか集めたりする必要があります。

学級で、「これからの発電方法について」というテーマで話し合うことになりました。みどりさんは、「太陽光発電がいい」という立場で発表することにしました。

①さまざまな事実を集めます。

太陽光発電

都合がよい
- ちく電することができるので、災害時にも電気を使用できる。
- 温室効果ガスはほとんどはい出しない。
- 発電するときに、そう音やしん動がない。
- 自たくの屋根に太陽光パネルを設置することで発電することができる。だから、送電のときにお金がかからない。

都合が悪い
- 太陽光パネルがよごれたり、くもっていたりすると発電効率が低くなる。
- 発電コストが他の発電方法の二倍かかる。

都合が悪い事実については、反論に答えられる資料を集めておきましょう。

②発表する意見として整理します。

自分の意見
わたしは、自然のものを使って発電することを考えるべきだと思います。そこで、太陽光発電がこれからの発電方法にはよいという立場で話します。

その理由は、二つあります。

プラスの理由
まず、太陽光発電は、発電するときに温室効果ガスをはい出しないし、そう音やしん動もありません。だから、かん境破はいや公害が問題になっている現在に適していると考えるからです。

プラスの理由
次に、自たくの屋根に発電のためのパネルを設置でき、また、ちく電することができます。つまり、災害時には、ちく電したエネルギーで発電することができるのです。最近、大きな災害が起こっていて、そのための対さくをすることは大切なことだと考えるからです。

マイナスの理由と改善策
しかし、コストがかかるのではないかという心配もあります。でも、長い年月で考えると、コストが減少していくと見込まれています。

まとめ（結び）
このように、太陽光発電は、かん境を大切にするという面、また、災害に備えるという面から、これからの発電方法として、さらにふきゅうさせていく必要があるのではないでしょうか。

学習した日（　）月（　）日

五年　組〔名前　〕

一　青木さんは、「風力発電がいい」という立場で発表することになりました。意見をうら付けるための事実を書き上げてみましょう。

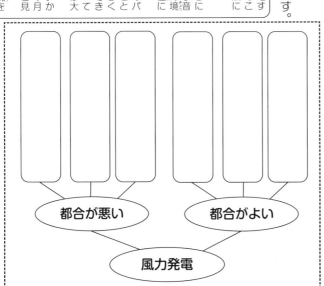

風力発電

都合がよい
-
-
-

都合が悪い
-
-
-

二　事実をもとに意見として整理して、原こう用紙に意見を書いてみましょう。

4 もっともふさわしい人を「すいせん」します（推薦）

〔話すこと・聞くこと，指導事項ア・イ〕　言語活動ウ

聞く人に伝わるようにします。
- 話の構成を工夫できるようにします。
- 限られた字数の中で，理由を明確にできるようにします。
- 「もっともふさわしい」という気持ちを表すために，ぴったりな言葉を選べるようにします。

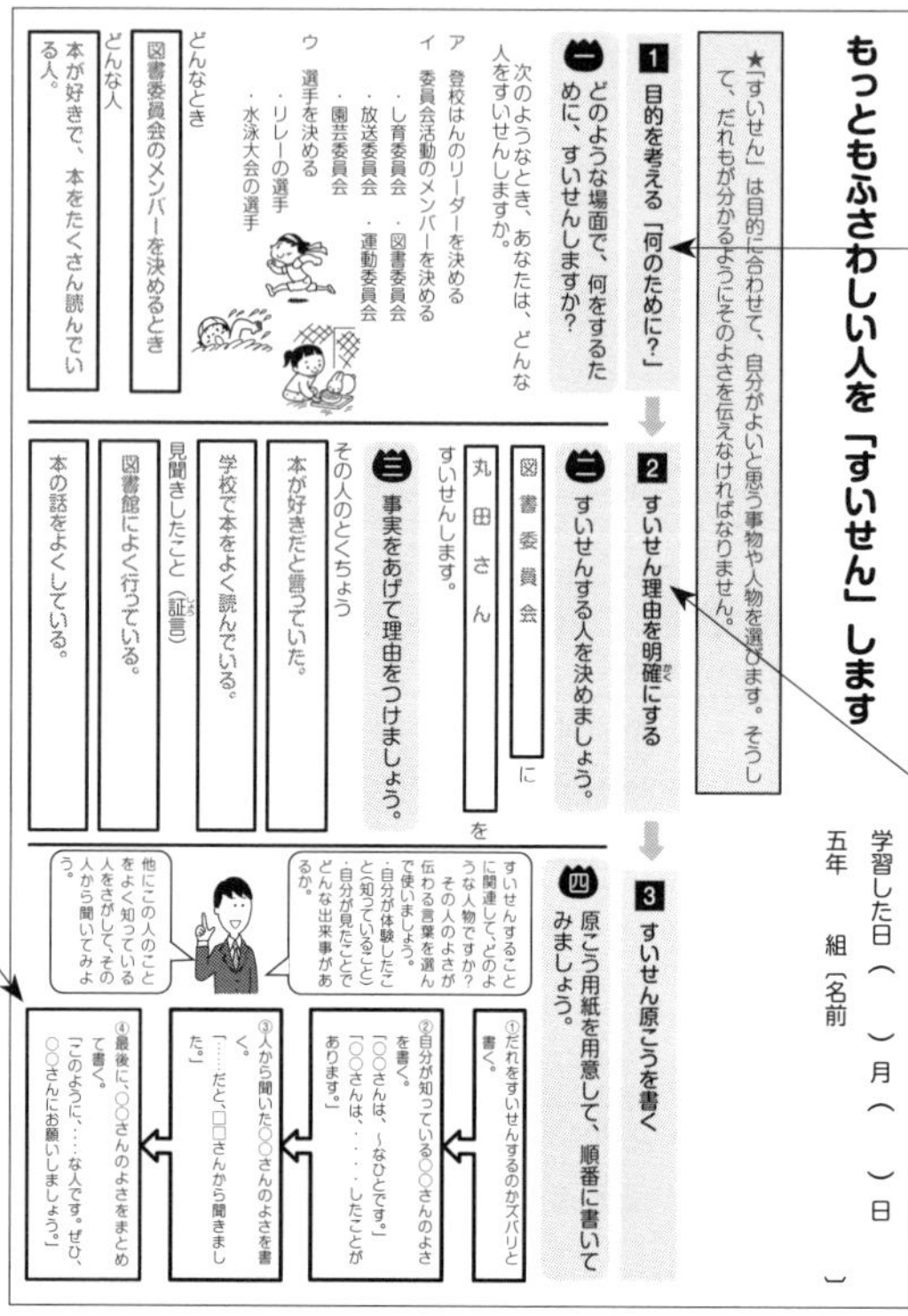

もっともふさわしい人を「すいせん」します

学習した日（　）月（　）日
五年　組〔名前　〕

★「すいせん」は目的に合わせて、自分がよいと思う事物や人物を選びます。そうして、だれもが分かるようにそのよさを伝えなければなりません。

1 目的を考える「何のために？」

一 どのような場面で、何をするために、すいせんしますか？

次のようなとき、あなたは、どんな人をすいせんしますか。

ア 登校はんのリーダーを決める
イ 委員会活動のメンバーを決める
・し育委員会　・図書委員会
・放送委員会　・運動委員会
・園芸委員会
ウ 選手を決める
・リレーの選手
・水泳大会の選手

どんなとき
図書委員会のメンバーを決めるとき

どんな人
本が好きで、本をたくさん読んでいる人。

2 すいせん理由を明確にする

二 すいせんする人を決めましょう。

図書委員会 に 丸田さん を すいせんします。

三 事実をあげて理由をつけましょう。

その人のとくちょう
本が好きだと言っていた。
学校で本をよく読んでいる。

見聞きしたこと（証言）
図書館によく行っている。
本の話をよくしている。

3 すいせん原こうを書く

四 原こう用紙を用意して、順番に書いてみましょう。

すいせんすることに関連して、どのような人物ですか？
その人のよさが伝わる言葉を選んで使いましょう。
・自分が体験したこと（知っていること）
・自分が見たことでどんな出来事があるか。
他にこの人のことをよく知っている人をさがして、その人から聞いてみよう。

①だれをすいせんするのかズバリと書く。
②自分が知っている○○さんのよさを書く。「○○さんは、～なひとです。」「○○さんは、・・・・・したことがあります。」
③人から聞いた○○さんのよさを書く。「……だと、□□さんから聞きました。」
④最後に、○○さんのよさをまとめて書く。「このように、・・・・な人です。ぜひ、○○さんにお願いしましょう。」

推薦する目的に照らして，考えます。
- どんな場面かを決めます。
- そこでどんな人が求められるか考えます。

推薦する理由をはっきりさせます。
- 推薦する人を選びます。
- その人の特徴やその人に関する情報を集めます。

指導のねらいと説明

人物を取り上げ，そのよさを考えて推薦するものです。推薦では，推薦者が対象の特徴を深く理解し，そのよさを相手に伝えることが求められます。理由を明確にして人物を推薦することをねらいます。

そこで，相手の要求や目的に合わせて，推薦するに至った経緯や推薦したい理由を中心に話の構成を組み立てることができるようにします。その対象について十分調べ，そのよさを整理し，相手の要求や目的も考慮した上で，推薦したい点をまとめておく必要があります。

さらに，人物のよさを伝えるために適切な言葉を選んで使えるようにします。

ワークシートの使い方

⑴　何のためにその人物を推薦するのかを明確にし，その目的に合わせて推薦する人物を選びます。

⑵　相手にその人物のよさが伝わるように，理由を説明したり，エピソードとなる事例を挙げたりして，印象付けて話します。

⑶　構成を考えて推薦する原稿を書きます。

4

もっともふさわしい人を「すいせん」します

学習した日（　）月（　）日

五年　組［名前　　　］

★「すいせん」は目的に合わせて、自分がよいと思う事物や人物を選びます。そうして、だれもが分かるようにそのよさを伝えなければなりません。

1 目的を考える「何のために?」 → **2 すいせん理由を明確にする** → **3 すいせん原こうを書く**

一 どのような場面で、何をするために、すいせんしますか?

次のようなとき、あなたは、どんな人をすいせんしますか。

ア　登校はんのリーダーを決める

イ　委員会活動のメンバーを決める
・し育委員会　・図書委員会
・放送委員会　・運動委員会
・園芸委員会

ウ　選手を決める
・リレーの選手
・水泳大会の選手

どんなとき［　　　　］

どんな人［　　　　］

二 すいせんする人を決めましょう。

［　　　　］に［　　　　］をすいせんします。

三 事実をあげて理由をつけましょう。

その人のとくちょう

［　　　　］

［　　　　］

見聞きしたこと（証言）

［　　　　］

［　　　　］

四 原こう用紙を用意して、順番に書いてみましょう。

すいせんすることに関連して、どのような人物ですか?　その人のよさが伝わる言葉を選んで使いましょう。
・自分が体験したこと（知っていること）
・自分が見たことでどんな出来事があるか。
他にこの人のことをよく知っている人をさがして、その人から聞いてみよう。

①だれをすいせんするのかズバリと書く。

⇐ ②自分が知っている○○さんのよさを書く。
「○○さんは、～なひとです。」
「○○さんは、・・・・したことがあります。」

⇐ ③人から聞いた○○さんのよさを書く。
「……だと、□□さんから聞きました。」

⇐ ④最後に、○○さんのよさをまとめて書く。
「このように、……な人です。ぜひ、○○さんにお願いしましょう。」

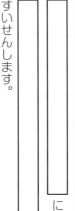

5 広告の言葉を集めよう（広告）

〔書くこと，指導事項オ〕 言語活動ウ

一 人の心をひきつける「キャッチコピー」には，下の①から⑥のような工夫が入っています。身の回りの「キャッチコピー」には，どんな表現の工夫が使われているのか見つけてみましょう。

①五七調，七五調，七七調等のリズムで表現する。 ②体言止めにする。
③ひゆや他の言葉への「かけことば」を用いる。 ④ユーモア(おもしろさ)
⑤韻(いん)をふむ(単語の母音をリズムよくくり返すこと)。
⑥強調する(分かりやすさ，使いやすさ等，興味(きょう)を引くキーワードを使う)。

二 いろいろな場所でキャッチコピーをさがしてみましょう。

見つけた場所	広告の種類	キャッチコピー	表現の工夫	お気に入り度
(れい)駅のホーム	温せん	「湯ったり，湯っくり，湯ートピア」	②③④⑤⑥	★★★★☆
道路	交通安全	「落とせスピード，落とすな命」	①②③④⑤⑥	★★★★★
新聞広告	公共広告機構	「明日のために，いま始めよう」	①③⑥	★☆☆☆☆
公園	スローガン	「みんな友だち，心と心のキャッチボール」	②③⑤⑥	★★★☆☆
地いき	健全育成	「手をかけず，目をかけ，声かけて」	③④⑤⑥	★★★★★
学校	スローガン	「あいさつ・あつまり・あとしまつ」	①②④⑥	★★★★☆

【読み手の心をつかむキャッチコピーに使われている表現の工夫】
①五七調，七五調，七七調等のリズムで表現する。
②体言止めにする。
③比喩（ひゆ）や他の言葉への「かけことば」を用いる。
④ユーモア（おもしろさ）
⑤韻（いん）をふむ（単語の母音をリズムよく繰り返すこと）。
⑥強調する（分かりやすさ，使いやすさ等，興味を引くキーワードを含める）。

【テクニック（技法）を複数使うと，キャッチコピーの精度が増す。】

指導のねらいと説明

語感，言葉の使い方に対する感覚などについて関心をもたせ，生活の中において，生きてはたらく「ことば」の使い手になることが大きなねらいです。

わたしたちの身の回りや町の中には「ことば」があふれています。「ことば」に目をやり，「ことば」を多く集め，作るワークシートです。広告の言葉からキャッチコピーにしぼり，例にならって学び，集めるという構成になっています。

ワークシートの使い方

(1) 心を引きつけるキャッチコピーにしぼって，一人学習をします。
(2) 集めた言葉の特徴や工夫についての発見をメモします。
(3) さらには，字数を気にせずに作ってみます。その後，10文字程度のキャッチコピーに挑戦するとよいでしょう。段階を追ってワークシートを使うと，知る喜び，集める喜び，創る楽しみを味わうことができます。

5

広告の言葉を集めよう

学習した日（　）月（　）日

五年　組〔名前　　〕

★人の心をひきつけるような広告の言葉を「キャッチコピー」といいます。町の中を見ると，さまざまな「キャッチコピー」が目に入ってきますね。さあ，いろいろな場所で「キャッチコピー」をさがしてみましょう。どんなものが見つかるかな。

一　人の心をひきつける「キャッチコピー」には，下の①から⑥のような工夫が入っています。身の回りの「キャッチコピー」には，どんな表現の工夫が使われているのか見つけてみましょう。

①五七調，七五調，七七調等のリズムで表現する。　②体言止めにする。
③ひゆや他の言葉への「かけことば」を用いる。　④ユーモア（おもしろさ）
⑤韻（いん）をふむ（単語の母音をリズムよくくり返すこと）。
⑥強調する（分かりやすさ，使いやすさ等，興（きょう）味を引くキーワードを使う）。

二　いろいろな場所でキャッチコピーをさがしてみましょう。

見つけた場所	広告の種類	キャッチコピー	表現の工夫	お気に入り度
（れい）駅のホーム	温せん	「湯ったり，湯っくり，湯ートピア」	②③④⑤⑥	★★★★☆
				☆☆☆☆☆
				☆☆☆☆☆
				☆☆☆☆☆
				☆☆☆☆☆
				☆☆☆☆☆

三　さて，これらの広告の「キャッチコピー」にならって，君も「キャッチコピー」を作ってみましょう。

使う場所

キャッチコピー

使う場所

キャッチコピー

これからも，いろいろな「キャッチコピー」に目を向けて，集めたり，作ったりしてみるといいね。

6 図解すると分かりやすい（図解）

〔書くこと，指導事項エ〕 言語活動イ

数値を伝えたい場合は，文章よりも表にまとめる方が分かりやすくなります。題名を付けると，一層分かりやすくなります。数値を使って説明するときには，グラフに表すことも効果的です。

引用をする場合は，数値を正しく書き，必ず出典を明らかにします。

手順を伝えたい場合は，表だけでなく，絵や写真，矢印等を使って図解をした方がイメージがしやすくなります。

解答例

1 ホットケーキの材料表

材料	分量
小麦粉	100グラム
さとう	30グラム
塩	ひとつまみ
卵	1個
牛乳	60cc
バター	10グラム
メイプルシロップ（はちみつ）	少々
ホイップクリーム くだものなど	お好みで

2 ホットケーキの作り方

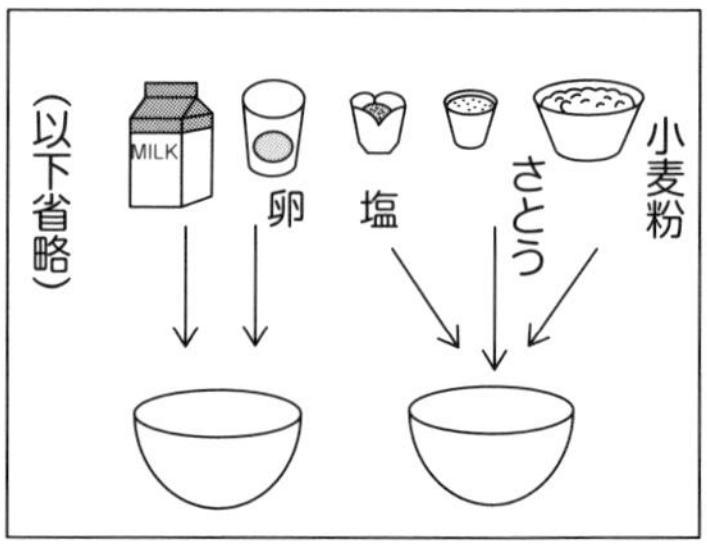

	手順
1	小麦粉、さとう、塩をボールでまぜる。
2	1に卵、牛乳をまぜる。
3	フライパンでバターを使って2を焼く。
4	3にお好みのものをもりつける。

指導のねらいと説明

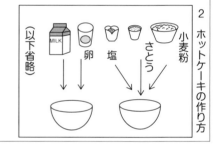

この学習は，文章を図や表に表す学習を通して，図解に親しみ，慣れることをねらっています。観察したり，実験をしたり，地域社会のことについて調べたりした結果などの事実の記述は，図解をした方が自分にとっても考えを深めやすく，相手にとってもよく理解できます。図解に親しむことで，最終的には，伝えたい内容に応じて図解の方法を自分で選んで書き表すことができるようになることを目指します。まず，図解の種類を確認し，身近にある効果的な図解について知識を整理します。その後，同じ内容を２種類の方法で図解することでより分かりやすく伝える図解について考えます。

ワークシートの使い方

(1) 図解の種類を確かめ，既習の知識を整理します。

(2) 身近なところにある効果的な図解について想起します。

(3) 伝えたい内容を２つの方法で図解し，その効果について考えます。

図解（かい）すると分かりやすい

学習した日（　　）月（　　）日

五年　　組〔名前　　　　　　　　〕

★相手に何かを伝えたいとき、文章だけでなく図や表を使って表す方が、効果的に伝わることがあります。いろいろな図解（かい）の仕方を使って、より分かりやすく相手に伝えることができるようになりましょう。

一　図解（かい）にはいろいろな種類があります。まず、図解（かい）の種類を確（たし）かめましょう。

①図で表す
図形、地図、断（だん）面図等

②表で表す
時こく表、年表、ランキング等

③グラフで表す
ぼうグラフ、折れ線グラフ等

④写真で表す
人物写真、風景写真等

⑤絵で表す
イラスト、絵地図等

みなさんの身近なところでも、新聞、図かん、説明書等に図解が使われています。
図や表を使って効（こう）果的に伝えている図解をさがしてみましょう。

ここがポイント

図解（かい）は、人物の関係を表す人物相関図のようなものもあります。

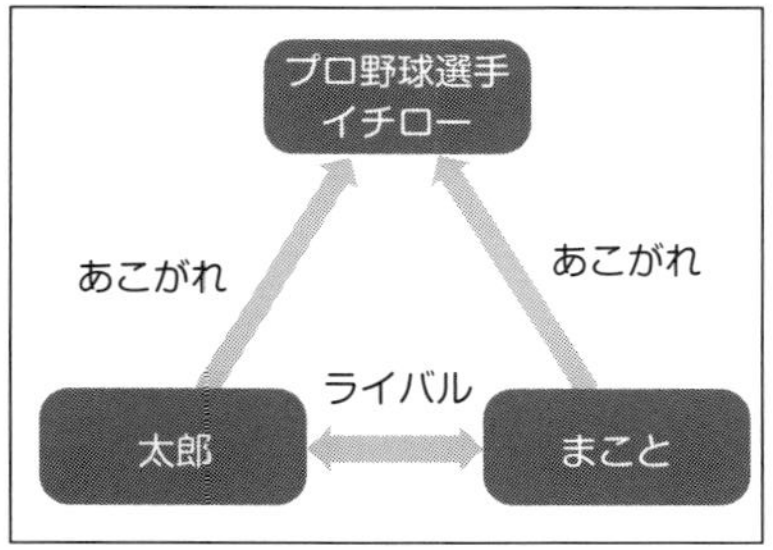

二　料理番組でホットケーキの作り方が紹介されました。その内容（よう）を友達に伝えるために二つの方法で図解をしてみましょう。

ホットケーキを作ります。まず、小麦粉100グラムにさとう30グラム、塩ひとつまみをボールでまぜます。そこへたまご1個、牛にゅう60CCをまぜあわせ、フライパンでバター10グラムを使って焼きます。メイプルシロップやはちみつ、ホイップクリームやくだものをお好みでもりつけてもいいでしょう。

1　表に表して伝えましょう。

材料	分量
小麦粉	100グラム
さとう	
塩	
たまご	
牛にゅう	
バター	
そのた	もりつけたいもの

	手順
1	
2	
3	
4	

2　絵と言葉で表してみましょう。

ここがポイント

材料は表にまとめると分かりやすいです。手順は、絵や写真と言葉で表す方がイメージがしやすいでしょう。伝えたい内容（よう）に合わせて、図解の方法を選びましょう。

7 心の内側をのぞいてみよう（心情把握）

〔書くこと，指導事項オ〕 言語活動ア

心の内側をのぞいてみよう

学習した日 （　　）月（　　）日 五年　　組〔名前　　　　　　　　〕

★人前でほめられたとき，うれしいけれど，どこか照れくさい思いをしたことはありませんか。それまでの人物どうしの関係や，その人が置かれた場面のありようが複雑にからみ合い「うれしい」「悲しい」などの単じゅんな気持ちでは表すことができない心の内側を**「心情」**と言います。そんな人物の**「心情」**をのぞいてみましょう。

「心情をとらえる」 ここがポイント！

★行動や会話など外側に現れている気持ちと，内側にある思いを重ねて想像しよう。
★人物どうしの関係や，その関係の変化に目を向けよう。

やってみよう！

場面1　心情を人物の行動や様子に表そう

一哉（かずや）さんは転校することになり，校門で見送られました。
一哉さんは，何か言いかけようとしましたが，言いませんでした。
一哉さんが立ち去る時の様子を書いてみました。一哉さんの心情が読む人の心に深く伝わっていくのは，（A）（B）のどちらの表現ですか。

（A）一哉さんは，なみだを見せながら「みんな，さよなら」と言って歩いて行きました。
（B）一哉さんは，かたをふるわせながら，ゆっくり歩き始めました。しかし，いつしか足早になって走り出し，最後までふり返ろうとはしませんでした。

一　行動や様子のえがき方を比べよう。下に示す複雑な心の内側が表れているのはどちらでしょうか。

○ こみ上げてくる別れの悲しみやつらさを　こらえようとしている心情が表現されているのはどちらだろう。
○ 立ち去りたくない思いを　断ち切ろうとする苦しくつらい心情が表現されているのはどちらだろう。

［複雑で　より深い心情が伝わるのは（B）の書き方だと言えますね！］

場面2　人物どうしの関係に着目して，心情を会話文に表そう

おさない弟を連れ，暗くなりかけている山道で迷ってしまった小学5年生の兄。自分も不安でたまらない。「早く，お家に帰りたいよ～」と泣き出した弟。兄として弟に言葉をかけるとしたら，どんな言葉をかけますか。

「　ほら，向こうに灯りが見えるだろ，お兄ちゃんがいるから大じょう夫　。」

二　行動や自分が考えた会話文を，心の内側にある心情に照らして自己評価してみましょう。

○ 自分の思いを素直に表すと弟を悲しませてしまうという兄の思いをふまえたか。
○ 兄として弟をはげまそうという思いをふまえたか。
○ 自分の気持ちを弟にさとられまいという兄の思いをふまえたか。
○ 弟に対し，兄としてたよりがいのある行動をとらなければならないという思いをふまえたか。

人物相互の関係や置かれた状況によって，複雑な思いをした経験を出し合うようにします。

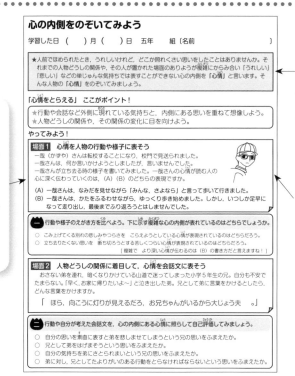

例題にある場面設定について，イメージ化が図れるように，経験を想起させたりします。
グループで交流し，友達のよいところを評価し合うようにします。

心情把握のポイントは，2つの例題を通してとらえさせていくことです。同時に，心情を表現する書き手の立場に立ち，表現の効果について意識させます。

指導のねらいと説明

高学年になると，登場人物の相互関係から人物像やその役割をとらえ，そのことによって，内面にある深い心情も合わせてとらえることにつないでいくことも必要になります。登場人物の心情は，直接的に描写されている場合もありますが，登場人物相互の関係にもとづいた行動や会話，情景などを通して暗示的に表現されている場合もあります。人物相互の関係，行動や会話に表された人物の外面，秘められた内面を総合的にとらえて心情を把握するとともに，心情表現の効果を比較したり簡単な文を書くことで表現の工夫につなげます。

ワークシートの使い方

⑴　低中学年の既習教材などを振り返り，直接的でストレートな表現から人物の気持ちを読んだり，書いたりしてきたことを想起し，「心情」との違いについて考えます。

⑵　場面2は，置かれた状況や弟との人間関係から，複雑で多様な兄の内面を想像することによって心情把握が可能となります。自己評価のチェック項目を参考にしながら，心の中を埋めている兄の思いをできるだけたくさん挙げるように助言します。

心の内側をのぞいてみよう

学習した日（　　）月（　　）日　五年　　組〔名前　　　　　　　　　　　　　〕

★人前でほめられたとき，うれしいけれど，どこか照れくさい思いをしたことはありませんか。それまでの人物どうしの関係や，その人が置かれた場面のありようが複雑にからみ合い「うれしい」「悲しい」などの単じゅんな気持ちでは表すことができない心の内側を**「心情」**と言います。そんな人物の**「心情」**をのぞいてみましょう。

「心情をとらえる」　ここがポイント！

★行動や会話など外側に現れている気持ちと，内側にある思いを重ねて想像しよう。
★人物どうしの関係や，その関係の変化に目を向けよう。

やってみよう！

場面１　心情を人物の行動や様子に表そう

一哉（かずや）さんは転校することになり，校門で見送られました。
一哉さんは，何か言いかけようとしましたが，言いませんでした。
一哉さんが立ち去る時の様子を書いてみました。一哉さんの心情が読む人の心に深く伝わっていくのは，（A）（B）のどちらの表現ですか。

（A）一哉さんは，なみだを見せながら「みんな，さよなら」と言って歩いて行きました。
（B）一哉さんは，かたをふるわせながら，ゆっくり歩き始めました。しかし，いつしか足早になって走り出し，最後までふり返ろうとはしませんでした。

一 行動や様子のえがき方を比べよう。下に示す複雑な心の内側が表れているのはどちらでしょうか。

○　こみ上げてくる別れの悲しみやつらさを　こらえようとしている心情が表現されているのはどちらだろう。
○　立ち去りたくない思いを　断ち切ろうとする苦しくつらい心情が表現されているのはどちらだろう。

［複雑で　より深い心情が伝わるのは（B）の書き方だと言えますね！］

場面２　人物どうしの関係に着目して，心情を会話文に表そう

おさない弟を連れ，暗くなりかけている山道で迷ってしまった小学５年生の兄。自分も不安でたまらない。「早く，お家に帰りたいよ～」と泣き出した弟。兄として弟に言葉をかけるとしたら，どんな言葉をかけますか。

「　　　　　　　　　　　　　　　　　　　　　　　　　　　　。」

二 行動や自分が考えた会話文を，心の内側にある心情に照らして自己評価してみましょう。

○　自分の思いを素直に表すと弟を悲しませてしまうという兄の思いをふまえたか。
○　兄として弟をはげまそうという思いをふまえたか。
○　自分の気持ちを弟にさとられまいという兄の思いをふまえたか。
○　弟に対し，兄としてたよりがいのある行動をとらなければならないという思いをふまえたか。

8 グラフをもとに自分の考えをまとめよう（考察）

〔書くこと，指導事項ウ〕　言語活動イ

グラフをもとに自分の考えをまとめよう

学習した日（　）月（　）日

五年　組〔名前　〕

★調査結果をまとめるとき、自分の考えが思いうかばず、こまったことはありませんか。ここでは、学校読書調査（全国学校図書館協議会調べ）の結果をつかって、小学生の読書量の変化に対する考えをまとめる学習にチャレンジしてみましょう。

★数や量は、グラフで表すことで、その特徴や問題点が分かりやすくなります。それぞれのグラフの特徴を知って、考えをまとめるときに役立てましょう。

★グラフの特徴

	①グラフの形	②こんな時に使おう	③見るポイント	④分かること
棒グラフ		数や量の大小を比べたいとき	棒のながさ	数や量の大小 数や量のちがい
折れ線グラフ		時間がたつにつれて、どのように変化をするのか知りたいとき	折れ線の傾き	変わり方 変化の様子
円グラフ		割合を比べたいとき	おうぎ形の面積	全体に対する割合 割合のちがい
帯グラフ		割合や割合の変化を比べたいとき	長方形の面積	割合のちがい 割合の変化

前田さんは「子どもの読書ばなれ」が本当かどうか調べてみようと、学校読書調査の結果を見てみることにしました。

一　右下のグラフを読んでみましょう。

①何のグラフでしょう。
　表題を読んでみましょう。
②軸の目盛りを確認して、
　数値を読みましょう。
③グラフの傾きから、
　変化を読みましょう

二　グラフから分かることをノートに書きましょう。

三　前田さんは、次のような考察を書きました。前田さんの言っていることが「正しい」か「正しくない」かを事実とてらして考えてみましょう。

二〇一二年の調査で小学生の一ヶ月の読書量は、十冊をこえている。また、調査が始まってから読書量は、大きく減ることはなく、どちらかと言えば増えている。このことから、子どもの読書ばなれは、起きていないと考えられる。

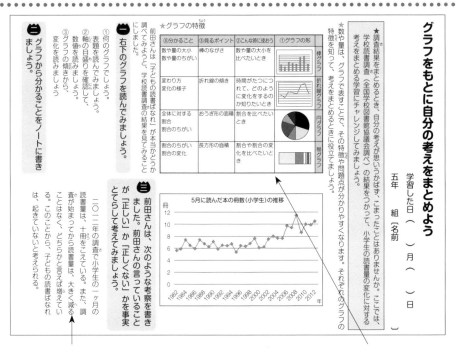

考察には，グラフから分かる事実とそこから考えたことを書くようにします。モデルの考察が正しいかどうかを考えることで，自分の考察文に生かします。

それぞれのグラフの特徴を知って，調査目的に合うグラフを選べるようにしておきます。

指導のねらいと説明

グラフを使って，考察文を書くためのワークシートです。事実と感想，意見などを区別するとともに，意図や目的に応じて簡単に書いたり，詳しく書いたりすることをねらっています。ここでは，調査データをグラフに表し，事実と自分の考えを分けて書き，考察にまとめていきます。この後は言語活動イを通して，事実と意見のそれぞれの記述の仕方について分析し，目的や意図に応じて，事実と感想，意見などを詳しく書いたり，簡単に書いたりするなど，記述の仕方について工夫する学習につながっていきます。

ワークシートの使い方

(1)　これまでに学習したグラフの特徴を思い出します。
(2)　グラフを読み，データから分かる事実を書き出します。
(3)　モデルの考察文が「正しい」か「正しくない」かを考えることで，自分の考えのヒントを見つけます。他の資料の必要性にも気付くことが大切です。

グラフをもとに自分の考えをまとめよう

学習した日（　　）月（　　）日

五年　　組〔名前　　　　　　　　〕

★調査結果をまとめるとき、自分の考えが思いうかばず、こまったことはありませんか。ここでは、学校読書調査（全国学校図書館協議会調べ）の結果をつかって、小学生の読書量の変化に対する考えをまとめる学習にチャレンジしてみましょう。

★数や量は、グラフで表すことで、その特徴や問題点が分かりやすくなります。それぞれのグラフの特徴を知って、考えをまとめるときに役立てましょう。

★グラフの特徴

	①グラフの形	②こんな時に使おう	③見るポイント	④分かること
棒グラフ	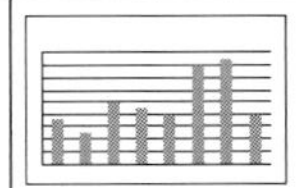	数や量の大小を比べたいとき	棒のながさ	数や量の大小 数や量のちがい
折れ線グラフ	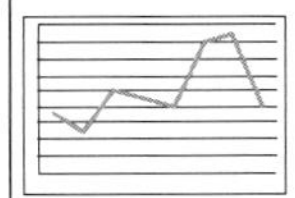	時間がたつにつれて、どのように変化をするのか知りたいとき	折れ線の傾き	変わり方 変化の様子
円グラフ	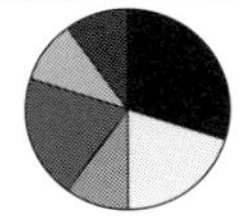	割合を比べたいとき	おうぎ形の面積	全体に対する割合 割合のちがい
帯グラフ	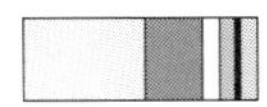	割合や割合の変化を比べたいとき	長方形の面積	割合のちがい 割合の変化

前田さんは「子どもの読書ばなれ」が本当かどうか調べてみようと、学校読書調査の結果を見てみることにしました。

一　右下のグラフを読んでみましょう。

①何のグラフでしょう。
　表題を読んでみましょう。
②軸の目盛りを確認して、
　数値を読みましょう。
③グラフの傾きから、
　変化を読みましょう

二　グラフから分かることをノートに書きましょう。

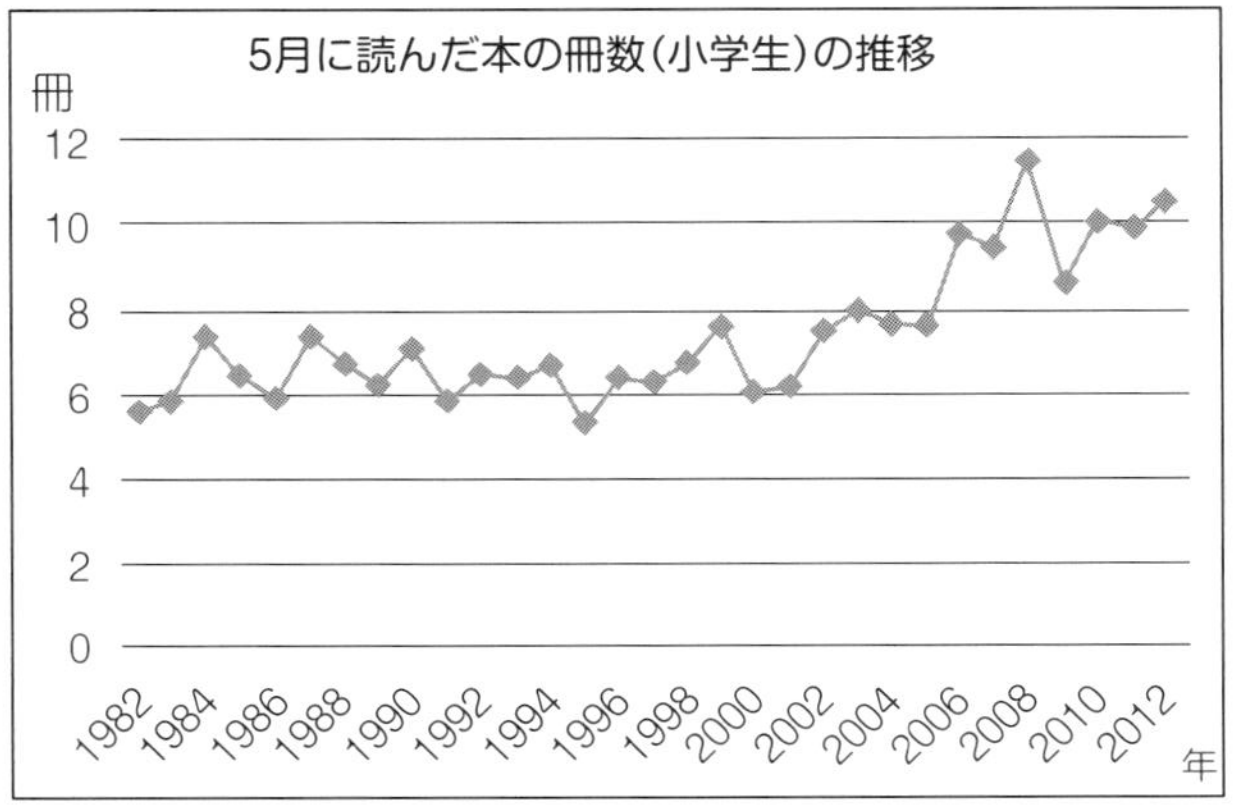

三　前田さんは、次のような考察を書きました。前田さんの言っていることが「正しい」か「正しくない」かを事実とてらして考えてみましょう。

二〇一二年の調査で小学生の一ヶ月の読書量は、十冊をこえている。また、調査が始まってから読書量は、大きく減ることはなく、どちらかと言えば増えている。このことから、子どもの読書ばなれは、起きていないと考えられる。

9 自分の経験をずい筆にまとめよう（随筆）

〔書くこと，指導事項イ〕　言語活動ア

テーマは、習い事や手伝い、家族や友達のこと、ペットのこと、任された役目のことなど自分にとって特別な出来事の中から決めるといいです。

文を書くときのポイントです。自分でチェックしながら書くことができるようにしています。

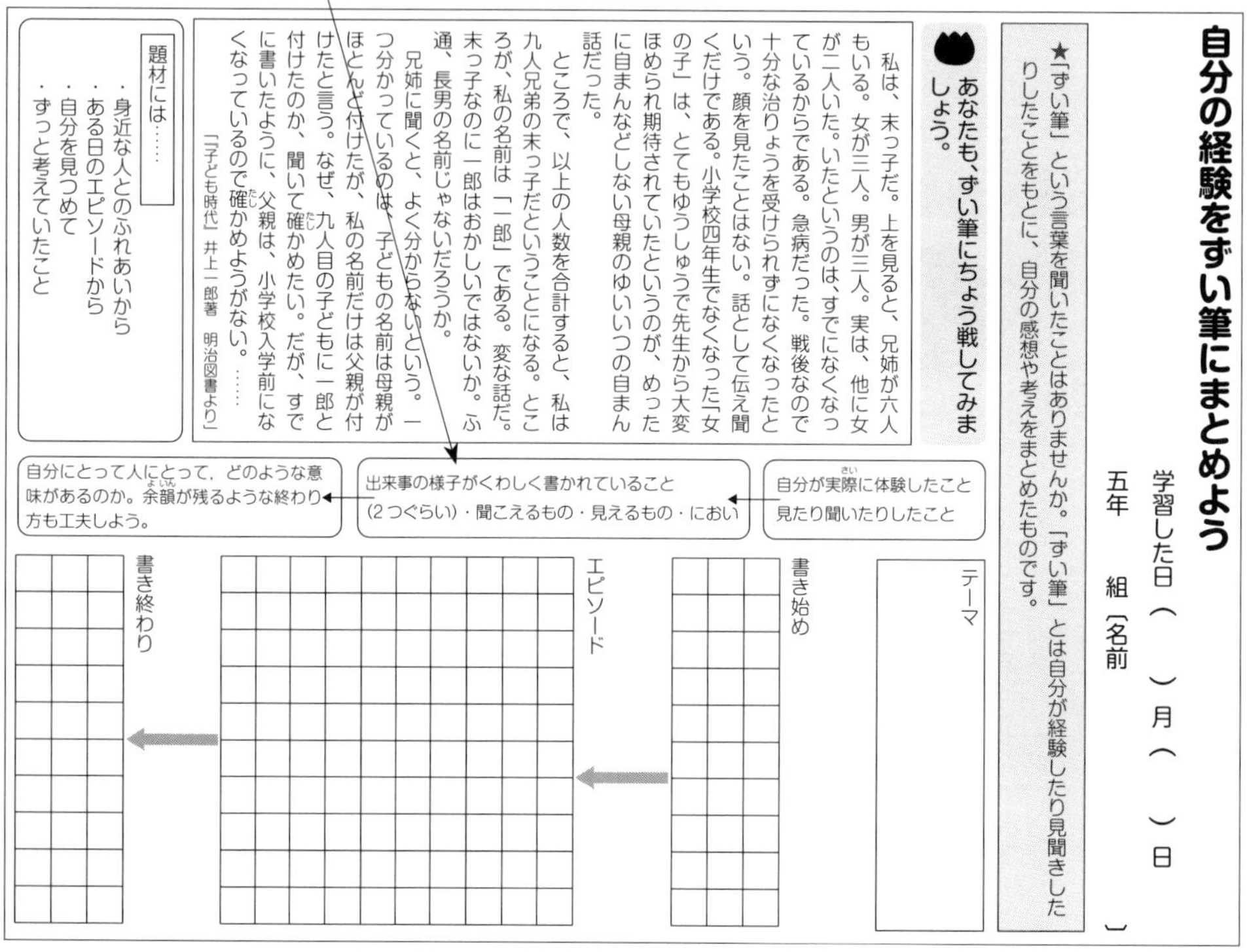

自分の経験をずい筆にまとめよう

学習した日（　）月（　）日

五年　組〔名前　〕

★「ずい筆」という言葉を聞いたことはありませんか。「ずい筆」とは自分が経験したり見聞きしたりしたことをもとに、自分の感想や考えをまとめたものです。

あなたも、ずい筆にちょう戦してみましょう。

　私は、末っ子だ。上を見ると、兄姉が六人もいる。女が三人。男が三人。実は、他に女が二人いた。いたというのは、すでになくなっているからである。急病だった。戦後なので十分な治りょうを受けられずになくなったという。顔を見たことはない。話として伝え聞くだけである。小学校四年生でなくなった「女の子」は、とてもゆうしゅうで先生から大変ほめられ期待されていたというのが、めったに自まんなどしない母親のゆいいつの自まん話だった。

　ところで、以上の人数を合計すると、私は九人兄弟の末っ子だということになる。ところが、私の名前は「一郎」である。変な話だ。末っ子なのに一郎はおかしいではないか。ふ通、長男の名前じゃないだろうか。

　兄姉に聞くと、よく分からないという。一つ分かっているのは、子どもの名前はほとんど母親が付けたが、私の名前だけは父親が付けたと言う。なぜ、九人目の子どもに一郎と付けたのか、聞いて確かめたい。だが、すでに書いたように、父親は、小学校入学前になくなっているので確かめようがない。……

「『子ども時代』井上一郎著　明治図書より」

題材には……

・身近な人とのふれあいから
・ある日のエピソードから
・自分を見つめて
・ずっと考えていたこと

自分が実際に体験したこと見たり聞いたりしたこと

出来事の様子がくわしく書かれていること（2つぐらい）・聞こえるもの・見えるもの・におい

自分にとって人にとって，どのような意味があるのか。余韻が残るような終わり方も工夫しよう。

テーマ

書き始め

エピソード

書き終わり

指導のねらいと説明

　今までの体験や出会った人の話，見たことなどを思い出して随筆を書くためのワークシートです。随筆を書くことで，自分自身がもっているものの見方や考え方，生き方などを見つめ直したり，深めたりすることを目指します。

ワークシートの使い方

　今までに経験したこと，見たこと，聞いたことなどを思い出して書きます。

(1)　テーマが決まれば，順番を思い出して書きます。

(2)　書き出しや具体的な体験や見聞をどのように書くか考えます。

(3)　まとめとなる自分の考えを書きます。

ワークシート 9

自分の経験をずい筆にまとめよう

学習した日（　　）月（　　）日

五年　　組〔名前　　　　　　〕

★「ずい筆」という言葉を聞いたことはありませんか。「ずい筆」とは自分が経験したり見聞きしたりしたことをもとに、自分の感想や考えをまとめたものです。

テーマ

自分が実際に体験したこと見たり聞いたりしたこと

書き始め

出来事の様子がくわしく書かれていること（2つぐらい）・聞こえるもの・見えるもの・におい

エピソード

自分にとって、どのような意味があるのか。余韻が残るような終わり方も工夫しよう。

書き終わり

あなたも、ずい筆にちょう戦してみましょう。

　私は、末っ子だ。上を見ると、兄姉が六人もいる。女が三人。男が三人。実は、他に女が一人いた。いたというのは、すでになくなっているからである。急病だった。戦後なので十分な治りょうを受けられずになくなったという。顔を見たことはない。話として伝え聞くだけである。小学校四年生でなくなった「女の子」は、とてもゆうしゅうで先生から大変ほめられ期待されていたというのが、めったに自まんなどしない母親のゆいいつの自まん話だった。

　ところで、以上の人数を合計すると、私は九人兄弟の末っ子だということになる。ところが、私の名前は「一郎」である。変な話だ。末っ子なのに一郎はおかしいではないか。ふ通、長男の名前じゃないだろうか。

　兄姉に聞くと、よく分からないという。一つ分かっているのは、子どもの名前は母親がほとんど付けたが、私の名前だけは父親が付けたと言う。なぜ、九人目の子どもに一郎と付けたのか、聞いて確かめたい。だが、すでに書いたように、父親は、小学校入学前になくなっているので確かめようがない。……

「『子ども時代』井上一郎著　明治図書より」

題材には……

- 身近な人とのふれあいから
- ある日のエピソードから
- 自分を見つめて
- ずっと考えていたこと

10 主人公が成長していく物語を読んで，すいせん文を書こう（推薦）

〔読むこと，指導事項エ〕　言語活動エ

主人公が成長していく物語を読んで、すいせん文を書こう

学習した日（　）月（　）日

五年　組〔名前　〕

★高橋さんは友達から「目標に向かって前向きにがんばりたいので，おすすめの本はないか」とたのまれました。そこで，人との出会いを通して努力しながら成長していく主人公をえがいた物語をすいせんしました。

一　すいせん文を書く時には、相手に本のことを知ってもらうために左に挙げたようなことを書かなくてはいけません。下のすいせん文の(あ)〜(け)は、どのことについて書いているか考えて番号で答えましょう。

1 登場人物のしょうかい
2 主人公の成長過程
3 あらすじ
4 文章構成の工夫
5 すいせん者の思い
6 すいせん者の体験
7 作者のしょうかい
8 他の作者とのちがい
9 感想・評価語い

心さえつながっていれば

(あ)悲しみからぬけ出せずになやんでいる人や前向きにがんばろうと思っている人には、石井睦美さんの「五月の初め、日曜日の朝」がおすすめだ。

(い)しゅういちと一しょに走るのが大好きだった子犬のバウ。バウの死によってしゅういちは走ることをやめてしまう。ある夜、しゅういちはバウの夢を見る。(う)親友が遠くに転校した時のことだ。登下校はいつも一緒で、毎日の出来事をおしゃべりするのが楽しくてしかたなかった。でも、それができなくなってしまい私から笑顔が消えた。その時の悲しい気持ちはしゅういちと同じだと思う。しかし、この本は、私に次のようなことに気付かせてくれた。(え)大切なものとずっと一しょにはいられない。一しょにいても感じていることや考えていることは別々。心と心がつながっていることが大事だということを。それからは、他の友達との関わりを大切にし、仲間の輪を広げられるようにがんばっている。

この作品は、(お)夢の中での出来事をきっかけに、主人公が成長する姿をテンポよくえがいている。(か)主人公が語り手となって胸の内を話すようなてん開の仕方をする作者はあまりいない。主人公が読み手に直せつ話しかけているようで、(き)作品にひきこまれていく。

(く)石井睦美さんの作品には他にも「新しい友達」などがあり、一つ一つの思いを積み重ねて、子どもが大人になっていく姿などが見事にえがかれており、(け)心にひびくものばかりである。

(あ)	(い)	(う)	(え)	(お)	(か)	(き)	(く)	(け)
1	3	6	5	4	8	9	7	9

二　心に残った本を選び、読んでほしい人を決めてすいせん文を書いてみましょう。字数を決めて書くといいですね。

読んで欲しい人

書名

作者名

出版社名

三　主人公が成長する姿がえがかれた本は、たくさんあります。図書館に行って読んでみましょう。

『十五少年漂流記』ジュール・ベルヌ

『長くつ下のピッピ』リンドグレーン

『ハッピーバースデー』青木　和雄

紹介文と推薦文の違いを明らかにしておくことが大切です。

紹介文は，自分が読んで紹介したいと思う本を取り上げますが，推薦文は，自分の目的とともに，相手の目的も考慮し，取り上げた本の何を主に推薦するかを考えなくてはいけません。

主人公の行動や会話と自分とを比べながら読むことで，主人公の成長から共感するところや取り入れたいと思うことなどが見つかり，自分の成長にも生かすことができます。

指導のねらいと説明

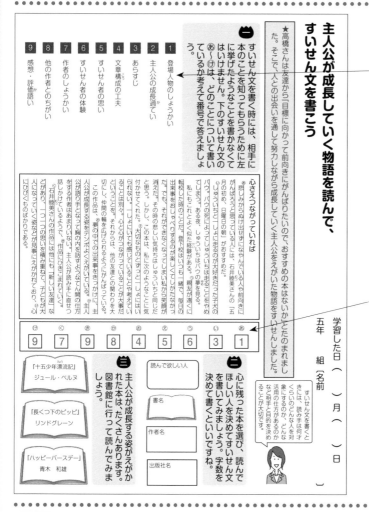

中学年までに学習してきた紹介文との違いを明らかにし，推薦文の特徴をとらえて，自分が読んで感動した主人公が成長する物語の推薦文を書くためのワークシートです。推薦するためには，自分の目的とともに，相手の目的も考慮する必要があります。文章の内容を引用し，自分が読んで感動したところを伝え，相手の読書意欲を喚起できるようにします。

ワークシートの使い方

(1)　推薦文を構成する要素にはどのようなものがあるかを学びます。

(2)　モデルの推薦文を分析し，構成要素と構成をとらえます。

(3)　心に残った主人公が成長する物語の推薦文を書きます。

10

主人公が成長していく物語を読んで、すいせん文を書こう

学習した日（　）月（　）日
五年　組〔名前　〕

★高橋さんは友達から「目標に向かって前向きにがんばりたいので、おすすめの本はないか」とたのまれました。そこで、人との出会いを通して努力しながら成長していく主人公をえがいた物語をすいせんしました。

すいせん文を書くときには、読み手は何くらいのどんな人を対象にするのか、どんな活用の仕方があるのかなど相手と目的を決めることが大切です。

一 すいせん文を書く時には、相手に本のことを知ってもらうために左に挙げたようなことを書かなくてはいけません。下のすいせん文のⓐ～ⓚは、どのことについて書いているか考えて番号で答えましょう。

1 登場人物のしょうかい
2 主人公の成長過てい
3 あらすじ
4 文章構成の工夫
5 すいせん者の思い
6 すいせん者の体験
7 作者のしょうかい
8 他の作者とのちがい
9 感想・評価語い

心さえつながっていれば

ⓐ悲しみからぬけ出せずになやんでいる人や前向きにがんばろうと思っている人には、石井睦美さんの「五月の初め、日曜日の朝」がおすすめだ。

ⓘしゅういちと一しょに走るのが大好きだった子犬のバウ。バウの死によってしゅういちは走ることをやめてしまう。ある夜、しゅういちはバウの夢を見る。

私にもこれとよく似た経験がある。ⓤ親友が遠くに転校した時のことだ。登下校はいつも一緒で、毎日の出来事をおしゃべりするのが楽しくてしかたなかった。でも、それができなくなってしまい私から笑顔が消えた。その時の悲しい気持ちはしゅういちと同じだと思う。しかし、この本は、私に次のようなことに気付かせてくれた。ⓔ大切なものとずっと一しょにはいられない。一しょにいても感じていることや考えていることは別々。心と心がつながっていることが大事だということを。それからは、他の友達との関わりを大切にし、仲間の輪を広げられるようにがんばっている。

この作品は、ⓞ夢の中での出来事をきっかけに、主人公が成長する姿をテンポよくえがいている。ⓚ主人公が語り手となって胸の内を話すようなてん開の仕方をする作者はあまりいない。主人公が読み手に直せつ話しかけているようで、ⓚ作品にひきこまれていく。

ⓚ石井睦美さんの作品には他にも「新しい友達」などがあり、一つ一つの思いを積み重ねて、子どもが大人になっていく姿などが見事にえがかれており、ⓚ心にひびくものばかりである。

あ	い	う	え	お	か	き	く	け

二 心に残った本を選び、読んでほしい人を決めてすいせん文を書いてみましょう。字数を決めて書くといいですね。

読んで欲しい人
書名
作者名
出版社名

三 主人公が成長する姿がえがかれた本は、たくさんあります。図書館に行って読んでみましょう。

『十五少年漂流記』ジュール・ベルヌ
『長くつ下のピッピ』リンドグレーン
『ハッピーバースデー』青木　和雄

11 筆者はどんな立場？（意見）

〔読むこと，指導事項ウ〕　言語活動イ

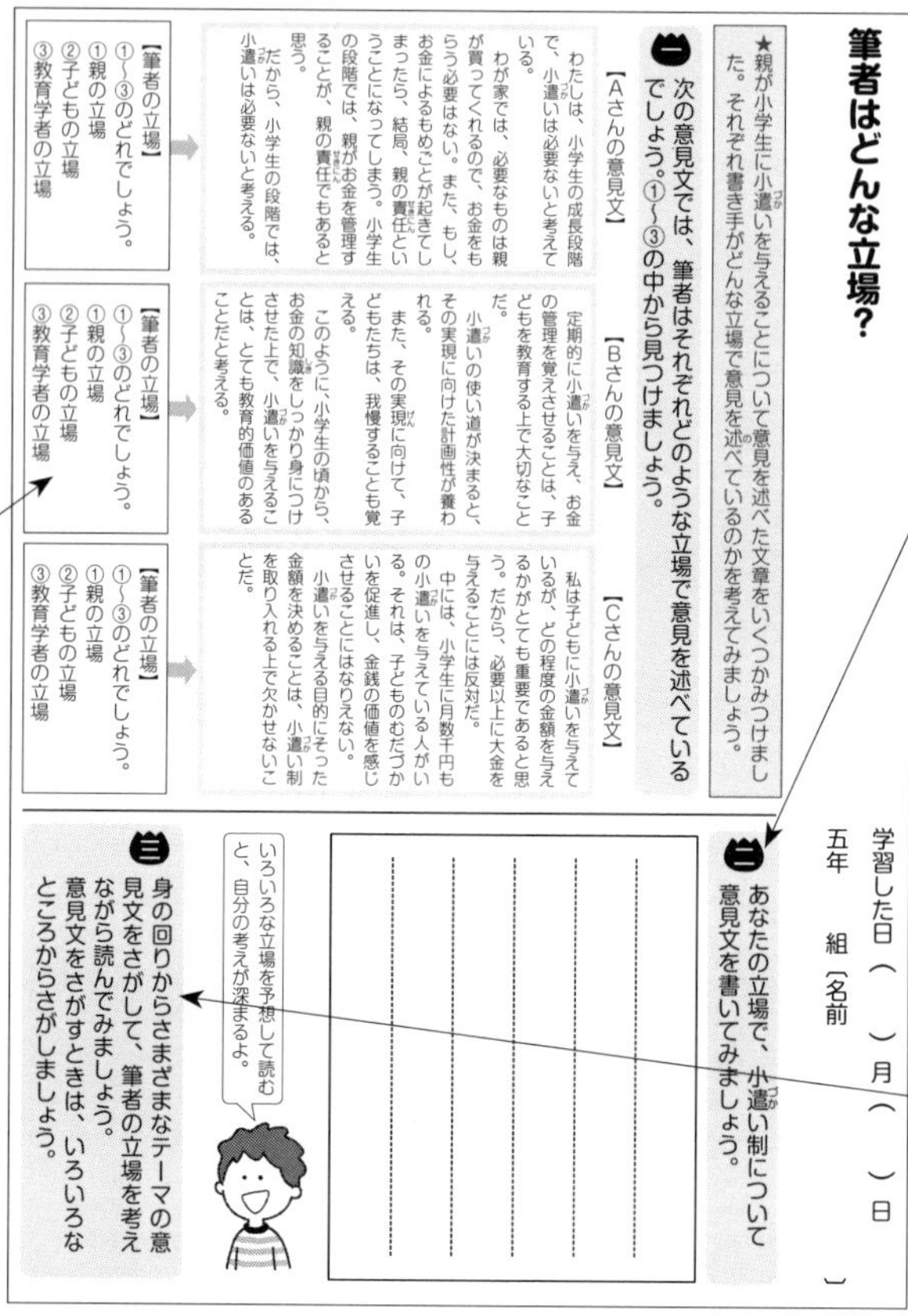

筆者はどんな立場？

学習した日（　）月（　）日
五年　組〔名前　〕

★親が小学生に小遣いを与えることについて意見を述べた文章をいくつかみつけました。それぞれ書き手がどんな立場で意見を述べているのかを考えてみましょう。

一 次の意見文では、筆者はそれぞれどのような立場で意見を述べているでしょう。①～③の中から見つけましょう。

【Aさんの意見文】
わたしは、小学生の成長段階で、小遣いは必要ないと考えている。
わが家では、必要なものは親が買ってくれるので、お金をもらう必要はない。また、もし、お金によるもめごとが起きてしまったら、結局、親の責任ということになってしまう。小学生の段階では、親がお金を管理することが、親の責任でもあると思う。
だから、小学生の段階では、小遣いは必要ないと考える。

【筆者の立場】
①～③のどれでしょう。
①親の立場
②子どもの立場
③教育学者の立場

【Bさんの意見文】
定期的に小遣いを与え、お金の管理を覚えさせることは、子どもを教育する上で大切なことだ。
小遣いの使い道が決まると、その実現に向けた計画性が養われる。
また、その実現に向けて、子どもたちは、我慢することも覚える。
このように、小学生の頃から、お金の知識をしっかり身につけさせた上で、小遣いを与えることは、とても教育的価値のあることだと考える。

【筆者の立場】
①～③のどれでしょう。
①親の立場
②子どもの立場
③教育学者の立場

【Cさんの意見文】
私は子どもに小遣いを与えているが、どの程度の金額を与えるかがとても重要であると思う。だから、必要以上に大金を与えることには反対だ。
中には、小学生に月数千円もの小遣いを与えている人がいる。それは、子どものむだづかいを促進し、金銭の価値を感じさせることにはなりえない。
小遣いを与える目的にそった金額を決めることは、小遣い制を取り入れる上で欠かせないことだ。

【筆者の立場】
①～③のどれでしょう。
①親の立場
②子どもの立場
③教育学者の立場

二 あなたの立場で、小遣い制について意見文を書いてみましょう。

いろいろな立場を予想して読むと、自分の考えが深まるよ。

三 身の回りからさまざまなテーマの意見文をさがして、筆者の立場を考えながら読んでみましょう。
意見文をさがすときは、いろいろなところからさがしましょう。

いろいろな立場の意見文を参考にして，自分の意見を考えられるようにしています。

書き手の立場を意識して意見文を読むことで，テーマについて考えるときのいろいろな視点に気付くことができるようにしています。

身の回りにあるさまざまな情報から意見文に気付くことができるようにします。

指導のねらいと説明

このワークシートは，意見文を読む上で，書き手の立場を明確にする読み方を身に付けることを目的としています。テーマについて自分の考えを明確にするためには，さまざまな考えが述べられた意見文を分析的に読む能力が必要となります。指導のねらいは，自分の考えを深めるために，書き手の立場を明確にした意見文の読み方を身に付けることです。

ワークシートの使い方

(1)　あるテーマについて書かれた簡単な意見文を読み，書き手の立場を考えます。3つの立場を示し，選ぶようにしています。

(2)　書き手の立場を参考に，テーマについて自分の立場での意見をまとめます。

(3)　身の回りから意見文を探し，書き手の立場を中心に読み，自分の考えをまとめます。身の回りにはさまざまな意見文があり，それぞれ書き手の立場での主張があることに気付くことができるとよいでしょう。

11

筆者はどんな立場？

★親が小学生に小遣いを与えることについて意見を述べた文章をいくつかみつけました。それぞれ書き手がどんな立場で意見を述べているのかを考えてみましょう。

学習した日（　　）月（　　）日

五年　　組〔名前　　　　〕

一　次の意見文では、筆者はそれぞれどのような立場で意見を述べているでしょう。①～③の中から見つけましょう。

【Aさんの意見文】

わたしは、小学生の成長段階で、小遣いは必要ないと考えている。

わが家では、必要なものは親が買ってくれるので、お金をもらう必要はない。また、もし、お金によるもめごとが起きてしまったら、結局、親の責任ということになってしまう。小学生の段階では、親がお金を管理することが、親の責任でもあると思う。

だから、小学生の段階では、小遣いは必要ないと考える。

【筆者の立場】
①～③のどれでしょう。
①親の立場
②子どもの立場
③教育学者の立場

【Bさんの意見文】

定期的に小遣いを与え、お金の管理を覚えさせることは、子どもを教育する上で大切なことだ。

小遣いの使い道が決まると、その実現に向けた計画性が養われる。

また、その実現に向けて、子どもたちは、我慢することも覚える。

このように、小学生の頃から、お金の知識をしっかり身につけさせた上で、小遣いを与えることは、とても教育的価値のあることだと考える。

【筆者の立場】
①～③のどれでしょう。
①親の立場
②子どもの立場
③教育学者の立場

【Cさんの意見文】

私は子どもに小遣いを与えているが、どの程度の金額を与えるかがとても重要であると思う。だから、必要以上に大金を与えることには反対だ。

中には、小学生に月数千円もの小遣いを与えている人がいる。それは、子どものむだづかいを促進し、金銭の価値を感じさせることにはなりえない。

小遣いを与える目的にそった金額を決めることは、小遣い制を取り入れる上で欠かせないことだ。

【筆者の立場】
①～③のどれでしょう。
①親の立場
②子どもの立場
③教育学者の立場

二　あなたの立場で、小遣い制について意見文を書いてみましょう。

三　身の回りからさまざまなテーマの意見文をさがして、筆者の立場を考えながら読んでみましょう。意見文をさがすときは、いろいろなところからさがしましょう。

12 人物の相関関係がヒントになるよ（物語）

〔読むこと，指導事項エ〕　言語活動エ

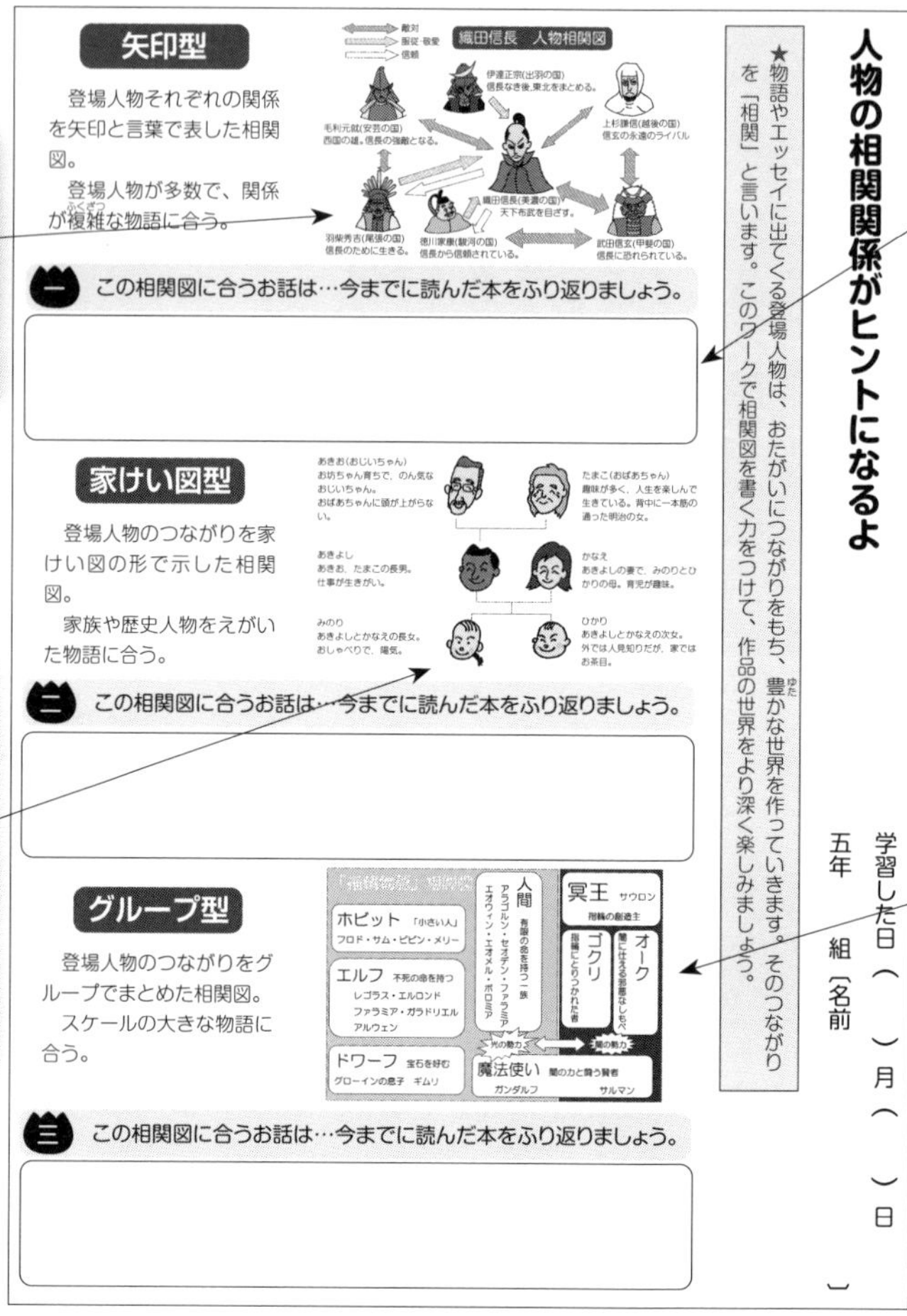
人物の相関関係がヒントになるよ

★物語やエッセイに出てくる登場人物は、おたがいにつながりをもち、豊かな世界を作っていきます。そのつながりを「相関」と言います。このワークで相関図を書く力をつけて、作品の世界をより深く楽しみましょう。

学習した日（　　）月（　　）日

五年　組（名前　　　　）

矢印型

登場人物それぞれの関係を矢印と言葉で表した相関図。

登場人物が多数で、関係が複雑な物語に合う。

一　この相関図に合うお話は…今までに読んだ本をふり返りましょう。

家けい図型

登場人物のつながりを家けい図の形で示した相関図。

家族や歴史人物をえがいた物語に合う。

二　この相関図に合うお話は…今までに読んだ本をふり返りましょう。

グループ型

登場人物のつながりをグループでまとめた相関図。

スケールの大きな物語に合う。

三　この相関図に合うお話は…今までに読んだ本をふり返りましょう。

色や形を工夫して，自分で矢印のきまりを考えるようにします。

3つの相関図を見て，相関図に書きこむ項目をとらえます。

この相関図には，人物の性格が書かれています。

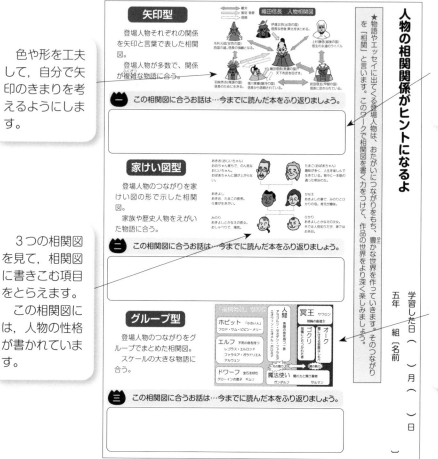

今までに読んだことがある本を振り返って，どの相関図の様式に当てはまるか考えます。

登場人物の人数が多く，関係が複雑なときは，グループに分けると関係をつかみやすくなります。

5年

〔読むこと〕

指導のねらいと説明

登場人物の相関関係をとらえることで想像を豊かにしながら，作品を読むことを目指しています。ここでは典型的な相関図のパターンを学び，自分が読んだ本の相関図を作ることにつなげていきます。今までの読書生活を振り返るきっかけとしてもこのワークシートを活用してください。

ワークシートの使い方

(1)　人物相関図の3つのタイプをつかみます。

(2)　自分の読書体験を振り返って，それぞれのタイプに合う物語を見つけ，ワークに記入します。

(3)　相関図に表す本を選び，3つの中から1つの型を選んで，相関図を書きます。

12

人物の相関関係がヒントになるよ

学習した日（　　）月（　　）日

五年　　組〔名前　　　　　〕

★物語やエッセイに出てくる登場人物は、おたがいにつながりをもち、豊(ゆた)かな世界を作っていきます。そのつながりを「相関」と言います。このワークで相関図を書く力をつけて、作品の世界をより深く楽しみましょう。

矢印型

登場人物それぞれの関係を矢印と言葉で表した相関図。

登場人物が多数で、関係が複雑(ふくざつ)な物語に合う。

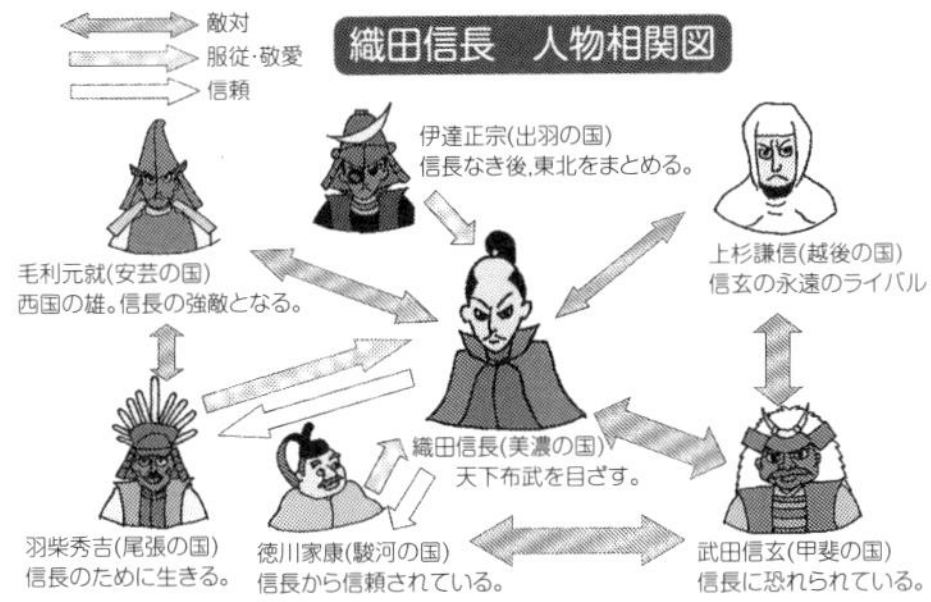

一　この相関図に合うお話は…今までに読んだ本をふり返りましょう。

家けい図型

登場人物のつながりを家けい図の形で示した相関図。

家族や歴史人物をえがいた物語に合う。

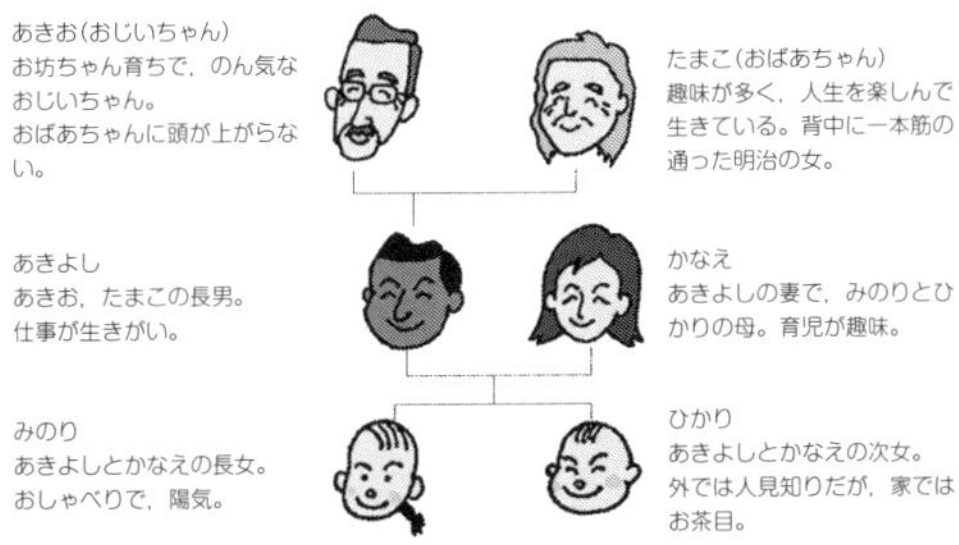

二　この相関図に合うお話は…今までに読んだ本をふり返りましょう。

グループ型

登場人物のつながりをグループでまとめた相関図。

スケールの大きな物語に合う。

三　この相関図に合うお話は…今までに読んだ本をふり返りましょう。

13 新聞記事ってどうやって編集しているの（編集）

〔読むこと，指導事項カ〕　言語活動ウ

新聞記事ってどうやって編集しているの

学習した日（　　）月（　　）日

五年　　組〔名前　　　　　　〕

★気になる新聞の記事を読んだことはありますね。記事の内容を読むと、知らなかったことを知る楽しさがあります。また、新聞記事からは、情報を得るだけでなく、編集の仕方としての形式も学ぶことができます。

一つの新聞記事をながめながら、記事の形式について学びましょう。

ある日の新聞記事の形式を調べると、次のような特ちょうがありました。あなたも身近にある新聞から好きな記事を一つ選んで形式を調べてみましょう。

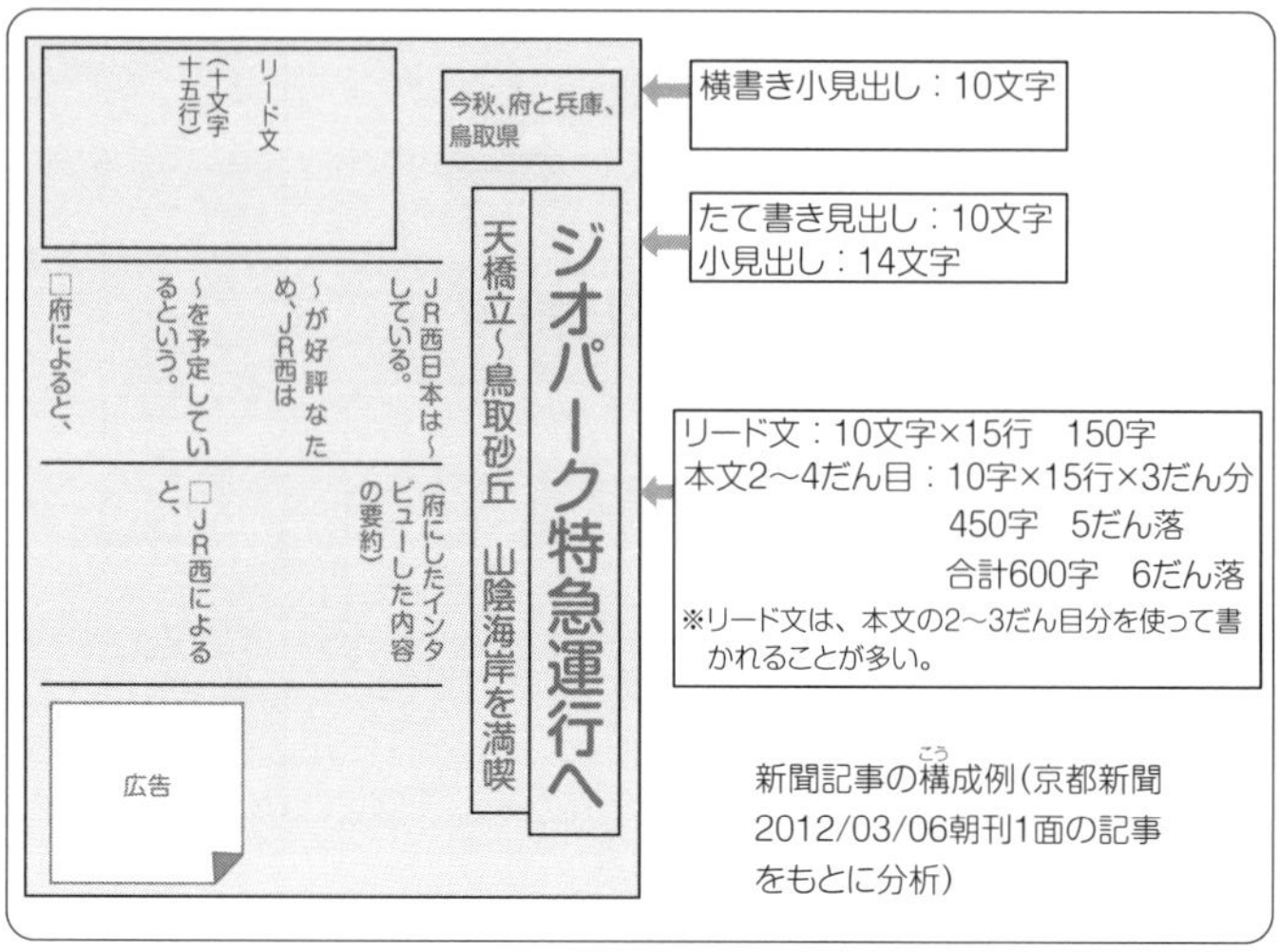

新聞記事の構成例（京都新聞2012/03/06朝刊1面の記事をもとに分析）

一　自分の選んだ新聞記事の文字数や行数、だん落の数を数えましょう。

①見出し（　　　）文字
②小見出し（　　　）文字
③リード文（　　　）文字
④本文一行（　　　）文字
⑤本文（　　　）行
⑥本文（　　　）だん組
⑦本文（　　　）だん落
⑧本文（　　　）文字

二　自分が選んだ新聞記事の特ちょうを調べましょう。

①写真は入っていますか。
（はい　　いいえ）

②図表、イラストなど文章以外の情報が入っていますか。
（はい　　いいえ）

③写真にはキャプション（説明）がついていますか。
（はい　　いいえ）

三　調べて分かった形式をまねて、実際に新聞記事を書いてみましょう。

指導のねらいと説明

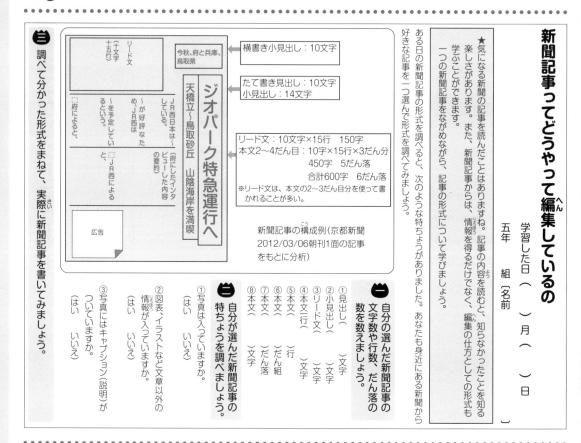

この学習は，新聞記事を読んで情報を得るだけでなく，編集の仕方としての形式を学ぶことをねらいとしています。さらに，読んで学んだことを書くことに生かすことを目指します。新聞記事から形式を学び，それをまねて記事を作成すると整った形式になります。形式を学習せずに記事を書かせると，本文を一段飛ばしにしたり，見出しが短すぎたり長すぎたりすることも起こってきます。形式を整えることが，誰もが読みやすい編集につながることに気付かせることもねらっています。

ワークシートの使い方

(1)　ワークシートに掲載した新聞記事の形式例を読んで，特徴を理解します。
(2)　実際の新聞から好きな記事を１つ選んで形式を調べます。
(3)　調べて分かった形式をまねて，実際に新聞記事を書いてみます。

新聞記事ってどうやって編(へん)集しているの

学習した日（　　）月（　　）日

五年　　組〔名前　　　　　　　　〕

★気になる新聞の記事を読んだことはありますね。記事の内容(よう)を読むと、知らなかったことを知る楽しさがあります。また、新聞記事からは、情報(じょうほう)を得るだけでなく、編(へん)集の仕方としての形式も学ぶことができます。
一つの新聞記事をながめながら、記事の形式について学びましょう。

ある日の新聞記事の形式を調べると、次のような特ちょうがありました。あなたも身近にある新聞から好きな記事を一つ選んで形式を調べてみましょう。

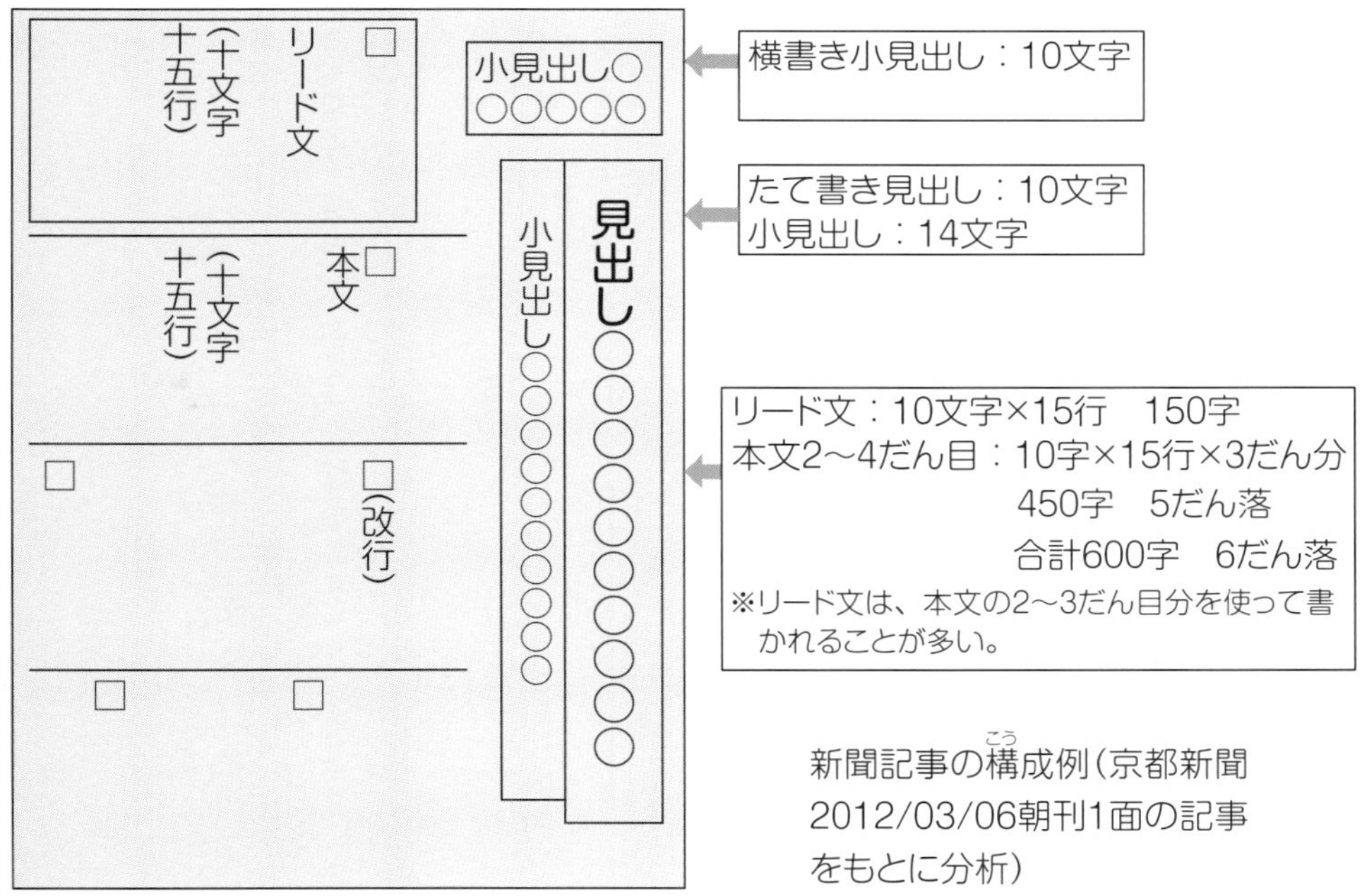

新聞記事の構(こう)成例（京都新聞2012/03/06朝刊1面の記事をもとに分析）

一　自分の選んだ新聞記事の文字数や行数、だん落の数を数えましょう。

①見出し（　　　）文字
②小見出し（　　　）文字
③リード文（　　　）文字
④本文一行（　　　）文字
⑤本文（　　　）行
⑥本文（　　　）だん組
⑦本文（　　　）だん落
⑧本文（　　　）文字

二　自分が選んだ新聞記事の特ちょうを調べましょう。

①写真は入っていますか。
（はい　　いいえ）

②図表、イラストなど文章以外の情報(じょうほう)が入っていますか。
（はい　　いいえ）

③写真にはキャプション（説明）がついていますか。
（はい　　いいえ）

三　調べて分かった形式をまねて、実際(さい)に新聞記事を書いてみましょう。

14 「はいゆう」のようにろう読してみよう（朗読）

〔読むこと，指導事項イ〕　言語活動イ

一　語り手と登場人物を分けて、それぞれの人物像をつかみましょう。

二　それぞれの登場人物の声を決めましょう(顔もイメージしてみよう)。

「ちいちゃんとツバメ」

今年も、ツバメがやってきた。ぼくは、まどからこっそりのぞいて見た。実は、ぼくは、ツバメがすきじゃない。すきじゃないものは、他にもあるが、ツバメは、特に、にがてだ。

一方、ぼくの小さな妹は、急いでまどをあけ、大きな声であちらこちらに話しかけていた。

「ツバメしゃん、おかえり！」

「お母さん、お母さん、みてみて、ツバメしゃんだよ。口ばしで何か運んでるね。」

にこにこしながら、手をふって喜んでいた。

すると、お母さんは、いつもと変わらず、おだやかに言った。

「かわいい鳥ねえ。そうそう、ちいちゃん、こっちに来て、見てごらん。」

お母さんは、なぜかぼくをよんだ。

（続く）

はじめはゆっくりと。
すきじゃない流れを一息で読む。
転調
調子をかえる
声を大きくあちらこちらを見るように
笑顔で
あたたかくおだやかに
ふしぎそうに

語り手	ちいちゃん(ぼく)	いもうと	おかあさん
一人しょうの語り(ぼく)	けいかい心のある男の子 ツバメは好きではない内気な男の子	おさない女の子・好き心おうせい・明るい性格 あわてんぼうな女の子	兄妹を包みこむようなおだやかなようす あたたかく、おだやかな人がら

な声	な声	な声	な声

①人物像の設定
②読み方の記号
③場面・人物の様子
を書き込むと，さらに朗読しやすくなります。

同じ物語でも
①人物像の設定
②読み方の記号
③場面・人物の様子
が変わるとまったく違う朗読になります。
①の人物像の設定を変えて朗読してみてもおもしろいです。

指導のねらいと説明

自分の思いや考えが伝わるように音読や朗読をする言語活動を通して身に付けることをねらいとしています。俳優のように読むという設定により，朗読のよさに気付き，その方法やポイントを学習できるワークシートです。ここでは，俳優の朗読の仕方をモデルに，自分の音読に生かしていきます。そのポイントを学ぶことができるワークシートです。

ワークシートの使い方

(1)　自由に読んでみます。

(2)　ワークシートの手順に沿って，人物の設定をして読みます。

(3)　手順をもとに朗読のポイントをつかみ，自分の音読に生かしていきます。

14

「はいゆう」のように　ろう読してみよう

学習した日（　　）月（　　）日

五年　　組〔名前　　　　　　　〕

★物語を声に出して読むときいろいろな読み方があります。同じ物語でも、「はいゆう」が読むと言葉の意味がよく伝わり、感動をあたえます。
はいゆうがしているのは「ろう読」という読み方です。あなたも、次の手順にそって、ろう読にちょう戦してみましょう。

一　語り手と登場人物を分けて、それぞれの人物像(ぞう)をつかみましょう。

二　それぞれの登場人物の声を決めましょう（顔もイメージしてみよう）。

「ちいちゃんとツバメ」

今年も、ツバメがやってきた。ぼくは、まどからこっそりのぞいて見た。

実は、ぼくは、ツバメがすきじゃない。すきじゃないものは、他にもあるが、ツバメは、特に、にがてだ。

一方、ぼくの小さな妹は、急いでまどをあけ、大きな声であちらこちらに話しかけていた。

「ツバメしゃん、おかえり！」

「お母さん、お母さん、みてみて、ツバメしゃんだよ。口ばしで何か運んでるね。」

にこにこしながら、手をふって喜んでいた。

すると、お母さんは、いつもと変わらず、おだやかに言った。

「かわいい鳥ねえ。そうそう、ちいちゃん、こっちに来て、見てごらん。」

お母さんは、なぜかぼくをよんだ。

（続く）

はじめはゆっくりと。

すきじゃない流れを一息で読む。

転調

語り手	ちいちゃん（ぼく）	いもうと	おかあさん
一人しょうの語り（ぼく）	けいかい心のある男の子 ツバメは好きではない内気な男の子	おさない女の子・好き心おうせい・明るい性格 あわてんぼうな女の子	兄妹(きょうだい)を包(つつ)みこむようなおだやかなようす あたたかく、おだやかな人がら

な声	な声	な声	な声

三　読み方の記号をつけて、ろう読してみましょう。

二の文章に書きこまれているのは、はいゆうがしている読み方「ろう読」の記号の一部です。上の文章に記号の続きを書きこみ、ろう読してみよう。

表情・行動・周(まわ)りの様子を考えて、書きこもう。

すきじゃないけどのぞきたい、その気持ちが表れるように読まなきゃね。

声の出し方	読み方の記号
ゆっくり	〰〰（波線）
速く読む	｜（一本線）
強く読む	‖（二重線）
弱く読む	┊（点線）
はずんで	VVVVV
しずむように	～～～～
大きな声	大
小さな声	小

1 報告用の資料を作って話そう（報告）

〔話すこと・聞くこと，指導事項イ〕　言語活動ア

【タイプ１とタイプ３の例】

タイプ１【全体を示して，関係するものを説明する】

全体図をもとにして，そのまわりに矢印をつけ，補足説明を加えることで見やすく分かりやすくなる。中心には，写真やグラフ，地図などを入れるとよいでしょう。

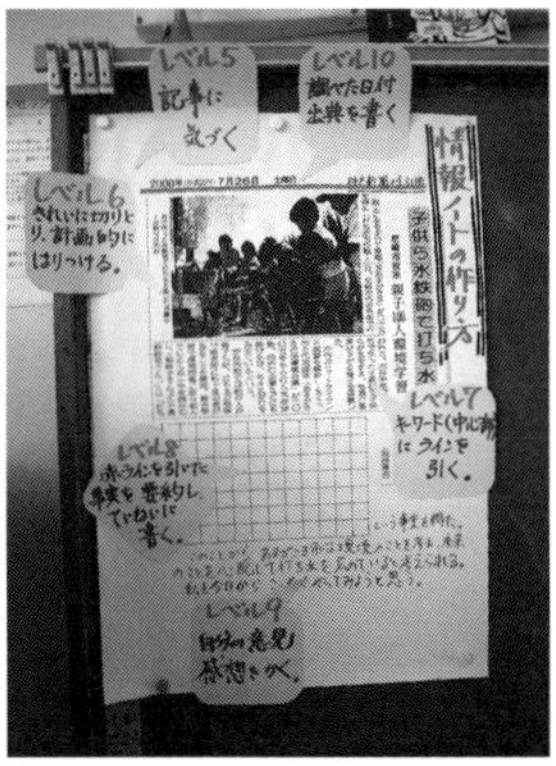

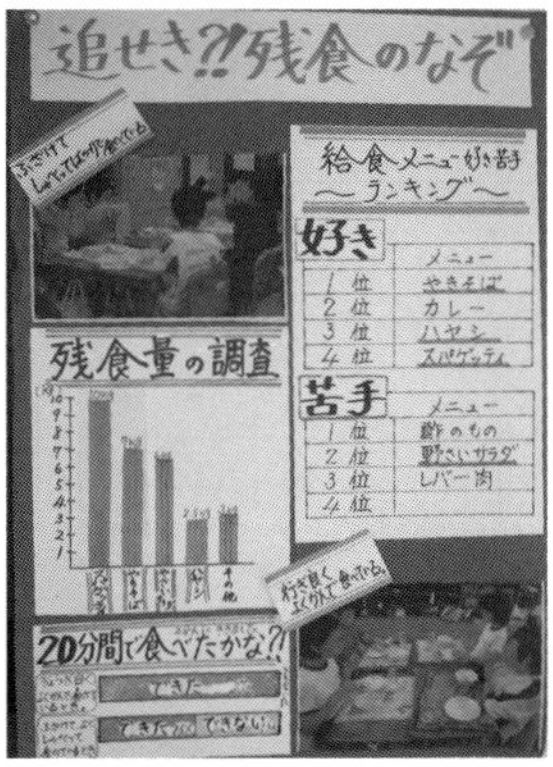

タイプ３【表やグラフを使って説明する】

ポスター調で，見出しから内容がとらえやすい。写真・表・グラフが入ることで，より伝わりやすくなる。発表者の説明を視覚的に補う形で使うとよいでしょう。

指導のねらいと説明

調べたことを報告するとき，目的に応じた資料の見せ方や資料の構成が報告のポイントになります。調査した結果を報告するときに効果的な資料の見せ方と作成の構成が学べます。資料の見せ方として３つの方法を示しています。ここでは，資料の構成として【タイプ１：全体を示して，関係するものを説明する】【タイプ２：順を追って説明する】【タイプ３：表やグラフを使って説明する】【タイプ４：つながりが分かるように示す】があります。それぞれを効果的に活用することにより，報告がより分かりやすいものになります。さまざまな教科においても自由自在に報告の準備ができるようになることをねらっています。

ワークシートの使い方

⑴　報告内容やその特徴に合わせて，資料の見せ方や構成を選びます。

⑵　資料の見せ方や構成を考えて，実際に作ります。

1

報告用の資料を作って話そう

学習した日（　　）月（　　）日

六年　　組〔名前　　　　　　　〕

★調べたことを報告（発表）するには、図や表、写真、絵などの資料を聞き手に見せると、話すだけよりも分かりやすくなりますね。また、資料の見せ方には、プリントを配るものや指示ぼうを用いていっせいに示すもの等があります。より分かりやすい報告（発表）にするにはどうすればいいのでしょう。ここでは、二つのステップで報告の準備について考えていきましょう。

①調べることを見つける → ②取材 → ③調査整理 → **④報告準備** → ⑤報告会 → ⑥ふり返り

一　報告内容から資料の見せ方を決めましょう。

(A) ポスターをはって見せる方法

（　　　）

(B) 資料を配る方法

（　　　）

(C) 話す順番にカードを見せる方法

（　　　）

(A)(B)(C)の中から見せ方を選んだら，資料内容の構成を考えよう。

二　上の【(A)（B)（C)】の資料の構成を考えましょう。

タイプ1

社会科など、**全体**を示して、関係するところを**くわしく**説明する。（矢印は逆向きも可）

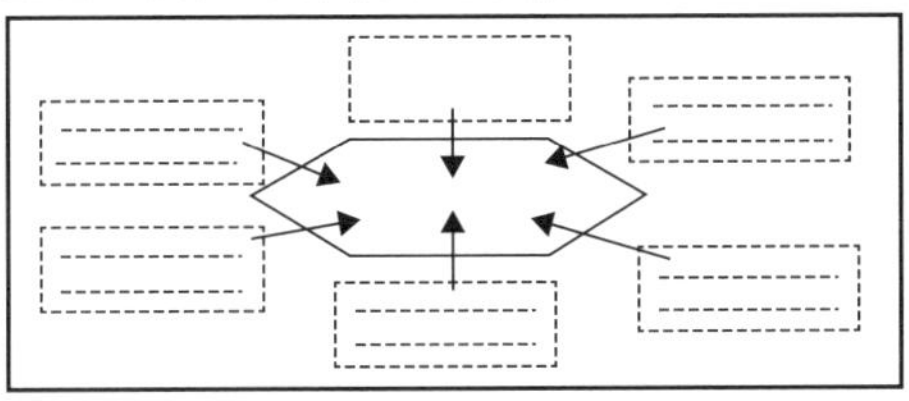

タイプ2

実験手順などを図や写真を用いて、**説明の順**に示していく。

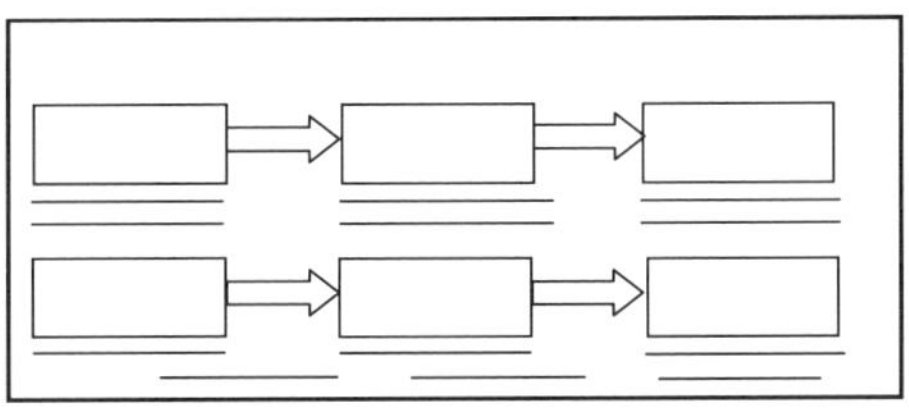

タイプ3

理科や社会科など表やグラフを使って、**説明の根きょ**となるものを示す。

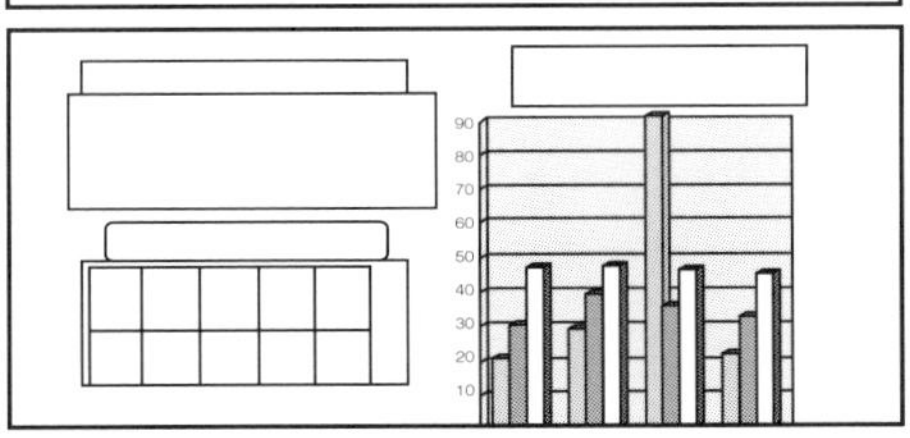

タイプ4

系統（けい）や体系（けい）など、物の**つながり**が分かるように示す。

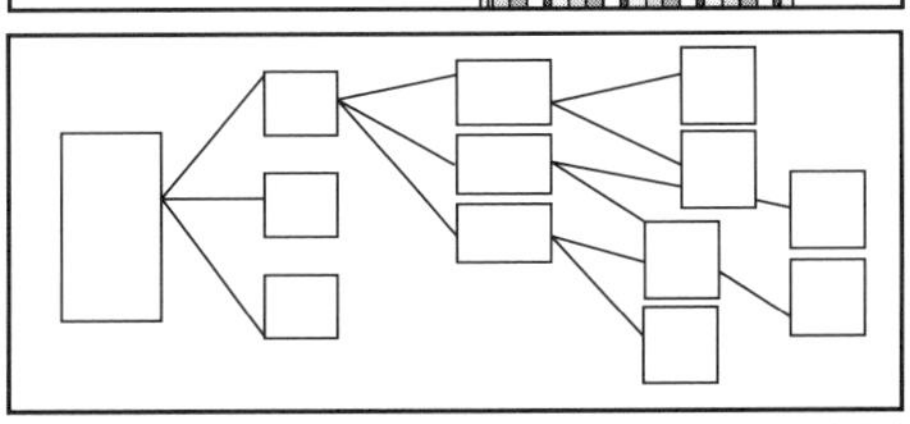

三　報告する内容をもとに、資料の見せ方や資料の構成を考えて作ってみましょう。

2 構成を工夫して，分かりやすく理由を述べよう（説明）

〔話すこと・聞くこと，指導事項イ〕　言語活動ア

構成を工夫して、分かりやすく理由を述べよう

学習した日（　）月（　）日　六年　組〔名前　〕

★友達の説明を聞いて、「なるほどな」と思ったことがあるでしょう。その友達は、構成を工夫しているからです。構成の工夫を学習して、あなたも説明してみましょう。

一 説明する聞き手を決めましょう。

三年生

二 説明することがらを決めましょう。

読書の楽しさ

三 説明するときのことがらや意見をはっきりさせましょう。

読書は、新しいことに出合える。いろんなことを想像して楽しむことができる。

ここがポイント　最低三つの理由をあげて構成しましょう。

四 理由行十行で構成します。三つのパターンから選んで、下の用紙に書いてみましょう。

【構成A】
□大事な理由（六行）
□少し大事な理由（三行）
□ふつうの理由（一行）

【構成B】
□事実や意見（五行）
□例①（三行）
□例②（二行）

【構成C】
□例①（二行）
□例②（四行）
□事実や意見（四行）

構成 B を選びます。

　読書をすると本を読むのが速くなったり、文章を見ているとテレビ画面のように様子がうかんでくるようになります。実際にその場にいるかのようです。
　現実では起こることがないことも想像の世界で楽しめます。だから、わくわくしてきます。
　文を速く読めるので、短い時間で読み、理解できます。

指導のねらいと説明

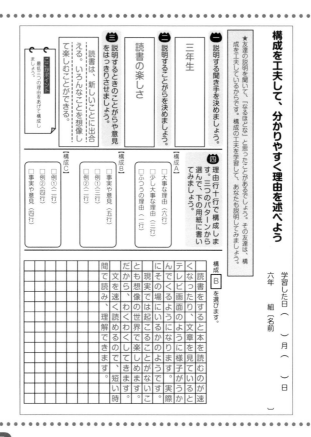

この学習は，ことがらが明確に伝わるように話の構成を工夫しながら説明することを具体化したものです。導入，理由，まとめの順で内容を構成すると，300字程度になり，これは１分間スピーチの分量になります。ここでは，話の構成の工夫のうち，理由の説明だけを取り扱い，３種類を学習します。

【構成Ａ】理由を３つ挙げ，大事な理由→少し大事な理由→普通の理由の順で説明する。

【構成Ｂ】事実や意見→例１→例２の順で説明する。

【構成Ｃ】例１→例２→事実や意見の順で説明する。

ワークシートの使い方

(1)【構成Ａ】【構成Ｂ】【構成Ｃ】の３つから１つ選び，150字程度で書きます。

(2)【構成Ａ】では，３つの理由を考え，説明するための理由の順位を決めます。

(3)【構成Ｂ】【構成Ｃ】では，聞き手が共感する例を用います。

2

構成を工夫して、分かりやすく理由を述べよう

学習した日（　）月（　）日

六年　組〔名前　〕

★友達の説明を聞いて、「なるほどな」と思ったことがあるでしょう。その友達は、構成を工夫しているからです。構成の工夫を学習して、あなたも説明してみましょう。

一 説明する聞き手を決めましょう。

二 説明することがらを決めましょう。

三 説明するときのことがらや意見をはっきりさせましょう。

ここがポイント
最低三つの理由をあげて構成しましょう。

四 理由行十行で構成します。三つのパターンから選んで、下の用紙に書いてみましょう。

【構成A】
□大事な理由（六行）
□少し大事な理由（三行）
□ふつうの理由（一行）

【構成B】
□事実や意見（五行）
□例①（三行）
□例②（二行）

【構成C】
□例①（二行）
□例②（四行）
□事実や意見（四行）

構成□を選びます。

3 どんどん質問しよう（質問）

〔話すこと・聞くこと，指導事項エ〕　言語活動ア

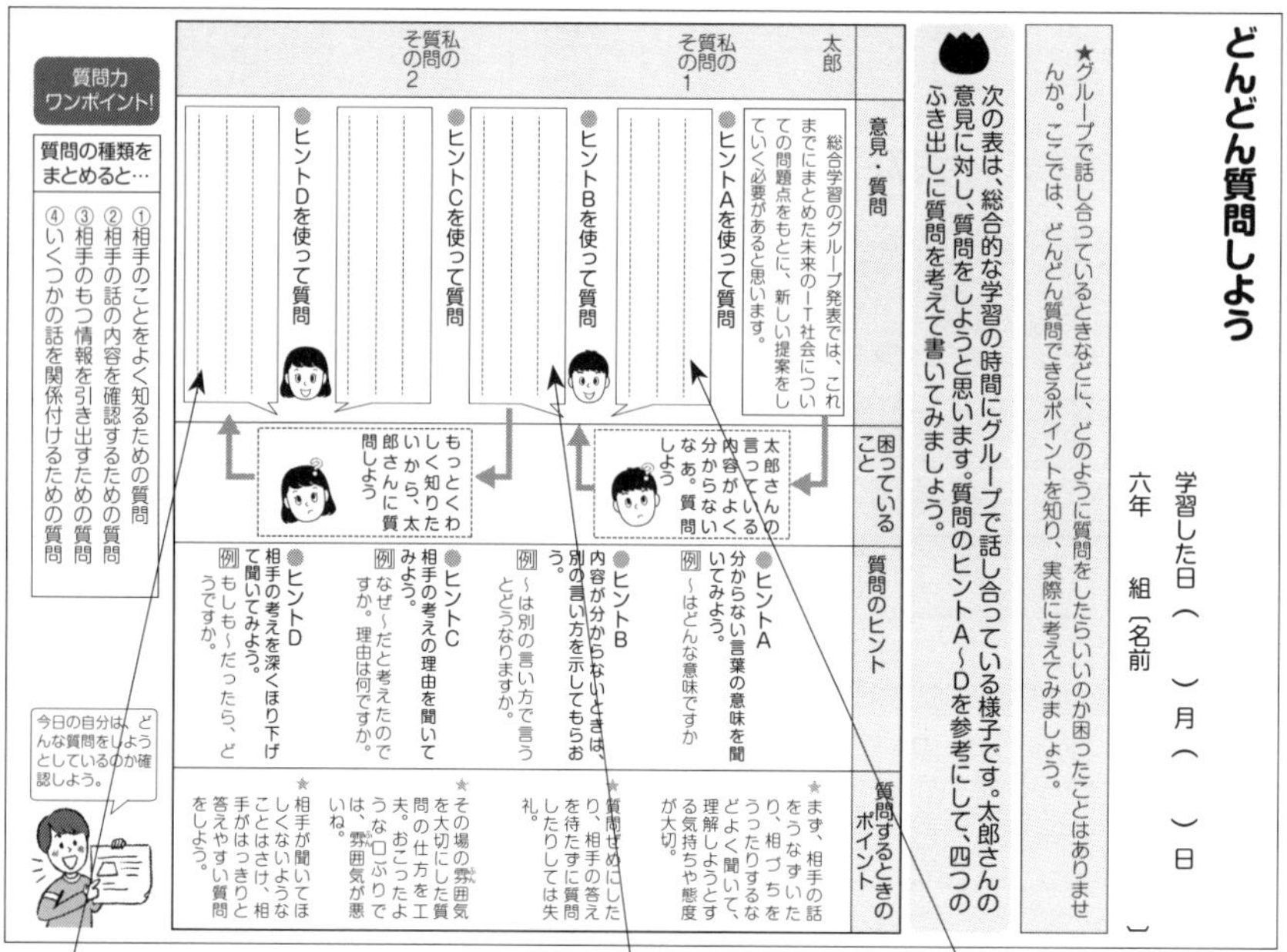

どんどん質問しよう

学習した日（　）月（　）日

六年　組〔名前　〕

★グループで話し合っているときなどに，どのように質問をしたらいいのか困ったことはありませんか。ここでは，どんどん質問できるポイントを知り，実際に考えてみましょう。

次の表は，総合的な学習の時間にグループで話し合っている様子です。太郎さんの意見に対し，質問をしようと思います。質問のヒントA～Dを参考にして，四つのふき出しに質問を考えて書いてみましょう。

	意見・質問	困っていること	質問のヒント	質問するときのポイント
太郎	総合学習のグループ発表では，これまでにまとめた未来のＩＴ社会についての問題点をもとに，新しい提案をしていく必要があると思います。			
私の質問その1	●ヒントAを使って質問 ●ヒントBを使って質問	太郎さんの言っている内容がよく分からないなあ。質問しよう	●ヒントA 分からない言葉の意味を聞いてみよう。 例 ～はどんな意味ですか ●ヒントB 内容が分からないときは，別の言い方を示してもらおう。 例 ～は別の言い方で言うとどうなりますか。	★まず，相手の話をうなずいたり，相づちをうったりするなどよく聞いて，理解しようとする気持ちや態度が大切。 ★質問ぜめにしたり，相手の答えを待たずに質問したりしては失礼。
私の質問その2	●ヒントCを使って質問 ●ヒントDを使って質問	もっとくわしく知りたいから，太郎さんに質問しよう	●ヒントC 相手の考えの理由を聞いてみよう。 例 なぜ～だと考えたのですか。理由は何ですか。 ●ヒントD 相手の考えを深くほり下げて聞いてみよう。 例 もしも～だったら，どうですか。	★その場の雰囲気を大切にした質問の仕方を工夫。おこったような口ぶりでは，雰囲気が悪いね。 ★相手が聞いてほしくないようなことはさけ，相手がはっきりと答えやすい質問をしよう。

質問力ワンポイント！

質問の種類をまとめると…

①相手のことをよく知るための質問
②相手の話の内容を確認するための質問
③相手のもつ情報を引き出すための質問
④いくつかの話を関係付けるための質問

今日の自分は，どんな質問をしようとしているのか確認しよう。

ヒントDを使った質問例
○新しい提案を具体的にするとしたら，どんなことが考えられますか。

ヒントBを使った質問例
○今までにはどんな問題点が出されているのでしょうか。

ヒントAを使った質問例
○ＩＴ社会は，どんな社会を意味していますか。

指導のねらいと説明

質問をした経験を振り返り，自分自身に身に付いている質問力を確かめると同時に，質問するときに必要な能力を理解するためのワークシートです。相手の意図をつかみながら聞き，目的をとらえた上で質問することにより，自分が知りたいことを確かにするだけではなく，話し手に対する理解を深めることができます。本ワークシートに取り組んだら，さらに質問するときに使う言葉（「～について具体例を挙げて話してください」「根拠となる資料は何ですか」等）を増やしていくようにすると効果が高まります。

ワークシートの使い方

(1)　太郎さんの意見を読み，２つの質問を考えます。

(2)　それぞれに２つのヒントを参考にして，自分の考えと関連付けた質問を考えます。

(3)　質問するときに大事にしたいことがらをポイントとして挙げています。ポイントも参考にして質問を考えます。

どんどん質問しよう

学習した日（　　）月（　　）日

六年　　組〔名前　　　　〕

★グループで話し合っているときなどに、どのように質問をしたらいいのか困ったことはありませんか。ここでは、どんどん質問できるポイントを知り、実際に考えてみましょう。

次の表は、総合的な学習の時間にグループで話し合っている様子です。太郎さんの意見に対し、質問をしようと思います。質問のヒントA～Dを参考にして、四つのふき出しに質問を考えて書いてみましょう。

	意見・質問	困っていること	質問のヒント	質問するときのポイント
太郎	総合学習のグループ発表では、これまでにまとめた未来のIT社会についての問題点をもとに、新しい提案をしていく必要があると思います。			
私の質問その1	●ヒントAを使って質問	太郎さんの言っている内容がよく分からないなぁ。質問しよう	●ヒントA 分からない言葉の意味を聞いてみよう。 例 ～はどんな意味ですか	★まず、相手の話をうなずいたり、相づちをうったりするなどよく聞いて、理解しようとする気持ちや態度が大切。
	●ヒントBを使って質問		●ヒントB 内容が分からないときは、別の言い方を示してもらおう。 例 ～は別の言い方で言うとどうなりますか。	★質問ぜめにしたり、相手の答えを待たずに質問したりしては失礼。
私の質問その2	●ヒントCを使って質問	もっとくわしく知りたいから、太郎さんに質問しよう	●ヒントC 相手の考えの理由を聞いてみよう。 例 なぜ～だと考えたのですか。理由は何ですか。	★その場の雰囲気を大切にした質問の仕方を工夫。おこったような口ぶりでは、雰囲気が悪いね。
	●ヒントDを使って質問		●ヒントD 相手の考えを深くほり下げて聞いてみよう。 例 もしも～だったら、どうですか。	★相手が聞いてほしくないようなことはさけ、相手がはっきりと答えやすい質問をしよう。

質問力ワンポイント！

質問の種類をまとめると…

① 相手のことをよく知るための質問
② 相手の話の内容を確認するための質問
③ 相手のもつ情報を引き出すための質問
④ いくつかの話を関係付けるための質問

今日の自分は、どんな質問をしようとしているのか確認しよう。

4 目的に合わせて司会をしよう（司会）

〔話すこと・聞くこと，指導事項オ〕　言語活動ア

　ただ「意見を言ってください」では，話し合いの内容は高まりません。このワークシートにあるように，具体的に指示を出しましょう。

　また，まとめるときも同じです。「まとめてください」では，なかなかまとまりません。どう指示を出せば，意見がまとまるかを考えながら指示を出しましょう。

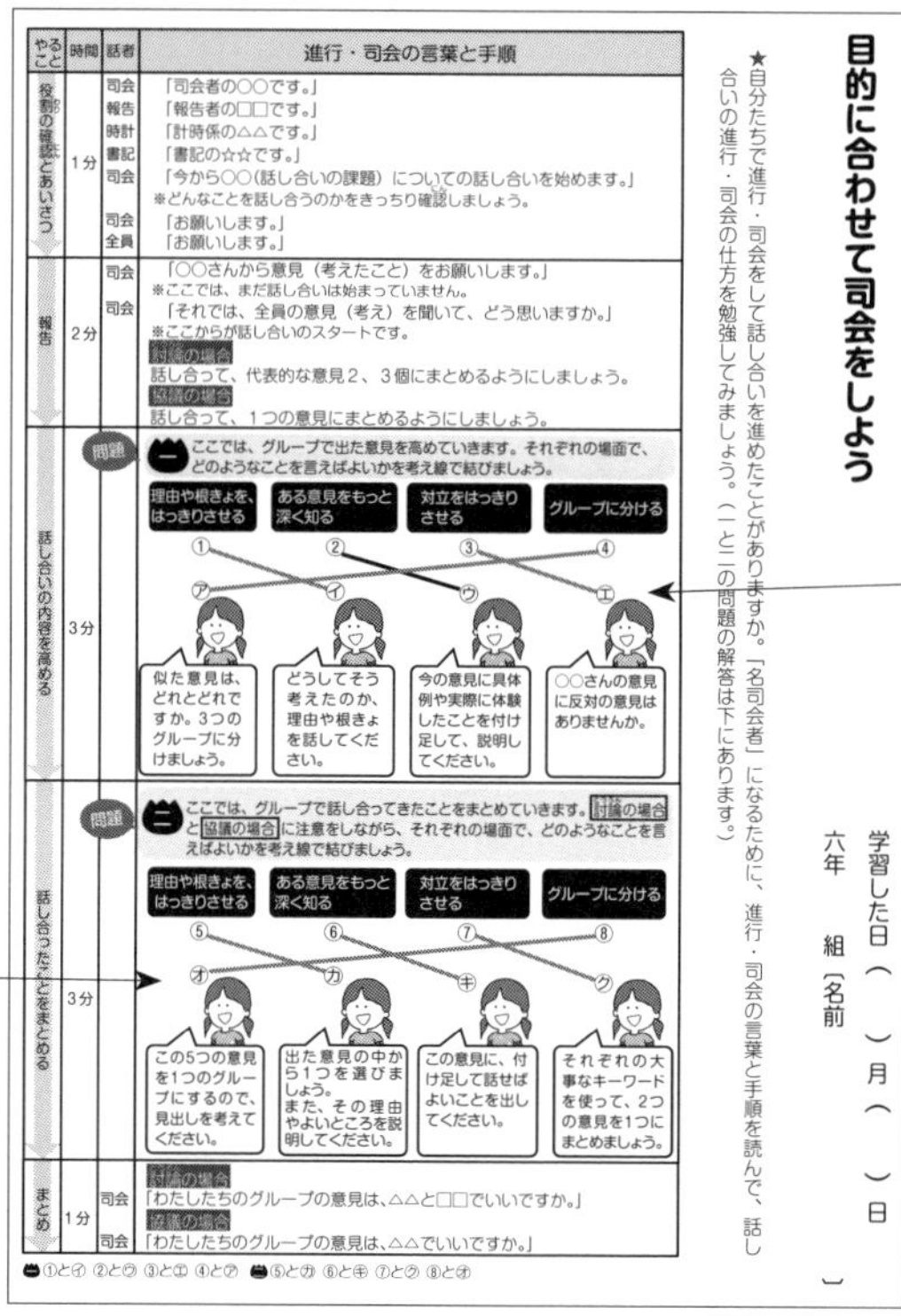

　話し合いの内容を高めるときにも，たくさんの意見をまとめるときにも，司会者1人でするのではなく，みんなに整理してもらえるようにすることが大切です。

　そのために，このワークシートで，どのように話していけばよいかを考えましょう。

指導のねらいと説明

　目的に向かって話し合いをするためには，その場にふさわしい言葉を選んだり，時間内にまとめられるように意見を整理したり，参加しやすい雰囲気にしたりといった工夫が必要で，そのために，司会者の話し方について学習できる場面を設定しています。自主的な形による話し合い活動の場を多く経験し，計画的に話し合うために，司会者として使うとよい話し方について学ぶためのワークシートです。

ワークシートの使い方

(1)　まず，自分が授業の司会者となったと仮定して，進行表を読んでみます。

(2)　グループの中で出た意見をどう高めるかを学習します。それぞれの場面で，どのようなことを言えばよいかを下の会話から選びます。具体的な指示を出すことを意識して考えてみます。また，ここで選んだ言葉を覚えて使えるようにします。

(3)　グループの中で出た意見をどうまとめるかを学習します。どんなことを話し合ってほしいのかを具体的に考えて選びます。また，ここで選んだ言葉を覚えて使えるようにします。

4 目的に合わせて司会をしよう

★自分たちで進行・司会をして話し合いを進めたことがありますか。「名司会者」になるために、進行・司会の言葉と手順を読んで、話し合いの進行・司会の仕方を勉強してみましょう。（一と二の問題の解答は下にあります。）

学習した日（　　）月（　　）日

六年　　組〔名前　　　　　〕

やること	時間	話者	進行・司会の言葉と手順
役割の確認とあいさつ	1分	司会 報告 時計 書記 司会 司会 全員	「司会者の○○です。」 「報告者の□□です。」 「計時係の△△です。」 「書記の☆☆です。」 「今から○○（話し合いの課題）についての話し合いを始めます。」 ※どんなことを話し合うのかをきっちり確認しましょう。 「お願いします。」 「お願いします。」
報告	2分	司会 司会	「○○さんから意見（考えたこと）をお願いします。」 ※ここでは、まだ話し合いは始まっていません。 「それでは、全員の意見（考え）を聞いて、どう思いますか。」 ※ここからが話し合いのスタートです。 討論の場合 話し合って、代表的な意見２、３個にまとめるようにしましょう。 協議の場合 話し合って、１つの意見にまとめるようにしましょう。

話し合いの内容を高める　3分

問題 一　ここでは、グループで出た意見を高めていきます。それぞれの場面で、どのようなことを言えばよいかを考え線で結びましょう。

① 理由や根きょを、はっきりさせる　② ある意見をもっと深く知る　③ 対立をはっきりさせる　④ グループに分ける

㋐ 似た意見は、どれとどれですか。3つのグループに分けましょう。
㋑ どうしてそう考えたのか、理由や根きょを話してください。
㋒ 今の意見に具体例や実際に体験したことを付け足して、説明してください。
㋓ ○○さんの意見に反対の意見はありませんか。

話し合ったことをまとめる　3分

問題 二　ここでは、グループで話し合ってきたことをまとめていきます。討論の場合と協議の場合に注意をしながら、それぞれの場面で、どのようなことを言えばよいかを考え線で結びましょう。

⑤ 理由や根きょを、はっきりさせる　⑥ ある意見をもっと深く知る　⑦ 対立をはっきりさせる　⑧ グループに分ける

やること	時間	話者	進行・司会の言葉と手順
まとめ	1分	 司会 司会	討論の場合 「わたしたちのグループの意見は、△△と□□でいいですか。」 協議の場合 「わたしたちのグループの意見は、△△でいいですか。」

一 ①と㋑ ②と㋒ ③と㋓ ④と㋐　二 ⑤と㋕ ⑥と㋖ ⑦と㋗ ⑧と㋔

5 アニメやドラマ，私のおすすめ（推薦）

〔書くこと，指導事項ア・ウ〕 言語活動ウ

チラシのモデルを示し，構成要素として「キャッチコピー」「あらすじ」などがあることを理解します。

「やってみよう②」は，チラシを書いた後に発展的に行う活動です。

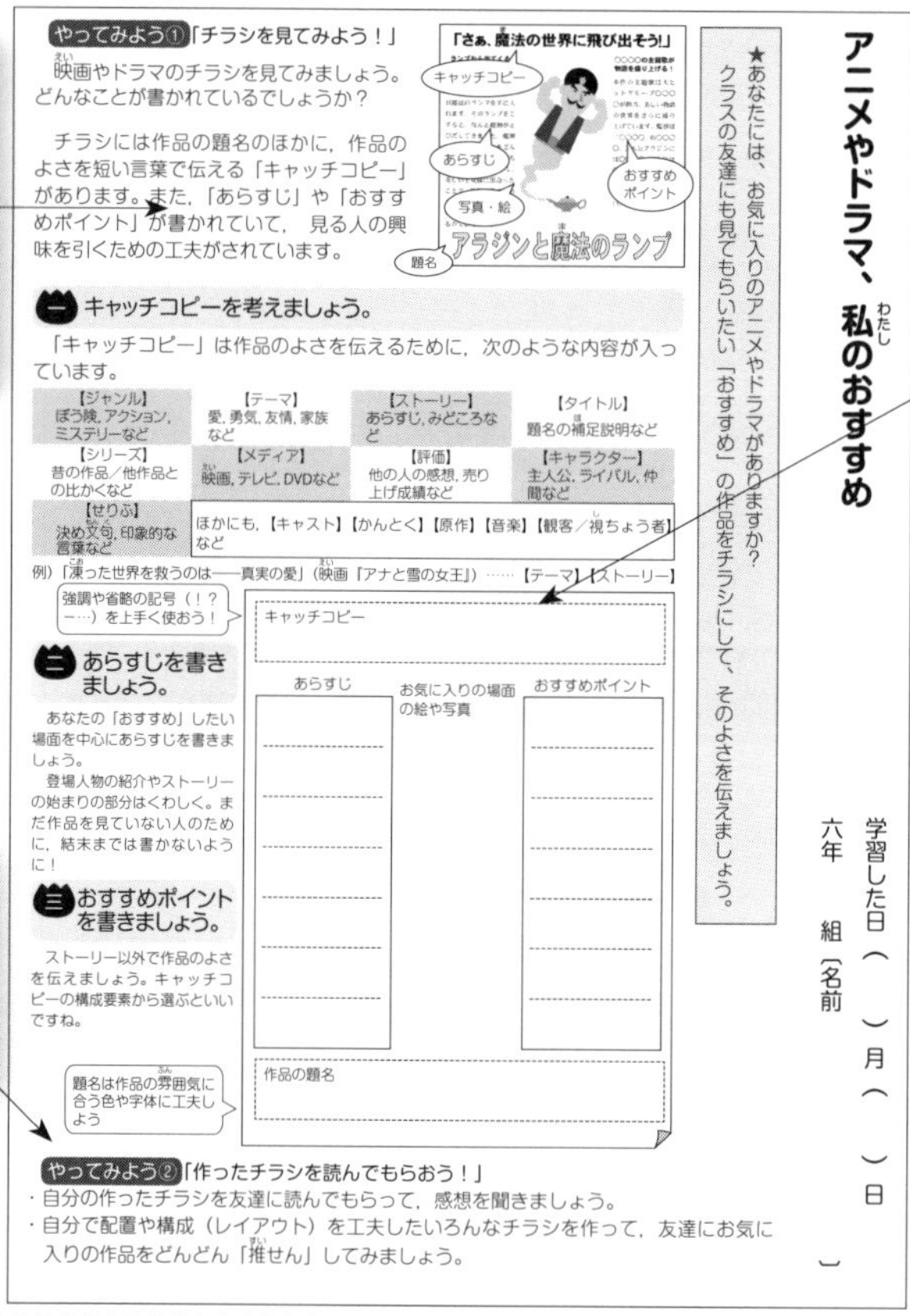

アニメやドラマ、私のおすすめ

学習した日（　）月（　）日

六年　組〔名前　〕

★あなたには、お気に入りのアニメやドラマがありますか?
クラスの友達にも見てもらいたい「おすすめ」の作品をチラシにして、そのよさを伝えましょう。

やってみよう①「チラシを見てみよう！」

映画やドラマのチラシを見てみましょう。どんなことが書かれているでしょうか？

チラシには作品の題名のほかに，作品のよさを短い言葉で伝える「キャッチコピー」があります。また，「あらすじ」や「おすすめポイント」が書かれていて， 見る人の興味を引くための工夫がされています。

一 キャッチコピーを考えましょう。

「キャッチコピー」は作品のよさを伝えるために，次のような内容が入っています。

【ジャンル】ぼう険，アクション，ミステリーなど	【テーマ】愛，勇気，友情，家族など	【ストーリー】あらすじ，みどころなど	【タイトル】題名の補足説明など
【シリーズ】昔の作品／他作品との比かくなど	【メディア】映画，テレビ，DVDなど	【評価】他の人の感想，売り上げ成績など	【キャラクター】主人公，ライバル，仲間など
【せりふ】決め文句，印象的な言葉など	ほかにも，【キャスト】【かんとく】【原作】【音楽】【観客／視ちょう者】など		

例）「凍った世界を救うのは――真実の愛」（映画『アナと雪の女王』）…… 【テーマ】【ストーリー】

強調や省略の記号（！？―…）を上手く使おう！

キャッチコピー

あらすじ　お気に入りの場面の絵や写真　おすすめポイント

作品の題名

題名は作品の雰囲気に合う色や字体に工夫しよう

二 あらすじを書きましょう。

あなたの「おすすめ」したい場面を中心にあらすじを書きましょう。

登場人物の紹介やストーリーの始まりの部分はくわしく。まだ作品を見ていない人のために，結末までは書かないように！

三 おすすめポイントを書きましょう。

ストーリー以外で作品のよさを伝えましょう。キャッチコピーの構成要素から選ぶといいですね。

やってみよう②「作ったチラシを読んでもらおう！」

・自分の作ったチラシを友達に読んでもらって，感想を聞きましょう。
・自分で配置や構成（レイアウト）を工夫したいろんなチラシを作って，友達にお気に入りの作品をどんどん「推せん」してみましょう。

チラシの要素としては「キャッチコピー」「あらすじ」の他にも，作品のどの部分を「おすすめ」したいかによってさまざまな構成が考えられます。

今回は中央に絵／写真を配置し，両側に文を置く構成のチラシを例示していますが，場合によっては，レイアウトを工夫させることも可能です。子どもたちには，収集したチラシをもとにいろんなパターンのレイアウトを考えさせるといいでしょう。

指導のねらいと説明

このワークシートは言語活動ウに関連して，自分が他の人にすすめたい作品を選択して，そのよさを友達に伝えるためにチラシを書く言語活動を行うものです。推薦や紹介をするためには，その事物についてよく認識している必要があります。そこで，このワークシートでは推薦する題材としてアニメやドラマを取り上げることで，子どもたちが「おすすめしたい」という気持ちを強くもてる題材を選ばせます。

ワークシートの使い方

(1) 自分が好きなアニメやドラマから，友達に「おすすめ」したい作品を選びます。

(2) キャッチコピーの構成要素から，自分が「おすすめ」したい作品のキャッチコピーに必要なものを選んで，効果的な文章を書きます。

(3) 全体のレイアウトを整え，友達に読んでもらい，別の作品の推薦につながるようにします。

5

アニメやドラマ、私のおすすめ

★あなたには、お気に入りのアニメやドラマがありますか？　クラスの友達にも見てもらいたい「おすすめ」の作品をチラシにして、そのよさを伝えましょう。

学習した日（　　）月（　　）日

六年　　組〔名前　　　　〕

やってみよう①「チラシを見てみよう！」

映画やドラマのチラシを見てみましょう。どんなことが書かれているでしょうか？

チラシには作品の題名のほかに，作品のよさを短い言葉で伝える「キャッチコピー」があります。また，「あらすじ」や「おすすめポイント」が書かれていて，見る人の興味を引くための工夫がされています。

一　キャッチコピーを考えましょう。

「キャッチコピー」は作品のよさを伝えるために，次のような内容が入っています。

【ジャンル】ぼう険，アクション，ミステリーなど	【テーマ】愛，勇気，友情，家族など	【ストーリー】あらすじ，みどころなど	【タイトル】題名の補足説明など
【シリーズ】昔の作品／他作品との比かくなど	【メディア】映画，テレビ，DVDなど	【評価】他の人の感想，売り上げ成績など	【キャラクター】主人公，ライバル，仲間など
【せりふ】決め文句，印象的な言葉など	ほかにも，【キャスト】【かんとく】【原作】【音楽】【観客／視ちょう者】など		

例）「凍った世界を救うのは──真実の愛」（映画『アナと雪の女王』）……【テーマ】【ストーリー】

強調や省略の記号（！？ー…）を上手く使おう！

二　あらすじを書きましょう。

あなたの「おすすめ」したい場面を中心にあらすじを書きましょう。

登場人物の紹介やストーリーの始まりの部分はくわしく。まだ作品を見ていない人のために，結末までは書かないように！

三　おすすめポイントを書きましょう。

ストーリー以外で作品のよさを伝えましょう。キャッチコピーの構成要素から選ぶといいですね。

題名は作品の雰囲気に合う色や字体に工夫しよう

キャッチコピー

あらすじ

お気に入りの場面の絵や写真

おすすめポイント

作品の題名

やってみよう②「作ったチラシを読んでもらおう！」

・自分の作ったチラシを友達に読んでもらって，感想を聞きましょう。
・自分で配置や構成（レイアウト）を工夫したいろんなチラシを作って，友達にお気に入りの作品をどんどん「推せん」してみましょう。

6 引用がものをいう？（引用）

〔書くこと，指導事項エ〕　言語活動ウ

やってみよう　※ノートを用意して下さい。

次の文章を、後でしょうかいするイチローの言葉を引用して、説得力のある文章に書きかえなさい。

【練習】学習発表会の実行委員として。

今年の学習発表会では、六年生全員で合唱をすることになりました。全員がぶ台に上がって歌うのですが、みんながまじめにしないので、なかなかうまくいきません。みんなのやる気を出すために、イチローの言葉を引用して、「もっとがんばろう」と呼びかけたいのです。どうすればいいでしょうか。

【イチローのことば】　※イチロー＝メジャーリーガー

「できなくてもしょうがない」は、終わってから思うことであって、と中にそれを思ったら、絶対に達成できません。

★このイチローの言葉を引用して、みんなにやる気を出してもらえるような呼びかけの言葉を考えよう。

出典「夢をつかむイチロー262のメッセージ」より（ぴあ二〇〇五年三月発行）

【ワークの解説と模範解答】

引用の形式は，「どういう文章にしたいか」ということがポイントになります。
- 直接表現
- 間接表現

間接表現は
「伝聞の表現」を使おう
…とのことである
…といわれている
…と聞いている
など。

例【イチローの言葉を引用して】

六年生のみんな、私たちは学習発表会に向けて、毎日実行委員と共に歌の練習をしています。しかし、実際は大きな声で歌うのははずかしいと言って歌わない人がいて困っています。中にはうまく発表ができなくても、べつにいいとあきらめている人もいます。実行委員はそういう姿にとてもあせっています。このままでいいのでしょうか、いいはずがありません。

イチローの有名な言葉にこんな言葉があります。「『できなくてもしょうがない』は、終わってから思うことであって、と中にそれを思ったら、絶対に達成できません。」という言葉です。私たちは、小学校最後の全員合唱をぜひ成功させたいと思います。そのためには、みんなの協力がどうしても必要です。やる前にあきらめるのではなく、精一ぱい努力して素晴らしくいいハーモニーをみんなで作り上げたいと思います。そのために、みんなの力が必要です。発表が成功するよう、みんなでがんばりましょう。

指導のねらいと説明

引用する場合は，まず何のために引用するのか，目的を明確にする必要があります。その上で，引用部分を明確にする，出典を明らかにする，引用部分の量を適切にする，などの指導が必要です。こうした指導を通して，著作権を尊重し，保護するという意識を育てたいものです。

ワークシートの使い方

(1)　引用前の文章の〰〰〰部を読み，引用形式に書き換えた右の部分と読み比べます。

(2)　解説ページの「やってみよう」で引用の練習をしてみましょう。

6

引用がものをいう？

学習した日（　　）月（　　）日

六年　　組〔名前　　　　　　　　〕

★自分の発言や文章に、他の人のことばや資料を引用することができます。引用は、考えを裏付ける、実際の例をあげるなど、文章を分かりやすくすることにつながります。その結果、「引用がものをいう」のです。実際に引用をして、説得力をつけましょう。

ここがポイント！これが引用だ

（引用前の文章の例）

私は、スマートフォンを使うようになってからはけい帯ばかりを見ているような気がする。
私のようにけい帯を見るのがやめられない人が日本全国に多くいて、中高生がたくさんネットい存になるらしい。ネットい存は人ごとでなく、だれにでも起こることだと感じた。

〜〜〜のところに、**実際の情報を数字で引用すると**、想像ではなく現実だと分かり説得力が増す。

（左の文章に引用を使った例）

私は、スマートフォンを使うようになってからはけい帯ばかりを見ているような気がする。**厚生労働省の研究班が昨年の8月、ネットい存の疑いが強い中高生は全国で約52万人いるという推計を発表した。**ネットい存は、人ごとでなく誰でも起こることだと感じた。（○○年厚生白書より）

私は将来看護師になりたいと考えています。そこで、夏休みに、老人福しし設のボランティアに参加しました。ベットのシーツ交かんや食事の準備をお手伝いしました。実際にやってみて医りょうの仕事につくのはとても大変だと思いました。でもそこで働く人の話を聞いて、やっぱり看護師になりたいと思いました。

説得力のある、人の言葉を引用した。すると、自分の考えを明確に伝える文章が書けた。

私は将来看護師になりたいと考えています。そこで夏休みに、老人福しし設のボランティアに参加しました。**そのとき心にひびいた忘れられない言葉を聞きました。それは介護福し士の女性が言った「楽なことばかりじゃなく、苦しいことも経験して失敗して成長しなさい」「人の気持ちを考えて行動できる、強くて優しい人になりなさい」です。**実際にやってみて医りょうの仕事につくのはとても大変だと感じていたときにこの言葉を聞いてやっぱり看護師に…（省略）

誰でも、努力すれば自分の目標を達成できる社会であってほしいと思います。しかし、実際の世界はまだかなり不公平です。すべての子どもが同じ条件で育つことはありません。争いや貧困、女だからといった理由で、目標があっても、努力のための、勉強する機会さえ与えられていないことがあります。

〜〜〜**は名文を引用して**説得力を増した例。

明治時代の教育者、福沢諭吉は「天は人の上に人を造らず人の下に人を造らず」と言いました。誰でも、努力すれば自分の目標を達成できる社会であってほしいと思います。しかし、実際の世界はまだかなり不公平です。すべての子どもが同じ条件で育つことはありません。争いや貧困、…（つづきは省略）

新聞のコラムやニュース記事など、引用はいたるところにあります。利用のルールを意識して、積極的に活用しましょう。

7 きゃく本を書いてから演じてみよう（脚本）

〔書くこと，指導事項イ〕 言語活動ア

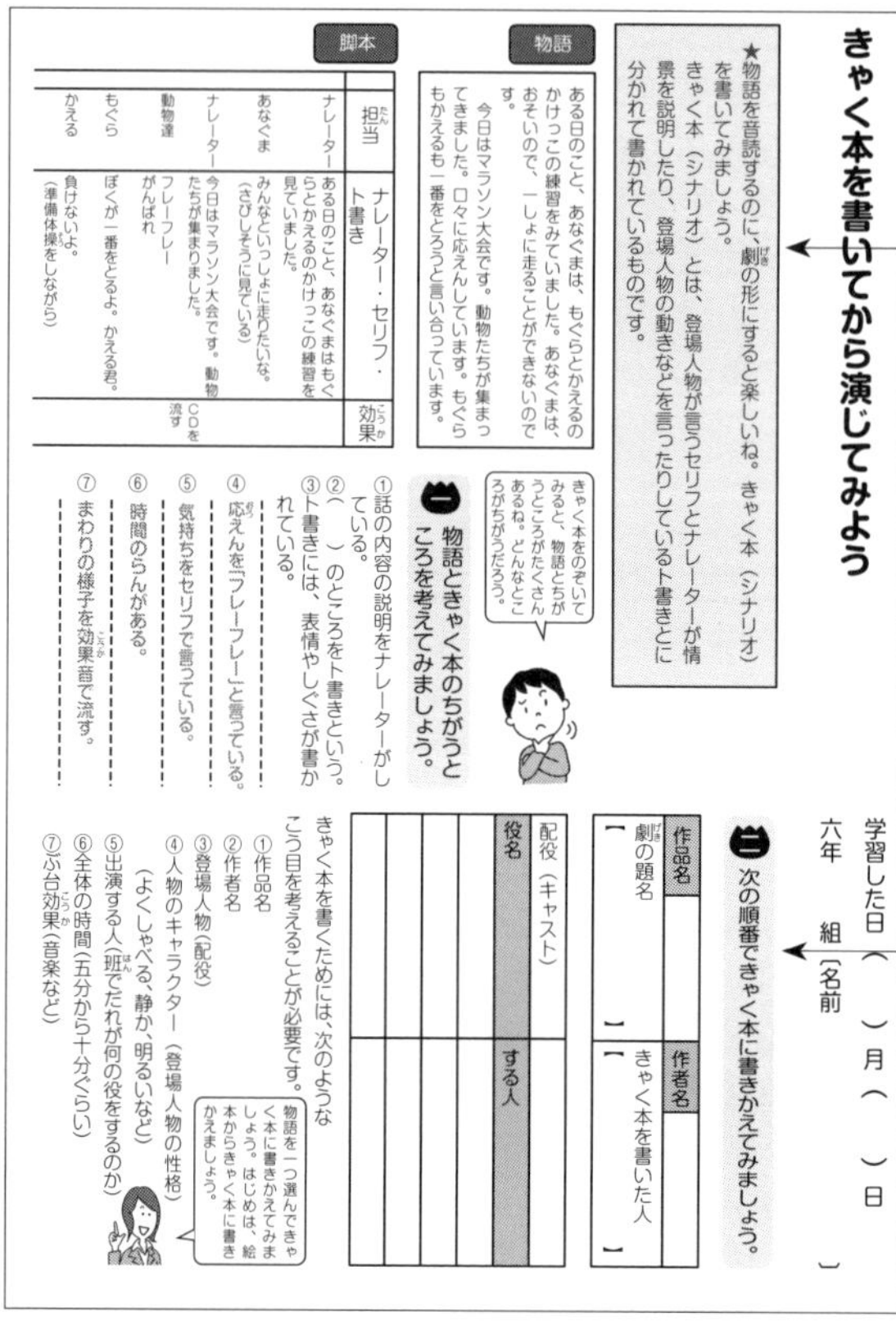

きゃく本を書いてから演じてみよう

★物語を音読するのに、劇の形にすると楽しいね。きゃく本（シナリオ）を書いてみましょう。
きゃく本（シナリオ）とは、登場人物が言うセリフとナレーターが情景を説明したり、登場人物の動きなどを言ったりしているト書きとに分かれて書かれているものです。

物語

ある日のこと、あなぐまは、もぐらとかえるのかけっこの練習をみていました。あなぐまは、おそいので、一しょに走ることができないのです。
今日はマラソン大会です。動物たちが集まってきました。口々に応えんしています。もぐらもかえるも一番をとろうと言い合っています。

脚本

担当	ナレーター・セリフ・ト書き	効果
ナレーター	ある日のこと、あなぐまはもぐらとかえるのかけっこの練習を見ていました。	
あなぐま	みんなといっしょに走りたいな。（さびしそうに見ている）	
ナレーター	今日はマラソン大会です。動物たちが集まりました。	CDを流す
動物達	フレーフレー がんばれ	
もぐら	ぼくが一番をとるよ。かえる君。	
かえる	負けないよ。（準備体操をしながら）	

きゃく本をのぞいてみると、物語とちがうところがたくさんあるね。どんなところがちがうだろう。

一 物語ときゃく本のちがうところを考えてみましょう。

①話の内容の説明をナレーターがしている。
②（　）のところをト書きという。
③ト書きには、表情やしぐさが書かれている。
④応えんを「フレーフレー」と言っている。
⑤気持ちをセリフで言っている。
⑥時間のらんがある。
⑦まわりの様子を効果音で流す。

学習した日（　）月（　）日
六年　組〔名前　〕

二 次の順番できゃく本に書きかえてみましょう。

作品名	作者名
劇の題名【　】	きゃく本を書いた人【　】

配役（キャスト）

役名	する人

きゃく本を書くためには、次のようなこう目を考えることが必要です。
①作品名
②作者名
③登場人物（配役）
④人物のキャラクター（登場人物の性格）
（よくしゃべる、静か、明るいなど）
⑤出演する人（班でだれが何の役をするのか）
⑥全体の時間（五分から十分ぐらい）
⑦ぶ台効果（音楽など）

物語を一つ選んできゃく本に書きかえてみましょう。はじめは、絵本からきゃく本に書きかえましょう。

登場人物に注目し，話しているところ・思っているところを見つけます。
次に様子や情景のところにも気を付けて読むようにします。

脚本を書くときは，行動したことを中心に書きます。話の筋は変えないようにします。人物の様子やセリフを書き，ト書を書くと分かりやすくなります。

指導のねらいと説明

物語の原作と脚本の違いについて考え，書くときに欠かせない項目や基本的な脚本の書き方を知ることがねらいです。物語に書かれている心のつぶやきや考えたことをセリフに書き直したり，表情やしぐさなどは，思いが伝わるようにト書きで書き込むように指導します。

ナレーターや登場人物・効果音など考え，ストーリーテリングや音読劇をすることを目標に，脚本に書き直す指導をします。

ワークシートの使い方

(1) 物語と脚本の比べ読みをし，脚本にはセリフの部分とト書きの部分があることに気付かせます。様子や情景はト書きに書き換えるとよいことなどにも気付かせます。

(2) 脚本に必要な項目として，場面設定・時間・効果音などがあります。登場人物においては，名前を考えるだけではなく性格や人物同士のかかわりなども考えます。

(3) 脚本に書き換えるときは，一行を15文字前後に書き直すとよいでしょう。

7

きゃく本を書いてから演じてみよう

★物語を音読するのに、劇（げき）の形にすると楽しいね。きゃく本（シナリオ）を書いてみましょう。
きゃく本（シナリオ）とは、登場人物が言うセリフとナレーターが情景を説明したり、登場人物の動きなどを言ったりしているト書きとに分かれて書かれているものです。

物語

ある日のこと、あなぐまは、もぐらとかえるのかけっこの練習をみていました。あなぐまは、おそいので、一しょに走ることができないのです。
今日はマラソン大会です。動物たちが集まってきました。口々に応えんしています。もぐらもかえるも一番をとろうと言い合っています。

脚本

担当（たん）	ナレーター・セリフ・ト書き	効果（こうか）
ナレーター	ある日のこと、あなぐまはもぐらとかえるのかけっこの練習を見ていました。	
あなぐま	みんなといっしょに走りたいな。（さびしそうに見ている）	
ナレーター	今日はマラソン大会です。動物たちが集まりました。	CDを流す
動物達	フレーフレーがんばれ	
もぐら	ぼくが一番をとるよ。かえる君。	
かえる	負けないよ。（準備体操（そう）をしながら）	

一 物語ときゃく本のちがうところを考えてみましょう。

①話の内容の説明をナレーターがしている。
②（　　）のところをト書きという。
③ト書きには、表情やしぐさが書かれている。
④
⑤
⑥
⑦

学習した日（　　）月（　　）日
六年　　組〔名前　　　　〕

二 次の順番できゃく本に書きかえてみましょう。

作品名	作者名
劇（げき）の題名【　　】	きゃく本を書いた人【　　】

配役（キャスト）

役名	する人

きゃく本を書くためには、次のようなこう目を考えることが必要です。
①作品名
②作者名
③登場人物（配役）
④人物のキャラクター（登場人物の性格）（よくしゃべる、静か、明るいなど）
⑤出演する人（班（はん）でだれが何の役をするのか）
⑥全体の時間（五分から十分ぐらい）
⑦ぶ台効果（こうか）（音楽など）

8 卒業式の朝，家族に手紙をわたそう（手紙）

〔書くこと，指導事項イ〕 言語活動ア

下の図は、手紙を書くときに参考にできる言葉を選んだものです。感謝の思いや、抱負を語るときなど、語彙を広げ、自分の思いにぴったりの言葉を選ぶようにします。

下方に、取材メモがあります。このメモを生かしますが、字数に制限があります。的確に伝えるには、取捨選択する必要があります。

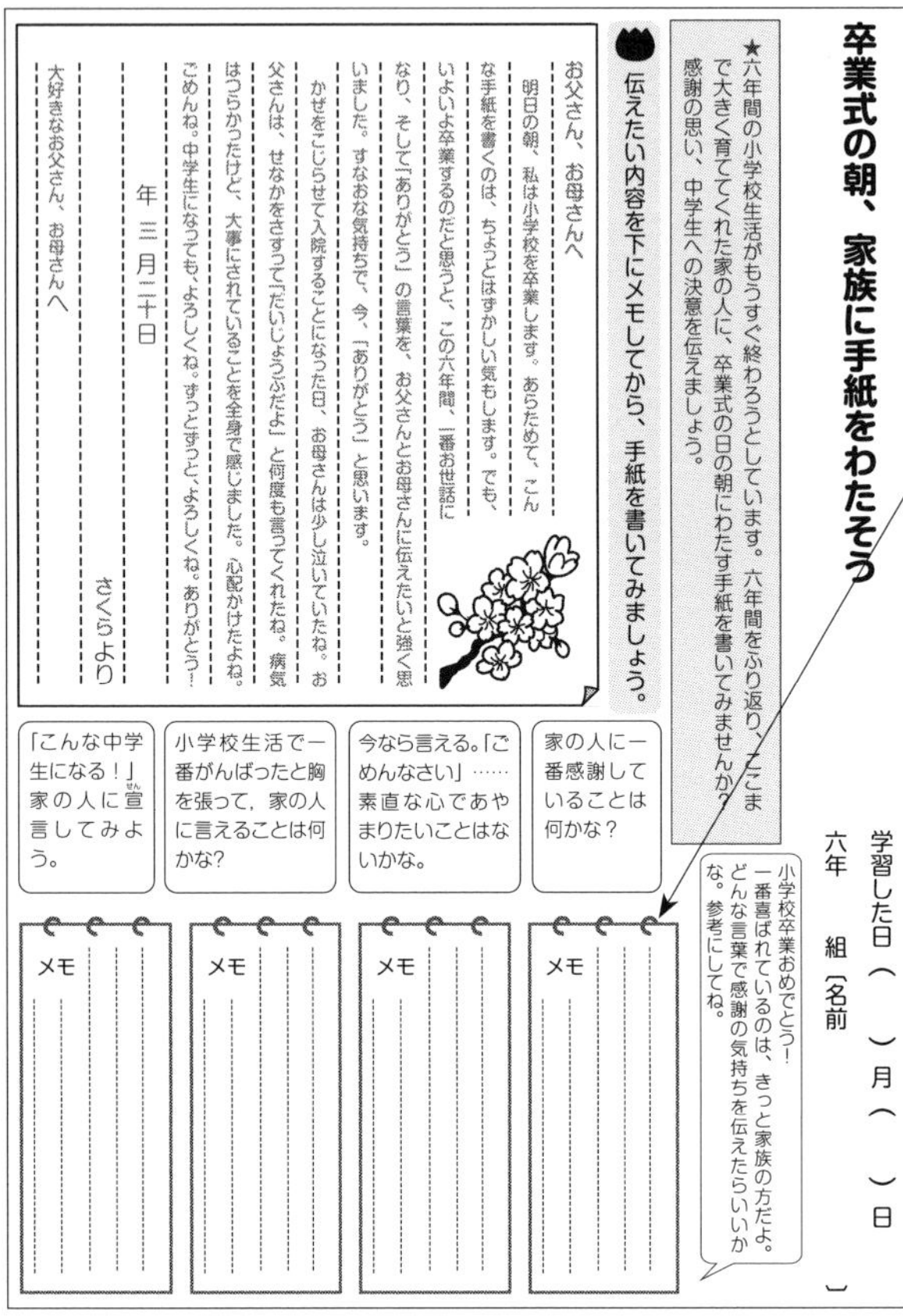
卒業式の朝、家族に手紙をわたそう

★六年間の小学校生活がもうすぐ終わろうとしています。六年間をふり返り、ここまで大きく育ててくれた家の人に、卒業式の日の朝にわたす手紙を書いてみませんか？感謝の思い、中学生への決意を伝えましょう。

学習した日（　）月（　）日
六年　組〔名前　〕

伝えたい内容を下にメモしてから、手紙を書いてみましょう。

お父さん、お母さんへ
明日の朝、私は小学校を卒業します。あらためて、こんな手紙を書くのは、ちょっとはずかしい気もします。でも、いよいよ卒業するのだと思うと、この六年間、一番お世話になり、そして「ありがとう」の言葉を、お父さんとお母さんに伝えたいと強く思いました。すなおな気持ちで、今、「ありがとう」と思います。
かぜをこじらせて入院することになった日、お母さんは少し泣いていたね。お父さんは、せなかをさすって「だいじょうぶだよ」と何度も言ってくれたね。病気はつらかったけど、大事にされていることを全身で感じました。心配かけたよね。ごめんね。中学生になっても、よろしくね。ずっとずっと、よろしくね。ありがとう！
年三月二十日
さくらより
大好きなお父さん、お母さんへ

小学校卒業おめでとう！一番喜ばれているのは、きっと家族の方だよ。どんな言葉で感謝の気持ちを伝えたらいいかな。参考にしてね。

家の人に一番感謝していることは何かな？

今なら言える。「ごめんなさい」……素直な心であやまりたいことはないかな。

小学校生活で一番がんばったと胸を張って，家の人に言えることは何かな?

「こんな中学生になる！」家の人に宣(せん)言してみよう。

メモ

メモ

メモ

メモ

指導のねらいと説明

小学校生活を振り返り，成長した自分を支えてくれた家族にあてて，感謝の思いを手紙で伝えるためのワークシートです。卒業式という節目を迎えるにあたり，身近な存在である家族とのつながりを改めて考えます。伝えたい思いをいろいろなエピソードから整理し，思いが的確に伝わるように手紙に書きます。書いた手紙を家の人に読んで聞いてもらうとよいでしょう。

ワークシートの使い方

(1) 家族からの言葉や，一緒にしたことなどの思い出をもとに，家族に対する思いを整理します。

(2) 感謝の思いや，今後の夢や希望を伝えるための言葉を参考にして，思いを伝えるのに一番ふさわしい言葉を考え，手紙に書きます。

8

卒業式の朝、家族に手紙をわたそう

学習した日（　　）月（　　）日

六年　　組〔名前　　　　〕

小学校卒業おめでとう！
一番喜ばれているのは、きっと家族の方だよ。どんな言葉で感謝の気持ちを伝えたらいいかな。参考にしてね。

★六年間の小学校生活がもうすぐ終わろうとしています。六年間をふり返り、ここまで大きく育ててくれた家の人に、卒業式の日の朝にわたす手紙を書いてみませんか？感謝の思い、中学生への決意を伝えましょう。

伝えたい内容を下にメモしてから、手紙を書いてみましょう。

年　月　日

より

へ

家の人に一番感謝していることは何かな？

今なら言える。「ごめんなさい」……素直な心であやまりたいことはないかな。

小学校生活で一番がんばったと胸を張って，家の人に言えることは何かな?

「こんな中学生になる！」家の人に宣言してみよう。

メモ

メモ

メモ

メモ

9 伝記の人物から生き方のヒントをもらおう（伝記）

〔読むこと，指導事項オ〕　言語活動ア

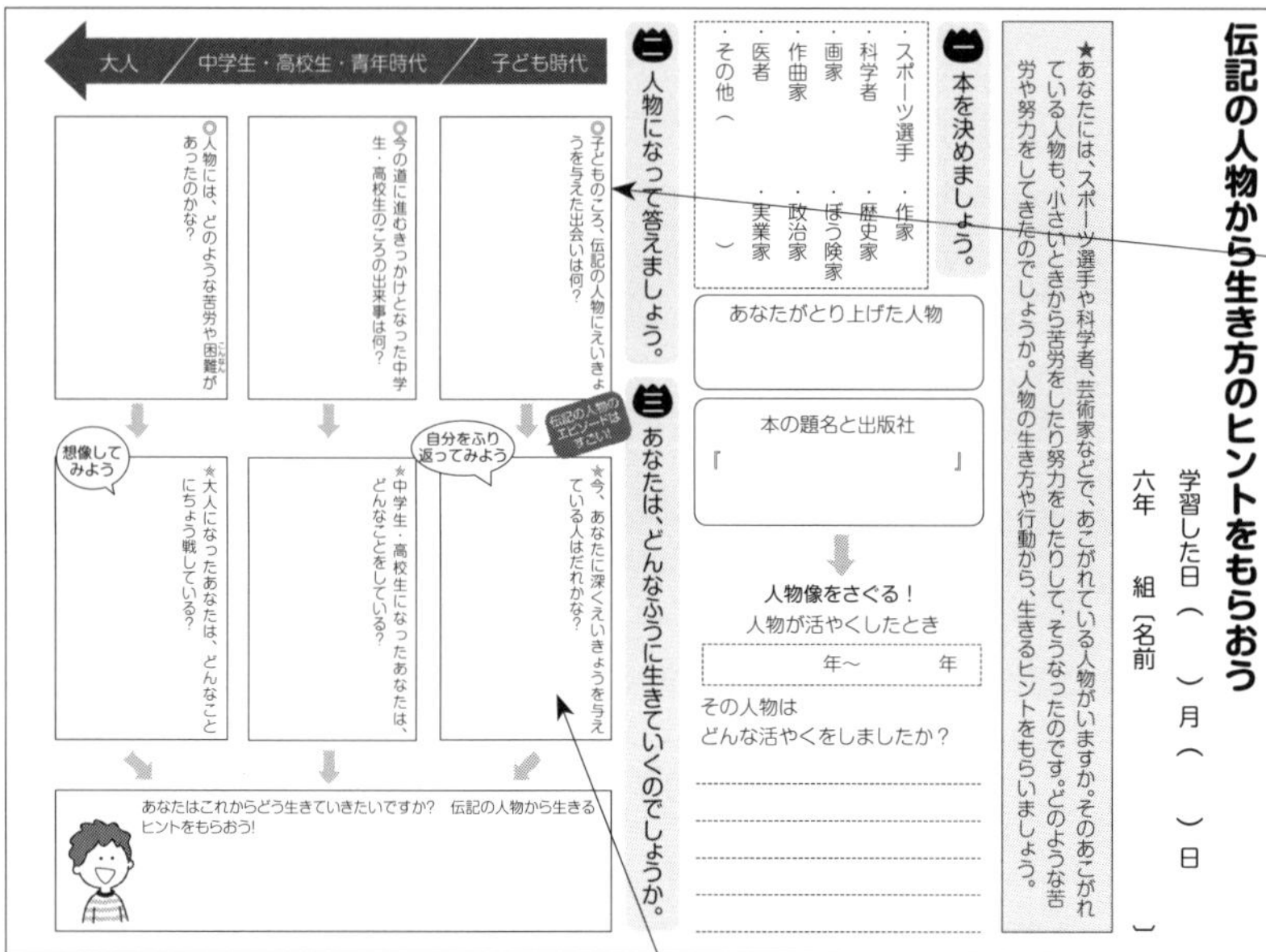

伝記の人物から生き方のヒントをもらおう

学習した日（　）月（　）日

六年　組〔名前　〕

★あなたには、スポーツ選手や科学者、芸術家などで、あこがれている人物がいますか。そのあこがれている人物も、小さいときから苦労をしたり努力をしたりして、そうなったのです。どのような苦労や努力をしてきたのでしょうか。人物の生き方や行動から、生きるヒントをもらいましょう。

一 本を決めましょう。

・スポーツ選手　・作家
・科学者　・歴史家
・画家　・ぼう険家
・作曲家　・政治家
・医者　・実業家
・その他（　）

あなたがとり上げた人物

本の題名と出版社
『　』

人物像をさぐる！
人物が活やくしたとき
年～　年

その人物は
どんな活やくをしましたか？

二 人物になって答えましょう。

子ども時代／中学生・高校生・青年時代／大人

◎子どものころ，伝記の人物にえいきょうを与えた出会いは何？

◎今の道に進むきっかけとなった中学生・高校生のころの出来事は何？

◎人物には，どのような苦労や困難があったのかな？

三 あなたは，どんなふうに生きていくのでしょうか。

伝記の人物のエピソードはすごい！

自分をふり返ってみよう

★今，あなたに深くえいきょうを与えている人はだれかな？

★中学生・高校生になったあなたは，どんなことをしている？

想像してみよう

★大人になったあなたは，どんなことにちょう戦している？

あなたはこれからどう生きていきたいですか？　伝記の人物から生きるヒントをもらおう！

人物がなしとげた業績につながる，①人との出会い②中学生・高校生のころの出来事③苦労や困難という３つの観点に留意して本を読み，エピソードを整理します。本に付箋紙を貼りながら読むとよいでしょう。

人物のエピソードが，自分を振り返ったり未来を想像したりするときに生きてきます。

指導のねらいと説明

伝記を読み，自分の生き方について考えることを目的とするワークシートです。伝記の人物は，どのような人と出会い，目標を決め，どのような出来事に出合ってきたのでしょうか。人物のエピソードや人柄，行動，苦労などと重ねて，自分の生き方を振り返ったり想像したりして自分の生き方を考えることが大切です。

ワークシートの使い方

(1)　自分が選んだ人物の伝記を読み，人物が子ども時代に出会った人，中学生・高校生・青年時代に目標を決めるきっかけとなった出来事，大人になって苦労したり努力したりしたことの３つの観点からエピソードをまとめます。

(2)　伝記の人物と重ねながら，今の自分を振り返ったり未来の自分を想像したりして，どのように生きていくかを考え，伝記の人物と自分をつなぎ，生きるヒントや元気をもらいます。

伝記の人物から生き方のヒントをもらおう

学習した日（　　）月（　　）日

六年　　組〔名前　　　　　　〕

★あなたには、スポーツ選手や科学者、芸術家などで、あこがれている人物がいますか。そのあこがれている人物も、小さいときから苦労をしたり努力をしたりして、そうなったのです。どのような苦労や努力をしてきたのでしょうか。人物の生き方や行動から、生きるヒントをもらいましょう。

一 本を決めましょう。

- スポーツ選手
- 科学者
- 画家
- 作曲家
- 医者
- その他（　　　）
- 作家
- 歴史家
- ぼう険家
- 政治家
- 実業家

あなたがとり上げた人物

本の題名と出版社
『　　　　　』

人物像をさぐる！

人物が活やくしたとき
年〜　　年

その人物は
どんな活やくをしましたか？

二 人物になって答えましょう。

子ども時代／中学生・高校生・青年時代／大人

◎子どものころ、伝記の人物にえいきょうを与えた出会いは何？

◎今の道に進むきっかけとなった中学生・高校生のころの出来事は何？

◎人物には、どのような苦労や困難が（こんなん）あったのかな？

三 あなたは、どんなふうに生きていくのでしょうか。

伝記の人物のエピソードはすごい!

自分をふり返ってみよう

★今、あなたに深くえいきょうを与えている人はだれかな？

★中学生・高校生になったあなたは、どんなことをしている？

想像してみよう

★大人になったあなたは、どんなことにちょう戦している？

あなたはこれからどう生きていきたいですか？　伝記の人物から生きるヒントをもらおう!

10 解説文の工夫を見つけて解説者になろう（解説）

〔読むこと，指導事項ウ〕　言語活動イ

指導のねらいと説明

ここでは，解説文とはどのような文章様式であるかということを理解し，その特徴を見つけ，さらに，解説文を書くことへつなげていくことをねらいとしています。

ワークシートは，「注文の多い料理店」（宮沢賢治作）の解説文をモデルとして示しています。モデル文は，以下の４段落で構成しています。

①作家の作品紹介（他の作品についても）
②あらすじ
③作品背景
④筆者の評価

ワークシートの使い方

⑴　解説文のモデルを読みます。
⑵　モデル文の脚注から，解説文の構成を学びます。
⑶　脚注をヒントにしながら，自分で選んだ作品について解説文を書きます。

作品解説は，作品紹介とならないようにします。そのためにも，対象作品だけでなく，作家の他の作品と読み比べたり，作家について調べたりする必要があります。モデル文では，宮沢賢治の作品の特徴をとらえ，当時どのような評価を受けていたかを記しています。

筆者の評価については，評価語彙を使うようにしなければなりません。評価語彙の例として，以下に挙げたものがあります。

[評価語彙例]

・余韻が残る　・心をゆすぶる　・象徴的である　・一流である
・鋭い　・絶賛　・想像力豊か　・感銘を受ける　・痛快な
・風変わりである　・名文である　・共感する　・ユーモラスである
・傑作である　・圧倒される　・すがすがしい　・とっておき
・絶えられない　・こっけいな　・意外である　・くだらない

解説文の工夫を見つけて解説者になろう

学習した日（　　）月（　　）日

六年　　組〔名前　　　　〕

★いろいろなものを読むとき、解説文があると便利ですね。解説文には、「時事解説」「ニュース解説」「スポーツ解説」「作品解説」などがあります。みんなも解説文が書けるといいですね。実際に書かれた解説文を読んで、その特ちょうを考えましょう。

『注文の多い料理店』作品解説

① 賢治は、数々の作品を発表している。二五さいのころには、童話「月夜のでんしんばしら」、「鹿踊りのはじまり」、「どんぐりと山猫」、「狼森と笊森、盗森」、そして、「注文の多い料理店」と創作活動を続けていた。賢治はリズム感を大切にし、ぎ声語を多用した。当時はこのような童話作品がなかったため、高い評価を得た。

② 「注文の多い料理店」は、賢治の代表作の一つである。ふたりの青年しん士が猟に出て道に迷い、「西洋料理店山猫軒」に入る。まさに注文の多い料理店で、ドアを開けて入るたびにそのと方もない経営者から、かえって次々に注文され、痛れつな仕返しを受けるという話である。

③ 賢治は、この作品について「糧にとぼしい村の子どもらが、都会文明の勝手気ままな階級とに対するやむにやまれない反感です」と思いを明かしている。

④ ごうまんな人々へのメッセージがこめられたユーモアたっぷりな作品である。また、展開の方法に意外性があり、読者は作品世界についつい引きこまれてしまう。他の作品と同様賢治独特の描写や表現がずい所に楽しめる。

①について
作家のほかの作品についてもふれています。解説する作品以外の作品も読み、研究してみましょう。

②について
作品のあらすじが書いてあります。

③について
この作品ができた背景についてふれています。作品を解説するには、文学史をも調べる必要がありますね。

④について
作品を評価する言葉が入っています。

★評価する言葉を使ってみよう！

- 痛快な
- 風変わりである
- 名文である
- 共感する
- ユーモラスである
- けっ作である

物語を読んで、解説文をノートに書いてみましょう。

11 科学読み物を読んで，推せん文を書こう（推薦）

〔読むこと，指導事項ウ〕　言語活動エ

編集のくふうで選ぶなら
■メディア→「図鑑」「事典」『図鑑NEO　新版』小学館、二〇一五年
■つくり方→「ほんとうの大きさ」「形」「探せ」

タイトルの表現で選ぶなら
■「なぜ・なぞ・ひみつ・ふしぎ」等
→『ミミズのふしぎ』皆越ようせい著、ポプラ社、二〇〇四年

長さで選ぶなら
■「読み物」→『空想科学読本』柳田理科雄著、メディアファクトリー、一九九六年
■「ものがたり」→『博士の愛した数式』小川洋子著、新潮社、二〇〇三年

シリーズで選ぶなら
■「絵本」
→『フリズル先生のマジックスクールバス』ジョアンナ・コール著、岩波書店、一九九九年
■「かがくのとも」→『アラスカたんけん記』星野道夫著、福音館書店、一九九〇年
■「科学漫画」→『サバイバルシリーズ』朝日新聞出版、二〇一三年

内容で選ぶなら
■「科学者の伝記」→『雪の写真家ベントレー』J．B．マーティン著、BL出版、一九九九年
■「社会の仕組みがわかる本」→『しごとば』鈴木のりたけ著、ブロンズ社、二〇〇九年

指導のねらいと説明

ここでは推薦する相手とその読書の目的を具体的に設定しています。推薦文とは相手の目的に合った文章を書くのだということを例文によって確認します。推薦文の構成を確認し，その後，実際に文章を書いてみます。

「科学読み物」とは広い意味では科学的なものの見方の本の集まりです。自然科学，社会科学の内容と思いがちですが，すべての分野にまたがる幅広い種類や内容があります。ここでは，科学読み物の特徴的なタイトル表現である「～のふしぎ・～のひみつ」がそのままタイトルに付く本，調べるだけでなく，読むのが目的でもおもしろい，編集や内容を工夫した「図鑑」などを取り上げました。また，児童が実際に読みたくなるような本のごく一部を例として紹介しました。

ワークシートの使い方

(1)　①～④で推薦文の書き方と留意点「誰のどんな目的に対してか」を確認します。

(2)　推薦文の構成と例文を見比べ，下のポイントが例文のどこにあたるかを確認します。

(3)　『博士の愛した数式』を読んで，ワークシートの男の子が読みたくなるような推薦文を書きます。

11

科学読み物を読んで、推せん文を書こう

学習した日（　）月（　）日

六年　組〔名前　〕

★あなたは、科学読み物を読んだことがありますか。科学読み物とは、例えば、生物や恐竜、地球や宇宙、乗り物、科学や科学者などについて、分かりやすく述べた本です。科学読み物を他の人に推せんする方法を学びましょう。

こここがポイント！推せん文の書き方を知る

①推せんする相手を決める。 → ②相手と、その目的に合った本を選ぶ。 → ③相手の目的に応じて本文を書く。 → ④最後は「この本が他よりすぐれている」という推せんの言葉を書く。

	ぼう頭部	展開部	終結部
題名 著者・出版社	どんな人に、どういう目的で推せんするのかを書く。	相手の目的に応じた、どんな部分に注目しているのか。推せんしたいことを書く。	推せんした自分の感想とよさが伝わる推せんの言葉を書く。

「○○社の図かん△△」シリーズ

「かべ新聞」などで何かについて、調べようと思っているあなた！なかなかテーマが決められなくて困っていませんか？そんなときにはこの「図かん！△△」シリーズがオススメです。

この図かんの特ちょうは、内容を調べるだけでなく、「何か」にかかわるすべてを、説明しているところです。他の事典や図かんでは、簡単な説明と種類など、情報がかたよるところがあり、いろんなことを調べるのに、時間がかかることがあります。その点、このシリーズは、例えば「海」なら生き物だけでなく、地形、環境、資源、人とのかかわりなど、たくさんのテーマがくわしくしょうかいされています。

このような理由で、私は何かを調べるときに、まず△△を見てどんなテーマにするか、考えるようになりました。またそれだけではなく、絵や写真が多く、おもしろいところも気に入っています。このように具体的で、わかりやすい図かん「△△」シリーズは調べるだけでなく読むのにもぴったりなので、ぜひ一度、何かについて広く、くわしく知りたいときは「△△」を試してみて下さい。

相手を意識する。
□どんな年令か？
□何に活用するのか？

相手の求めに自分が注目しているか、視点を定め考える。
□何を提供するか？（おすすめポイント）
□他の本には無い、その本独自の特ちょう。
□他の本とのちがい。

よさを表すのにふさわしい、推せんの言葉を入れる。

この男の子に、おすすめしたい『博士の愛した数式』を読んで推せん文を書きましょう。

算数って苦手。計算以外に算数ってどんな意味があるのかなぁ？

12 速読にチャレンジ（速読）

〔読むこと，指導事項イ〕　言語活動イ

緑茶には、人間の健康に良い成分が多くふくまれています。その成分の代表格が、カテキンです。カテキンは、脂肪が体に吸収されるのをおだやかにしてくれます。
　例えば、焼肉やてんぷらなど、油をたくさん使う食事をとる時には、緑茶を飲むと脂肪が体に付きにくくなります。
　その他にも、カテキンには、細きんをげき退する働きもあります。
　お茶をたくさん飲んでいる人が虫歯にならないのは、カテキンが、虫歯の原因である、ミュータンスきんが増えるのを防いでくれているからなのです。

　1文字ずつをていねいに読むのではなく，真ん中付近に視線を固定し，右から左へ全体を読み進めるイメージで練習します。視線が上下したり，停読したりする時間をなるべく減らすようにします。

　文章の内容を予測することに慣れれば，先を見通して読み進めることができます。予測するためには，文章構成を理解する必要があります。速読の訓練は，読解力の向上にもつながります。

ポイント②予想しながら読む
「カテキンの話かな？」

ポイント③具体例は、さらに速く読む
「食事の話が出てきそうだ！」

ポイント④文章の構成を意識しよう
「これまでに読んだ文章は、だいたいこの後に具体例が出てきたぞ」

指導のねらいと説明

　速読の練習をするためのワークシートです。速読は，多くの作品や資料の中から，自分に合ったものを短時間で選び出すのにも役立ちます。

ワークシートの使い方

(1)　一文字ずつを丁寧に読むのではなく，真ん中付近に視線を固定し，右から左へ全体を読み進めるイメージで練習します。

(2)　視線が上下したり，停読したりする時間をなるべく減らすようにします。また，文章の内容を予測することに慣れれば，先を見通して読み進めることができます。

(3)　予測するためには，文章構成を理解する必要があります。速読の訓練は，読解力の向上にもつながります。

12

速読にチャレンジ

学習した日（　）月（　）日
六年　組〔名前　　〕

★「もっと、速く、たくさんの本が読めたらいいのに。」と思ったことはないですか。速読とは、文章の内容を速く読み取る読み方です。短い時間で、本のだいたいの内容を知りたいとき、一度にたくさんの本を読まなければいけないときなどは、速読ができるようになると便利です。

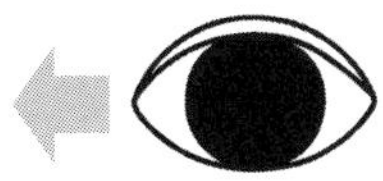

①視線はここから左へ流していこう！

緑茶には、人間の健康に良い成分が多くふくまれています。その成分の代表格が、カテキンです。カテキンは、脂肪が体に吸収されるのをおだやかにしてくれます。

例えば、焼肉やてんぷらなど、油をたくさん使う食事をとる時には、緑茶を飲むと脂肪が体に付きにくくなります。

その他にも、カテキンには、細きんをげき退する働きもあります。

お茶をたくさん飲んでいる人が虫歯にならないのは、カテキンが、虫歯の原因である、ミュータンスきんが増えるのを防いでくれているからなのです。

②カテキンの話かな？

③食事の話が出てきそうだ！

④これまでに読んだ文章では、だいたいこのあとに具体例が出てきたな！

一　いつも読んでいる速さで時間を計ってみましょう。

□分□秒

二　速読のこつは目を速く動かすことです。そのポイントを勉強しましょう。

ポイント①「目の置き場所が大切」

○目は、各行の真ん中に置きましょう。
○各行の中心あたりに上下に目を動かして右から左に視線を流しましょう。

ポイント②「予想しながら読む」

○「このような話になりそうだな。」と予想してみましょう。予想通りなら、かなり速く読めます。

ポイント③「具体例はさらに速く読もう」

○「例えば…。」などの具体例は速く読んでも、だいたいの内容は理解できます。また、どのような具体例が来るのか予想して読むともっと速く読めます。

ポイント④「文章の構成を意識しよう」

○「筆者の考え」の後には、「根きょや具体例」が書かれているぞ！など文章の構成を意識して読むと予想しながら読むことができますね。

三　速く読めるようになったか、時間を計ってみましょう。

□分□秒　※二倍速で読めたら合格です！

教科書にのっている説明文は、速読の練習に向いています。毎日、少しずつ練習を続けてみましょう。

13 物語を読み比べて，特色を見つけよう（物語）

〔読むこと，指導事項カ〕　言語活動イ

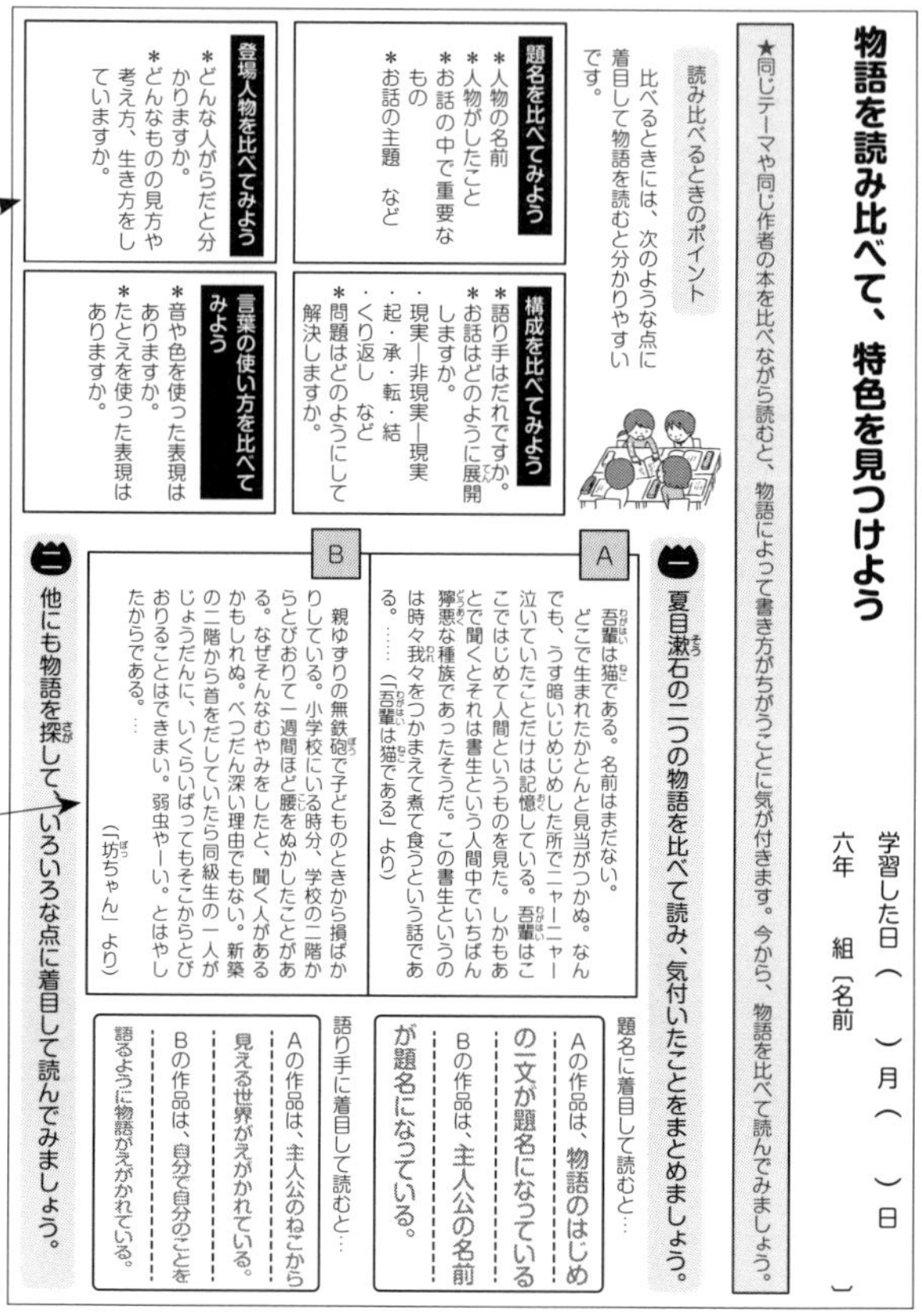

物語を読み比べて、特色を見つけよう

学習した日（　）月（　）日

六年　組〔名前　〕

★同じテーマや同じ作者の本を比べながら読むと、物語によって書き方がちがうことに気が付きます。今から、物語を比べて読んでみましょう。

読み比べるときのポイント

比べるときには、次のような点に着目して物語を読むと分かりやすいです。

題名を比べてみよう

＊人物の名前
＊人物がしたこと
＊お話の中で重要なもの
＊お話の主題　など

構成を比べてみよう

＊語り手はだれですか。
＊お話はどのように展開しますか。
・現実―非現実―現実
・起・承・転・結
・くり返し　など
＊問題はどのようにして解決しますか。

登場人物を比べてみよう

＊どんな人がらだと分かりますか。
＊どんなものの見方や考え方、生き方をしていますか。

言葉の使い方を比べてみよう

＊音や色を使った表現はありますか。
＊たとえを使った表現はありますか。

一　夏目漱石の二つの物語を比べて読み、気付いたことをまとめましょう。

A

吾輩は猫である。名前はまだない。

どこで生まれたかとんと見当がつかぬ。なんでも、うす暗いじめじめした所でニャーニャー泣いていたことだけは記憶している。吾輩はここではじめて人間というものを見た。しかもあとで聞くとそれは書生という人間中でいちばん獰悪な種族であったそうだ。この書生というのは時々我々をつかまえて煮て食うという話である。……（「吾輩は猫である」より）

B

親ゆずりの無鉄砲で子どものときから損ばかりしている。小学校にいる時分、学校の二階からとびおりて一週間ほど腰をぬかしたことがある。なぜそんなむやみをしたと、聞く人があるかもしれぬ。べつだん深い理由でもない。新築の二階から首をだしていたら同級生の一人がじょうだんに、いくらいばってもそこからとびおりることはできまい。弱虫やーい。とはやしたからである。…（「坊ちゃん」より）

題名に着目して読むと…

Aの作品は、物語のはじめの一文が題名になっている。

Bの作品は、主人公の名前が題名になっている。

語り手に着目して読むと…

Aの作品は、主人公のねこから見える世界がえがかれている。

Bの作品は、自分で自分のことを語るように物語がえがかれている。

二　他にも物語を探して、いろいろな点に着目して読んでみましょう。

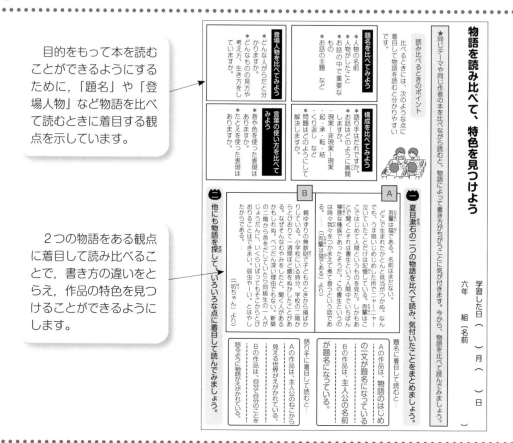

目的をもって本を読むことができるようにするために，「題名」や「登場人物」など物語を比べて読むときに着目する観点を示しています。

2つの物語をある観点に着目して読み比べることで，書き方の違いをとらえ，作品の特色を見つけることができるようにします。

指導のねらいと説明

物語を比べて読むときに着目する観点を学び，本を比べて読む力を育てることをねらいとしています。複数の本を比べて読む力を育てるために，テーマや作者を決めて本を読む方法があります。学習指導要領には，「同じ課題について違う筆者が執筆した本や文章」や「同じ書き手の本や文章」などが比べて読む例として挙げられています。今回は，同じ作者の作品を比べ，他の本を読むときに生かせるようにします。

ワークシートの使い方

(1)　本を比べて読むときに着目する観点を学びます。
(2)　同じ作者の物語をいくつかの観点に沿って読み比べます。
(3)　読み比べて気付いた作品の特色をまとめます。
(4)　他にも，同じ作者や他の作者の本を比べて読みます。

13

物語を読み比べて、特色を見つけよう

学習した日（　　）月（　　）日

六年　　組〔名前　　　　　　　　〕

★同じテーマや同じ作者の本を比べながら読むと、物語によって書き方がちがうことに気が付きます。今から、物語を比べて読んでみましょう。

読み比べるときのポイント

比べるときには、次のような点に着目して物語を読むと分かりやすいです。

題名を比べてみよう

＊人物の名前
＊人物がしたこと
＊お話の中で重要なもの
＊お話の主題　など

登場人物を比べてみよう

＊どんな人がらだと分かりますか。
＊どんなものの見方や考え方、生き方をしていますか。

構成を比べてみよう

＊語り手はだれですか。
＊お話はどのように展開しますか。
・現実―非現実―現実
・起・承・転・結
・くり返し　など
＊問題はどのようにして解決しますか。

言葉の使い方を比べてみよう

＊音や色を使った表現はありますか。
＊たとえを使った表現はありますか。

一　夏目漱石の二つの物語を比べて読み、気付いたことをまとめましょう。

A

吾輩は猫である。名前はまだない。

どこで生まれたかとんと見当がつかぬ。なんでも、うす暗いじめじめした所でニャーニャー泣いていたことだけは記憶している。吾輩はここではじめて人間というものを見た。しかもあとで聞くとそれは書生という人間中でいちばん獰悪な種族であったそうだ。この書生というのは時々我々をつかまえて煮て食うという話である。……

（「吾輩は猫である」より）

B

親ゆずりの無鉄砲で子どものときから損ばかりしている。小学校にいる時分、学校の二階からとびおりて一週間ほど腰をぬかしたことがある。なぜそんなむやみをしたと、聞く人があるかもしれぬ。べつだん深い理由でもない。新築の二階から首をだしていたら同級生の一人がじょうだんに、いくらいばってもそこからとびおりることはできまい。弱虫やーい。とはやしたからである。…

（「坊ちゃん」より）

題名に着目して読むと…

Aの作品は、

Bの作品は、

語り手に着目して読むと…

Aの作品は、

Bの作品は、

二　他にも物語を探して、いろいろな点に着目して読んでみましょう。

執筆者一覧（執筆順） ※所属の後は執筆箇所（学年―No.）

井上　一郎　京都女子大学教授（はじめに，アクティブ・ラーニング型授業に必要な汎用的能力を身に付けるためのサポートワーク―活用アドバイス―）
日下　誠子　大阪府堺市立三原台小学校（1－1，2－9）
林　理香　兵庫県宝塚市立仁川小学校（1－2，4－13，5－2，6－2）
河邊佐代子　兵庫県尼崎市立武庫の里小学校（1－3，3－8）
鈴木登美代　京都府京都市教育委員会総合教育センター（1－4，4－11，5－9）
津田みちる　元・大阪府堺市立浜寺昭和小学校（1－5，2－3，5－1）
尾﨑　靖二　プール学院大学教授（1－6）
小木曽笑子　兵庫県伊丹市立伊丹小学校（1－7，2－7，3－6，4－4，5－8）
朝倉美津代　元・兵庫県宝塚市立小浜小学校（1－8，4－8，6－7）
加藤　理沙　京都府京都市立大宮小学校（1－9，2－10，6－13）
西尾　諭　兵庫県宝塚市立丸橋小学校（1－10，3－11，4－1，6－4）
長谷川榮子　兵庫県芦屋市立潮見小学校（1－11，3－13，4－7）
松本　京子　関西大学初等部（1－12，2－5，6，6－10）
山根　桜子　兵庫県西宮市教育委員会教育研修課（1－13，4－9，5－11）
久保元聖美　京都府京都市立開睛小学校（2－1，3－5）
吉川　彰彦　兵庫県宝塚市立安倉小学校（2－2，4）
髙橋　明希　京都府京都市立東山泉小中学校（2－8，3－7，5－10）
竹中　里佳　大阪府四條畷市立岡部小学校（2－11，3－2，4－10）
上月　敏子　大阪体育大学准教授（2－12，3－10，6－9）
鵜飼　洋子　京都府京都市立開睛小学校（2－13，4－6，5－3，4）
小石原由里子　京都府京丹後市立大宮第一小学校（2－14，3－1）
葛山　雅　京都府宇治市立宇治小学校（3－3，4－3，6－12）
吉川　淑子　元・京都府八幡市立中央小学校（3－4）
岡崎　理真　兵庫県高砂市立米田小学校（3－9，4－2）
進藤　弓枝　京都府京都市立砂川小学校（3－12，4－12）
鵜河　良彰　近畿大学附属小学校（3－14，4－14，5－12）
阿賀　研介　兵庫県芦屋市立精道小学校（4－5）
桑野　光枝　兵庫県尼崎市教育委員会教育総合センター（5－5，14，6－1）
渡邊　眞弓　京都府八幡市立美濃山小学校（5－6，13）
吉田　憲一　大阪府堺市立金岡南小学校（5－7）
藤本　鈴香　京都府京都市教育委員会学校指導課（6－3，8）
瀧本　晋作　兵庫県尼崎市立園田北小学校（6－5）
湯口　香里　大阪府枚方市立長尾中学校（6－6，11）